छोटानागपुर की भूमि व्यवस्था

एक ऐतिहासिक अध्ययन

डॉ. संजय बाड़ा

notionpress.com

INDIA · SINGAPORE · MALAYSIA

Notion Press Media Pvt Ltd

No. 50, Chettiyar Agaram Main Road,
Vanagaram, Chennai, Tamil Nadu – 600 095

First Published by Notion Press 2021

ISBN 978-1-68538-232-2

बाबा स्वर्गीय अल्फ्रेड बाड़ा को समर्पित

अनुक्रमणिका

आभार

प्राकृतिक सौंदर्य का अनुपम उदाहरण प्रस्तुत करता यह छोटानागपुर अपने अंदर इतिहास की कई बारीकियों को संजोए रखे है जिसे इतिहास के पन्नों में जगह देने की आवश्यकता है। आदिवासी पूर्वजों ने अपने जल जंगल और ज़मीन के संघर्ष द्वारा आनेवाली पीढ़ियों के लिए महत्वपूर्ण संदेश छोड़ रखे है। जिसे आज सामने रखने की आवश्यकता है। आरम्भ से ही आदिवासियों के लिए भूमि सर्वाधिक महत्वपूर्ण विषय रहा है इसके विभिन्न आयामों का विश्लेषण कर आदिवासी जीवन को गंभीरता पूर्वक समझने का प्रयास करना वर्तमान संदर्भ में अति आवश्यक है।

मेरा शोध कार्य ईश्वर की असीम अनुकंपा से संभव हो पाया है। मैं झारखंड के उन वीर शहीदों एवं आंदोलनकारियों का स्मरण करता हूँ, जिन्होंने इस छोटानागपुर की भूमि की रक्षा के लिए अपना सर्वस्व अर्पित कर दिया, उनके प्रेरणादायक कार्यों एवं बलिदानों ने मुझे यह पुस्तक लिखने के लिए प्रेरित किया है।

उपर्युक्त भूमि व्यवस्था से संबंधित सामग्री स्रोत बहुत कम है। शोध प्रबंध से संबंधित अधिकांश सामग्री पश्चिम बंगाल राज्य अभिलेखागार, कलकत्ता तथा राज्य केंद्रीय अभिलेखागार कार्यालय, पटना में उपलब्ध है। कुछ सूचनाएं राष्ट्रीय अभिलेखागार नई दिल्ली में भी उपलब्ध है। इनके अतिरिक्त छोटानागपुर उपायुक्त अभिलेखागार कार्यालय, राँची में भी कुछ उपयोगी पत्राचार है। यह सूचनाएँ मुख्यतः पत्राचार एवं सरकारी आदेशों तथा मिनट्स में उपलब्ध है। जनजातीय शोध कल्याण संस्थान राँची, ईसाई मिशनरियों के अभिलेख साथ ही रोमन कैथोलिक मिशन के कतिपय टंकित पत्र जो मुख्यतः भुइँहरी सर्वेक्षण,

सरदारी लड़ाई से संबंधित है, पत्रिका निष्कलंका, घरबन्धु आदि महत्वपूर्ण है। इन महत्वपूर्ण स्रोतों के कारण मैं अपना शोध कार्य सम्पन्न कर पाया इसके लिए मैं इन सभी संस्थाओ एवं इनसे जुड़े सभी लोगों का आभार व्यक्त करता हूँ।

बिरसा अनुयायियों के गीत एवं टाना भगतों के भजनों ने इतिहास को अपने कंठ में सुरक्षित रख लिया है, उनका मैं आभारी हूँ। उनके गीत, भजनों ने मुझे आदिवासी इतिहास दर्शन से परिचित कराया है। उन तमाम सूचनादाताओं का आभार, जिन्होंने पुस्तक लेखन में मुझे काफी सहायता की है। मैं उन तमाम विद्वान जनों का आभारी हूँ जिनके बहुमुल्य ग्रंथों से मैंने सहायता ली है। मैं अपने गुरूजनों का आभारी हूँ जिनके मार्गदर्शन, सहयोग एवं परामर्श ने मुझे जवाबदेही बनाया है। अपने पूर्व शोध निदेशक स्वर्गीय डॉ रविशंकर सहाय एवं उनकी धर्मपत्नी का आभारी हूँ जिन्होंने मुझे शोध के लिए प्रेरित किया, दुर्भाग्यवश रवि सर् की आकस्मिक मृत्यु के उपरांत, इतिहास स्नातकोत्तर विभाग राँची के पूर्व विभागाध्यक्ष डॉ.ए.के. चट्टोराज के मार्गदर्शन में मैं अपना शोधकार्य पूरा कर पाया इसके लिए मैं उनका विशेष आभारी हूँ। मैं मेरे विद्यालय, कॉलेज, एवं स्नातकोत्तर विभाग के सभी शिक्षकवृन्दो का आभारी हूँ, जिन्होंने मुझे इतिहास को नजदीक से जानने समझने का अवसर दिया है। मैं अपने पिता स्वर्गीय अल्फ्रेड बाड़ा एवं माँ अगाथा बाड़ा का आभारी हूँ जिनके सद्प्रेरणा और अनुकंपा से मैं अपने को यहाँ खड़ा पाता हूँ। मैं मेरे परिवार के बड़े भाई- बहनों, जीजा -भाभियों, मेरी पत्नी अंजली एवं घर के सभी बच्चों का आभार व्यक्त करता हूँ, जिनकी व्यग्रता और सहयोग ने मुझे इस पुस्तक को लिखने में मदद की है, इस अवसर पर मैं अपने सभी मित्रों एवं संत जेवियर्स कॉलेज महुआडांड़ के सहयोगी एवं सहकर्मियों का आभार व्यक्त करता हूँ। जिनके सहयोग एवं प्रेरणा ने मुझे बल प्रदान किया है। प्रकाशक मंडली का आभार जिन्होंने इस पुस्तक को सुंदर बनाने में अपना महत्वपूर्ण सहयोग दिया है। अंत में उन सभी व्यक्तियों एवं संस्थाओं का आभार व्यक्त करता हूँ जिनके प्रत्यक्ष एवं अप्रत्यक्ष योगदान ने मुझे अनुप्रेणित किया है। यदि किसी को भूलवश याद नहीं कर पा रहा हूँ तो इसके लिए क्षमा प्रार्थी बना रहूँगा।

आपका
संजय बाड़ा

भूमिका

'तुम हमारा जिक्र इतिहासों में नहीं पाओगे
क्योंकि
हमने अपने को
इतिहास के विरुद्ध दे दिया है...'

विजयदेव नारायण साही की उपरोक्त कविता की निम्न पंक्तियाँ आदिवासी इतिहास के मामले में काफी प्रासंगिक लगती हैं। अस्तित्व के संकट के साथ आदिवासियों को पहचान के संकट से भी आदिकाल से ही जूझते रहना पड़ा है। आदिवासियों का वास्तविक इतिहास क्या था, उसकी खोज कैसे की जाय एवं उसे सामने कैसे लाया जाय? यह प्रश्न आज भी महत्वपूर्ण है। वस्तुतः झारखंड गठन के पूर्व 'छोटानागपुर' शब्द से ही इस प्रदेश को सम्बोधित किया जाता रहा है। झारखण्ड का इतिहास मुख्यधारा के ऐतिहासिक दस्तावेजों में लंबे कालक्रम तक उपेक्षित ही रहा है। इसी कारण यहाँ के आदिवासियों का सम्पूर्ण इतिहास हमें प्राप्त नहीं होता है ये आदिवासी अपनी विशिष्ट एवं अनूठी सांस्कृतिक और सामाजिक व्यवस्था के कारण इतिहास की उस धारा से अलग रहे जिसे इतिहासकार देश की मुख्यधारा मानते हैं। इसलिए भारतीय इतिहास में झारखण्ड एवं यहाँ की जनजातियों की जहाँ-तहाँ उनकी चर्चा हुई भी है तो एक आदिम सभ्यता के अवशेष के रूप में। विद्वानों द्वारा लगभग दो सौ वर्षो से येन-प्रकरेण इससे सबंधित सामग्री का उपयोग होता रहा है किन्तु एक निश्चित, क्रमबद्ध एवं गवेषणात्मक निरूपण का प्रायः अभाव ही रहा है। ब्रिटिशकालिन भारत में झारखण्ड सबंधी विषय पर रूचि रखने वाले 3 प्रकार के लोग थे -

ब्रिटिश अधिकारी, ईसाई धर्म प्रचारक और शुद्ध नृत्वशास्त्री। ब्रिटिश अधिकारी अपने क्षेत्र में होने वाले उपद्रव एवं अशांति से उत्पन्न खतरे की आशंका के कारण आदिवासी विषयों पर विशेष रूचि लेते थे। इस तरह के लोगों में ई.जी. मैन तथा डब्ल्यू. डब्ल्यू. हंटर प्रमुख थे। इस तरह नृतत्वशास्त्रीय दृष्टिकोण से प्रभावित लेखकों में ई.टी. डाल्टन तथा एच.एच. रिसले अग्रणी थे। कुछ ईसाई मिशनरियों के इस दिशा में महत्वपूर्ण कार्य है जिन्हें सीमित दृष्टिकोण के प्रभाव से युक्त होने के बावजूद उसके महत्व को कम आंका नहीं जा सकता है ऐसे लोगों में फा. हॉफमैन, एल.ओ. स्क्रेफर्सड, पी. पोनेट, पीटर टेटे एवं ए. मैन एग्जाम आदि शामिल है। शुद्ध नृतत्वशास्त्रीयों में एस.सी. रॉय आदि का नाम महत्वपूर्ण है। वास्तव में आदिवासी इतिहास एवं इस झारखंड प्रदेश के संदर्भ में इतिहास को पुनः रेखांकित करने की आवश्यकता है। आदिवासी इतिहास लिखने से पहले हमें पहले 'मिथकों में आदिवासी के सारे संदर्भों को पुनर्व्याख्यायित करना होगा। आस्था और भावना अपनी जगह है, मगर अतीत का निरूपण तो तथ्यात्मक, तार्किक, बौद्धिक व वैज्ञानिक ही होगा। यह पुस्तक वर्तमान झारखंड प्रदेश के छोटानागपुर की भूमि व्यवस्था पर आधारित है, आदिवासी जीवन में भूमि का कितना महत्व है, यह आदिवासियों के जीवन शैली का सूक्ष्म अवलोकन करने से पता चलता है। स्वयं जयपाल सिंग मुंडा के शब्दों में हमें आदिवासी कहा ही इसलिए जाता है, क्योंकि तमाम तरह के लोग बाहर से आये, लेकिन हम इस भूमि के आदि वासी है, सिंधु सभ्यता से लेकर आज तक। जब जयपाल सिंग मुंडा आदिवासी हितों को संविधान सभा के समक्ष रख रहे थे तब उनके एक मित्र ने उनसे कहा था 'क्या आप चाहते है कि सृष्टि के अंत तक आदिवासियों की भूमि बेदखली न हो सके' इस तरह की धारणाओं के विवेचन में जयपाल कहते है कि आदिवासी भूमि व्यस्था के संदर्भ में इसी तरह लोग आदिवासियों का मज़ाक बनाते है। वास्तविकता यह है कि आज भी आदिवासियों के लिए भूमि उतना ही महत्वपूर्ण पहलू है जितना आज से शताब्दियों पूर्व यह महत्वपूर्ण था।

प्रस्तुत पुस्तक मेरे शोध प्रबंध का मूल रूप है जो मुख्यतः मौलिक स्रोतों पर आधारित है। अंग्रेजी भाषा में उपलब्ध सामग्री स्रोतों के अलावा दूसरी भाषाओं में उपलब्ध सामग्री का हिन्दी रूपातंरण कर ध्यान से उनका प्रयोग इस पुस्तक में किया गया है। सरकारी अभिलेखों, पुरातत्व, स्थानीय परंपराओं, साक्षात्कार, लोक विश्वास, लोकगीत, लोककथा तथा उनके पत्र-पत्रिकाओं को भी इस पुस्तक के शोध कार्य का आधार बनाया गया है। छेछाड़ी घाटी के 22 गाँवों के पड़हा

राजा श्री मैनेजर कुजूर ने बहुमूल्य समय देकर मेरे शोध कार्य को सरल बनाने का प्रयास किया है। अलग अलग लोगों से साक्षात्कारों, लोकगीतों, लोककथाओं एवं आदिवासी रीति रिवाजों के ज्ञान को समेट कर उन्हें जानने समझने के बाद ठोस निर्णय तक पहुंच कर उनकी बातों को लिखित रूप देने का प्रयास किया गया है। राष्ट्रीय अभिलेखागार, नई दिल्ली, पश्चिम बंगाल राज्य अभिलेखागार, कोलकाता, बिहार राज्य केन्द्रीय अभिलेखागार, पटना, छोटानागपुर कमिश्नर कार्यालय अभिलेखागार, राँची, झारखण्ड जनजातीय कल्याण शोध संस्थान राँची, मिशन अभिलेखागार, राँची, सेंट्रल लाइब्रेरी राँची तथा विभिन्न पुस्तकालयों में उपलब्ध सामग्री का सूक्ष्म अवलोकन एवं विश्लेषण किया गया है। शोधकार्य में तत्कालीन पुलिस रिपोर्ट, न्यायालय आदेश, सरकार एवं अन्य लोगों के द्वारा किए गए पत्राचार को भी शोध कार्य में शामिल किया गया है। साथ ही कुछ स्रोतों के उपयोग से पहले उनकी प्रमाणिकता की पहले जाँच की जा चुकी है। यदि इस पुस्तक में किसी प्रकार की त्रुटि रह गयी हो तो इसके लिए मैं क्षमा प्रार्थी बना रहूँगा।

शब्दावली

अखरा/अखड़ा	-	यह गाँव की सामुदायिक भूमि होती है, जिसका उपयोग बैठकों एवं सामुदायिक आयोजनों के लिए होता है।
काश्त	-	खेती।
काश्तकार	-	किसान, रैयत।
कट्ठा	-	भूमि मापने की पुरानी इकाई (20 कट्ठा = 1 बीघा)
केवाल	-	उच्चतम श्रेणी की भूमि जिसमें मिट्टी की अधिकता हो।
केवाला	-	एक अनुबंध-पत्र, संविदा, बिक्री पट्टा।
कुर्सीनामा	-	इसे वंशवृक्ष या वंशावली के नाम से भी जाना जाता है। किसी परिवार या कुल की लिखित वंश परंपरा या लिखित इतिहास जिसके द्वारा अपने पूर्वजों के संबंध में जानकारी रखी जाती है इसे 'Family Tree' भी कह सकते है।
कायमी	-	एक दखालकार रैयत जो स्थायी अधिमान्य काश्तकार / जोतकार है
खतियान	-	खतियान वह दस्तावेज है, जिसमें अलग-अलग प्लाट का विस्तृत अभिलेख उनकी चौहदी, क्षेत्रफल, मलिक का नाम और लगान पानेवाले का नाम तथा काश्तकारी से सम्बंधित अन्य

		बातें शामिल होती है। जमा खतियान पूरे गाँव के सभी भू-सम्पति का अभिलेख है।
खूंट	-	वंश, वंशज।
खूंटकट्टी	-	छोटानागपूर प्रवेश के उपरांत मुंडाओं ने जंगलों को साफ कर अपने लिए भूमि तैयार की, यह व्यवस्था खूंटकट्टी कहलाई और ऐसा करनेवाला खूंटकट्टीदार कहलाया।
खास गाँव	-	भूधारी के प्रत्यक्ष दखल में होता था।
खास महाल	-	सरकार की भूमि
खेसरा	-	सरकारी रिकार्डस के अनुसार हर ज़मीन के टुकड़े को एक पहचान नंबर आवंटित किया जाता है। शहरी इलाकों में इसे प्लॉट नंबर कहा जाता है, वहीं ग्रामीण इलाकों में इसे खसरा नंबर या खेसरा नंबर कहा जाता है। रिकार्डस ऑफ राइट्स के तहत जिसे आम भाषा में जमाबंदी कहा जाता है, खसरा नंबर में ऐसी कई जानकारियां होती है, जो राज्यों द्वारा रखी जाती हैं। ग्रामीण भारत में किसी भूमि के टुकड़े को लेकर कोई जानकारी हासिल करने के लिए खसरा नंबर जरूरी होता है।
गैरमजरूआ खास	-	पूर्व जमींदार के खास दखल की गैर-कृषिगत और खेती के लिए अनुपयुक्त जमीन।
गोड़ा	-	तृतीय श्रेणी की टाँड भूमि जिसपर बिना किसी विशेष तैयारी की खेती की जाती है। एक फसल के बाद, 2 या 3 वर्षों के लिए यह खाली छोड़ दी जाती है।
घरबारी	-	घर और साथ में लगी सब्जी लगाने वाली भूमि।
चौहदी	-	भूमि के चारो ओर की सीमा।
छप्परबंदी	-	1-गैर-कृषिगत रैयत के घरबारी के लिए भुगतान किया गया कर।

		2-आवासीय प्रयोजन के लिए शहरी क्षेत्र में बंदोबस्त किया गया भाग।
छतीसा	-	धान खेत जिसमें टाँड़ जमींन भी सम्मिलित रहता था।
जागीरदार	-	वह व्यक्ति जिसे जागीर दी जाती थी।
जोत	-	खेती के प्रयोजन के लिए एक रैयत के द्वारा धारित भूमि।
टाँड़	-	टाँड़ भूमि, दोन के विपरीत वैसी परती भूमि जो धान उत्पादन के लिए अनुपयुक्त भूमि होती है।
डाक मुशहरा या डाक सेस	-	सेवा के बदले, सरकार की ओर से, पूर्व जमींदारों द्वारा लिया जाने वाला कर, 1907 के द्वारा डाक सेस को समाप्त कर दिया गया।
डालीकटारी	-	यह भुईहरी भूमि है जो गाँव के पहान के जिम्मे एवं जिसके उपज से गाँव के देवता की पूजा होती है, सामुदायिक भूमि, अहस्तांतर भूमि।
डीह	-	डीह उस जमीन को कहा जाता है। जिसके ऊपर घर का निर्माण किया गया हो या किया जाने वाला हो। गाँवो के नाम में डीह (उप) शब्द का प्रयोग किया जाता रहा है। उदा. लोवाडीह, बरवाडीह, डूम्बरडीह।
दखलदिहानी	-	एक तरह का आदेश जिसके द्वारा कब्जा दिया जाता है।
दाखिल खारिज	-	नामांतरण, प्रविष्टि।
दिकू	-	वह गैर आदिवासी जिसने आदिवासियों का शोषण किया था।
दोन	-	सीढ़ीनुमा नीची ज़मीन, जिसमें धान की अच्छी खेती होती है।
धूर	-	भूमि नापने का पुराना तरीका, जिसमें 20 धूर = एक कट्ठा, और 20 कट्ठा= 1 बीघा होता है।

नागवंशी - छोटानागपुर के अंतिम मुंडा राजा मदरा मुंडा के बाद उनके दत्तक पुत्र फनीमुकुट राय इस वंश के पहले शासक बने। माना जाता है इस वंश की स्थापना 64 ई. में हुई थी। कुछ इतिहासकारों का मानना है इसकी स्थापना दसवीं शताब्दी में हुई थी। 1870 में नागवंशी शासकों ने अपनी राजधानी पालकोट से रातू स्थानांतरित कर दिया था।

पहनई - पहान के जिम्मे दी गई सामुदायिक भूमि।

पट्टा - लीज की जमीन, जो पूर्व जमींदार के द्वारा रैयत के हित में निष्पादित होता था।

पट्टीदार - हिस्सेदार।

पैमाइश - राजस्व हेतु भूमि की माप और भूमि सर्वेक्षण।

पड़हा - मुंडारी खूंटकट्टी गांवों का वह समूह जो एक मानकी के अधिकार क्षेत्र के अंतर्गत आता है या भुइँहरी गाँवो का वह समूह जो एक पड़हा राजा के अंतर्गत आता है।

बेठ-बेगारी - ज़मींदारों के यहाँ मुफ्त में काम करने की प्रथा। इसके द्वारा आदिवासियों को पूर्व ज़मींदारों को, जैसे हल जोतना, रोपा रोपना, जंगल से जलावन लाना आदि के रूप में व्यक्तिगत सेवाएँ दी जाती थी। छोटानागपुर में हुए विभिन्न विद्रोहों में बेठ बेगारी द्वारा शोषण भी एक प्रमुख कारण था। 1897 ई. में छोटानागपुर कम्प्यूटेशन एक्ट पारित कर इसे समाप्त किया गया।

बेगार - इसका अर्थ है बंधुआ मजदूर, बिहार भूमि सुधार अधिनियम, 1950 के प्रभाव से यह अब कानूनन अमान्य है।

बेठ खेता - पूर्व जमींदार की विशेषाधिकार की जमीन जिसे छोटानागपुर टेन्योर एक्ट, 1869, के तहत चिन्हित किया गया। इस प्रकार की जमीन पर

		गाँव वाले खेती करते थे, जो वास्तव में पूर्व जमींदार को उनकी सेवा के एवज में विशेष सेवा दिया करते थे।
बदलेन	-	भूमि की अदली बदली।
भुगुत बंधा	-	भोग बंधक जिसमें मूलधन एवं ब्याज के बदले भूमि एक निश्चित समय के लिए दिया जाता है। इसमें बंधक लेने वाला एक तय अवधी के लिए बंधक में दी गयी भूमि के उत्पादन का उपभोग कर सकता हैं।
भुइँहर	-	भुइँहरी परिवार का एक सदस्य।
भुइँहरी परिवार	-	वह परिवार जिसने सबसे पहले जंगल को साफ कर गाँव बसाया उस गाँव में सभी भुइँहरी जमीन के सामूहिक मलिक।
भोग्ता	-	ग्रामीण पूरोहित, पाहन के समकक्ष।
मानकी	-	कई मुंडारी खूंटकट्टी या खूंटकट्टी गाँवों के प्रधानों का प्रधान।
मुंडारी एनसाइक्लोपीडिया	-	मुंडारी एनसाइक्लोपीडिया एक महान ज्ञानकोश है। जिसमें मुंडा परंपरा एवं संस्कृति के विषय में विस्तृत जानकारी प्राप्त होती है। फादर जॉन बैप्टिस्ट हॉफमैन एस. जे. द्वारा रचित यह ज्ञानकोश वर्तमान में 16 खंडों में उपलब्ध है। हॉफमैन ने सीएनटी एक्ट का प्रारूप तैयार करने में महत्वपूर्ण भूमिका निभाई थी और इसमें मुंडारी खूंटकट्टी एवं खूंटकट्टीदारों की परंपरा को बनाये रखने पर बल दिया था।
मुड़मा	-	लोकगीत एवं किवदंतियों के अनुसार यह मुड़मा स्थल उरांव एवं मुंडा लोगों के लिए ऐतिहासिक महत्वपूर्ण स्थल है, जहाँ मुंडा एवं उराँव लोगों के बीच समझौता हुआ था। मुंडाओं ने समझौते के अनुसार उराँव लोगों को पश्चिमी वन क्षेत्र साफ कर उन्हें बसने की अनुमति प्रदान की थी। इस ऐतिहासिक दिन की यादगारी में इस

स्थान पर 40 पड़हा के लोग मुड़मा जतरा का आयोजन करते है, मुड़मा को मुंडा एवं उराँव का मिलन स्थल भी कहा जाता है।

महतोई - महतो उनकी सेवा के लिए छोड़ी गई भूमि। 1950 के बाद यह सामुदायिक भूमि हो गई।

मसना - आदिवासियों का कब्रस्थान।

रैयती - रैयत के अधिकार और हित से सम्बंधित।

लगान - भूमि पर मालगुजारी।

सजावल - लगान वसूलने वाला अभिकर्त्ता।

सरना - साल वृक्षों का समूह या कुंज। इन वृक्षों पर एक क्षेत्रीय कल्याणकारी बोंगा का निवास होता है। 'सरना स्थल' गाँव का पवित्रतम स्थान है।

ससान-दिरि - मुंडा परंपरा में यह गाँव का वह स्थान है, जहाँ एक किली या वंश के मृतकों की अस्थियाँ दफनाई जाती है। गाँव की सीमा पर बने ससान जिनपर स्मृति चिन्ह पत्थर गाड़े हुए होते है। यह एक प्रमाणित साक्ष्य है कि वहाँ उनके गाँव बसे हुए थे और वे आदिवासी सदियों से वहाँ निवास करते आ रहे हैं।

सीएनटी एक्ट - 1908 में लागू इस कानून का पूरा नाम छोटानागपुर काश्तकारी अधिनियम है। जिस समय यह कानून लागू हुआ उस समय भारत के वायसराय लार्ड मिंटो(1905-1910 ई.) थे। यह कानून झारखंड के आदिवासी एवं मूलवासियों के भूमि का सुरक्षा कवच है।

शिकार खस्सी - शिकार के लिए चारा की व्यवस्था हेतु पूर्व जमींदार को दिया जाने वाला कर/भुगतान।

हातु - संथाली, मुंडारी तथा हो (कोलेरिअन समूह) में हातु का अर्थ गाँव होता है। उदा. के लिए उलिहातू, एदलहातु।

हकुकनामा - एक प्रकार का अभिलेख जिसमें गाँव का मुखिया या प्रधान का अधिकार एवं कर्त्तव्य

लिखा होता है। यह सीएनटी एक्ट की धारा 127 (i) के अंतर्गत तैयार किया जाता है। सीएनटी एक्ट 1908 की धारा 132 के तहत प्रधान के अधिकारों एवं कर्तव्यों का सुनिश्चित प्रमाण है।

प्रथम अध्याय

1908 ई. के पूर्व छोटानागपुर की भूमि व्यवस्था

भारत के मानचित्र पर 15 नवंबर 2000 ई., दिन बुधवार को एक नया राज्य उभर कर सामने आया। यह नया राज्य था '*झारखंड*'[1]। वर्षों पूर्व *अबुआ दिशुम अबुआ राज* (हमारा देश हमारा राज) की परिकल्पना की गई थी। झारखंड के वीर शहीदों एवं आंदोलनकारियों के बलिदान एवं अथक परिश्रम के फलस्वरूप झारखंड का निर्माण हुआ। झारखण्ड प्रकृति का दिया हुआ एक अनुपम उपहार है। प्रकृति ने इसे भारत के दूसरे अन्य प्रदेशों से बिल्कूल पृथक कर दिया है। झारखण्ड का यह प्रदेश, पहाड़ों और जंगलों से भरा है। प्रागैतिहासिक काल में झारखण्ड घनघोर जंगलों से आच्छादित था। वृक्षों की सघनता एवं बहुलता इतनी थी कि धरती पर पाँच-छः मीटर से अधिक कुछ दिखाई देना संभव नही था।[2] लेकिन फिर भी घने वनों से आच्छादित होने के बावजूद यह क्षेत्र बाहरी दुनिया से कभी कटा नहीं रहा। भारतीय इतिहास में झारखण्ड का यह क्षेत्र जो आज छोटानागपुर के नाम से जाना जाता है। इसे इस क्षेत्र की प्रकृति के अनुसार कई नामों संबंधित किया गया है। प्राचीन काल में वन से आच्छादित

1. झारखंड का शाब्दिक अर्थ 'वन क्षेत्र' होता है। झारखंड शब्द का संधि विच्छेद करने पर झार+खंड आता है, झार का अर्थ 'झाड़', 'झंकार' एवं खंड से तात्पर्य 'स्थान' होता है। इस प्रकार झारखंड का अर्थ हुआ 'झाड़ झंकार से युक्त स्थान'। कुड़माली भाषा के अनुसार झाड़ का तात्पर्य 'जंगली झाड़ी' से है। इसलिए इसे झाड़ जंगलों का प्रदेश 'झारखंड' कहते है। वस्तुतः मुगल काल के बाद झारखंड के संदर्भ में छोटानागपुर शब्द की व्याख्या अधिक मिलती है और इस क्षेत्र को छोटानागपुर नाम से ही अभिज्ञापित किया गया है। इस नागपुर खंड से छोटानागपुर की नामगाथा की विस्तृत चर्चा द्वितीय अध्याय में की गई है।

2. डॉ. बी. वीरोत्तम, झारखंडः इतिहास एवं संस्कृति, बिहार हिंदी ग्रंथ अकादमी, पटना, 2006, पृ.5।

इस प्रदेश को '*आटवी*' नाम से संबोधित किया गया है।[3] वेदों में भी इस प्रदेश का उल्लेख मिलता है। ऋग्वेद में इस क्षेत्र को '*कीकट देश*', मत्स्यपुराण में छोटानागपुर सहित निकटवर्ती क्षेत्रों को '*पुण्ड्र*' देश कहा गया है।[4] महाभारत के दिग्विजय-पर्व में इस क्षेत्र को '*पुण्डरिक देश*' के नाम से वर्णन किया गया है। मध्यकाल में यह क्षेत्र '*कोकरह*' नाम से विख्यात था।[5] साथ ही मुगलकाल में इस क्षेत्र की पहचान '*झारखण्ड*' से की गई।[6] कुछ लेखकों ने गहरी घाटियों से आरक्षित, ऊँचे जल प्रपातों से अनुगुंजित, सर्पीली छोटी-छोटी नदियों से सिंचित घने वनों के बीच उगे एवं बिखरे हुए छोटे-छोटे गाँव वाले इस सुरम्य क्षेत्र को 'मुण्डा देश' के नाम से भी अभिज्ञापित किया है। आरम्भ में ही यह स्पष्ट कर देना उचित जान पड़ता है कि भारतीय इतिहास में झारखंड का यह क्षेत्र '*छोटानागपुर*' नाम से अधिक जाना जाता था। संभवतः नाग वंश से संबंधित होने के कारण यह क्षेत्र नागखण्ड या नागपुर के नाम से जाना जाता था। छोटानागपुर शब्द की उत्पत्ति एवं इसके ऐतिहासिक महत्व के विषय मे द्वितीय अध्याय में अधिक चर्चा करेंगे। झारखण्ड की अधिकांश जनसंख्या प्रारंभ से ही स्थायी रही है। यहाँ के मुण्डा भाषी[7] एवं द्रविड़-उराँवों[8] आदि में इतनी समानता है कि इन्हें अलग-अलग देखना कठिन है। ये लोग भारत के विभिन्न क्षेत्रों में स्थानांतरित होते रहे और अंततः झारखण्ड में स्थायी रूप् से बस गए। मुण्डाओं ने जब छोटानागपुर में प्रवेश किया तो उनका सामना *असुरों*[9] से हुआ था, जिन्हें पराजित कर उन्होनें इस क्षेत्र पर अपना स्वामित्व स्थापित किया था। इसके बाद मुण्डाओं के सामने जंगल साफ कर गांवों को विकसित करने की समस्या उत्पन्न हुई। प्रत्येक मुण्डा परिवार या खूँट ने एक निश्चित क्षेत्र को घेर कर वनों की कटाई की और इस प्रकार रहने के लिए भूमि साफ

3. एन कुमार, बिहार डिस्ट्रिक्ट गजेटियर राँची, गजेटियर ब्रांच, रेवेन्यू डिपार्टमेंट, गवर्नमेंट ऑफ बिहार, पटना, 1970, पृ.42।

4. महाभारत (गीता प्रेस, गोरखपुर 1955), दिग्विजय, पर्व, श्लोक 19-20।

5. अबुल फजल, अकबरनामा, जिल्द 3 (अनु. वेवरिज, कलकत्ता 1910) पृ.722।

6. डब्ल्यू. डब्ल्यू. हंटर, द इम्पीरियल गजेटियर ऑफ इंडिया, सरकारी प्रिंटिंग प्रेस, कलकत्ता, 1909 पृ.25।

7. ऑस्ट्रिक भाषा परिवार (मुंडा, सन्थाल, हो, खड़िया आदि)।

8. द्रविड़ भाषा परिवार - कुँड़ुख़, कोरबा, माल्टो।

9. असुर झारखंड की प्राचीन आदिमजाति है। सर्वप्रथम लोहा गलाने का ज्ञान रखने वाली प्रथम जाति। मुंडा अवदान के अनुसार मुंडाओं से पूर्व असुर छोटानागपुर में शासन करते थे।

की और *हातु*[10] विकसित किया।[11] प्रत्येक मुण्डा परिवार ने भूमि और जंगल में से अपने अनुकूल कुछ स्थान घेरकर वृक्षों को काटा था तथा अपने रहने के लिए एवं कृषि योग्य भूमि तैयार की थी। प्रत्येक परिवार जो अपने ज्येष्ठतम सदस्य के आदेश के अनुसार कार्य करता, *खूंट* कहलाता था तथा उस परिवार के मुखिया सहित परिवार के सभी पुरूष सदस्य '*खूंटकट्टीदार*' कहलाते थे तथा वे गाँव की सभी चल-अचल सम्पति के प्राकृतिक स्वामी थे। लेकिन परिवार के बढ़ने से गाँव का विस्तार होने लगा और गाँव के बाहर के लोगों के सहयोग की आवश्यकता महसूस होने लगी और उन लोगों को भी गाँव में बसाना पड़ा जो खूंटकट्टीदार नहीं थे। '*मुंडारी एनसाइक्लोपीडिया*' के लेखक *फा. हॉफमैन* और '*द मुंडाज एंड देयर कन्ट्री*' के लेखक *शरतचंद्र रॉय* ने मुंडा गाँव की संरचना अलग अलग की है।

मुंडा गाँव की संरचना

(फा. हॉफमैन)	**(एस. सी. राय)**
[क] खूंटकट्टीदार	*[क] खूंटकट्टीदार या हातु होरोको*
[ख] प्रजा होरोको	*[ख] एता-हातुरेको*
[ग] वैकल्पिक जातियाँ	*[ग] प्रजा होरोको*

उपरोक्त विवरण के आधार पर फा. हॉफमैन के अनुसार गाँव की संरचना इस प्रकार की थी- (क) *खूंटकट्टीदार* (ख) *प्रजा होरोको* (ग) *वैकल्पिक जातियाँ*

खूंटकट्टीदार मूल वंश के पुरूष सदस्य होते थे।[12] मूल वंश वह था जिन्होंने सबसे पहले जंगल काट कर जमीन तैयार किया था परिणामतः गाँव के सभी खूंटकट्टीदार[13] एक वंशीय होते थे। फा. जे. बी. *हॉफमैन* ने खूंटकट्टीदारों के साथ गाँव में प्रजा या रैयत तथा वैकल्पिक जातियों की चर्चा की है। हॉफमैन के अनुसार बंजर भूमि पर गाँव के खूंटकट्टीदारों का सामूहिक और व्यक्तिगत

10. अल्बिनुस मिंज अपनी पुस्तक 'झारखंड विरासत' में बताते है 'मुंडारी, संथाली, तथा हो(कोलेरिअन समूह) में हातु का अर्थ गांव होता है। हातु शब्द को उलिहातू, पतराहातु (वर्तमान में पतरातू) जमहातू, बाइहातू आदि नामों के अंतर्गत देखा जा सकता है।

11. डॉ असुंता तिग्गा, मुंडाओं के संरक्षक फादर हॉफमैन, के. के. पब्लिकेशन्स, 2015, पृ.94।

12. फादर हॉफमैन, एनसाइक्लोपीडिया मुंडारिका, पटना, 1935, पृ.2389।

13. फादर हॉफमैन- A khuntkattidar is the founder, or the male descendant in the male of the founder of the village in which are situated his khuntkatti lands. पृ.2385।

स्वामित्व को लेकर कतिपय भ्रमात्मक धारणा फैली हुई थी। हॉफमैन का स्पष्ट कहना था कि कृषि भूमि पर सामूहिक स्वामित्व नहीं था और न किसी प्रथा का संकेत मिलता है कि उत्पति को समान हिस्से में बाँट दिया जाता था या भूमि का पुनर्वितरण होता था।[14]

गाँव की जनसंख्या में *प्रजा-होरोको*[15] का भी योगदान था। फा.हॉफमैन के अनुसार *प्रजा होरेको* मुण्डा होते थे तथा गाँव के किसी खूँटकट्टीदार के दामाद होते थे ऐसे खूंटकट्टीदार निपुत्रः होते थे- चूंकि ये खूंट के बाहर के व्यक्ति होते थे अतः इन्हें गांव की भूमि पर किसी प्रकार का स्वामित्व प्राप्त नहीं होता था।

फादर हॉफमैन के अनुसार वैकल्पिक या इतर जातियों में *महिली* या *खांगर*, *भोगता*, *बराइक*, *पेनराइन* आते है जो गांव में कृषि के अतिरिक्त ऐसे कार्यों के लिए रहते थे जो गांव के लिए आवश्यक होता था।[16]

शरत चन्द्र राय ने गांव आबादी की संरचना फादर हॉफमैन से कुछ अलग बताई है उन्होंने (क) *खूंटकट्टीदार या हातु-होरोको* (ख) *एता-हातुरेको* तथा (ग) *प्रजा होरोको* का उल्लेख किया है।[17] एस. सी. राय ने अपनी पुस्तक *'द मुण्डास एण्ड देयर कंट्री'* में बताया है कि समय बीतते-बीतते वे लोग जिनका गांव के खूंट से कोई सम्बंध नहीं था, गांव में बसाये जाने लगे। बाहर से बुलाकर गांव में बसाये जाने वाले प्रायः दामाद होते थे तथा उन्हें ऐसा मुण्डा जो निःसंतान थे अपनी सेवा के लिए गांव में बसाते थे। गांव में बसाने वाला ऐसा मुण्डा ऐता-हातुरेको, अर्थात "दूसरे गांव का वासी" के रूप में बसाया गया। पुनः जब मुण्डाओं ने अपने खूंटकट्टी गांव को विकसित किया और उन्हें आर्थिक क्रियाकलापों के लिए कुछ और लोगों की आवश्यकता हुई जो उनके हल के 'फाल' आदि तैयार कर सकें। तब उन्होंने लोहारों, पशु चराने के लिए ग्वाला

---

14. वही,- "It is to be noted that the cultivated lands are not to be held in common, and that no trace is found of the existence of any custom of equalization of shares or periodic redistribution of lands.", पृ. 2389।

15. फादर हॉफमैन- "The pure Mundari khuntkatti village usually contains three elements namely (a) Khuntkattidars, (b) the praja or Raiyats, and (c) the subsidiary castes." ए. मु., पूर्वोद्धृत, पृ.7389।

16. वही- "The subsidiary castes (penrains, mahila or khangars, Bhogtas and Barais) perform the non-agricultural functions necessary to the village life........", पृ.2389।

17. एस. सी. राय, दी मुंडाज एंड देयर कंट्री, द सिटी बुक हाउस, कलकत्ता, 1912, पृ.71-72।

आदि को अपने यहाँ जमीन देकर बसाया।[18] इस जमीन से वे अपनी आजीविका चलाते थे और इसके बदले में गांव की सेवा करते थे। श्री रॉय के अनुसार ये *लोहार, ग्वाला, कपड़ा* बुनने वाले *तांती* यद्यपि मुण्डा ही होते थे किन्तु निचले स्तर के होते थे। इन्हें आजीविका हेतु गांव की जमीन दे दी जाती थी किन्तु यह जमीन मात्र उनकी सेवाओं के बदले में आजीविका हेतु दी जाती थी। इस जमीन को यह धारक न ही बेच सकता था और न ही किसी अन्य को हस्तान्तरित कर सकता था। कालान्तर में ये *'प्रजा होरोको'* कहलाए। इस प्रकार श्री राय के अनुसार मुण्डा गांव की जनसंख्या की संरचना में

(क) *खूंटकट्टीदार--हातु-होरोको*
(ख) *ऐता-आतुरेंको (दामाद आदि)* एवं
(ग) *प्रजा होरोको (लोहार, ग्वाला, तांती* आदि) होते थे।[19]

अतः इन दोनों महानुभाव विद्वानों ने अपने-अपने तर्क के हिसाब से मुण्डा गांव की संरचना का वर्णन किया है, जिसमें भेद हो सकते हैं।

जिस तरह से मुण्डा *खूंटकट्टी व्यवस्था* के अभ्यस्त थे, उसी तरह उराँव *भुईहरी व्यवस्था* के अभ्यस्त थे।[20] *भुईहर* शब्द हिन्दी 'कूल' का तद्भव शब्द है, जिसे उराँवों ने बिहार प्रवास के समय ग्रहण किया था। मुण्डा लोग जहाँ *खूंटकट्टीदार* कहना पंसद करते हैं। उराँवों ने *खूंटकट्टीदार* की अपेक्षा *'भूईहर'* शब्द को अधिक ग्रहणशील माना, उराँव समाज में भुईहरों का विशेष स्थान और सम्मान होता है। *भुईहर* उस वंश को कहा जाता है, जिसने मूल रूप से जंगलों का काटकर रहने एवं कृषि-योग्य भूमि बनाई थी।

भुइँहरी शब्द का अर्थ है *जमीन मालिक*। भुइँहरी लोग अग्रगामी परिवारों की संतान हैं जिन्होंने जगल को काटकर साफ किया और उस क्षेत्र विशेष को (खेती - बारी) कृषि योग्य बनाया और जमीन मालिक बने। भुइँहरी खूंट दो भागों का - पाहन खूंट और महतो होता है। प्रारंभिक *भूईहर* परिवार में अधिकार वंश के प्रारंभिक नींव डालने वाले अथवा सबसे बूढ़े सदस्य को सौंपा जाता

18. वही- "Again a primitive agriculture tribe..... Would require the services of black Smith's to make and mend their plough-shares, cowherds to tend their cattle and Weaver's to weave their clothes.....Men of interior status, though originally belonging to the same race." पृ.71-72।

19. वही, पृ.71-72।

20. अनिल कुमार, झारखंड में मुंडा का आर्थिक इतिहास, जानकी प्रकाशन, पटना, मार्च 2002, पृ.96।

था। वह *नयगास* अथवा *पाहन* के नाम से जाना जाता था और धर्म - विधि और सांसारिक विषयों का पाहन होता है। अपने सांसारिक कर्तव्यों को निभाने में उसको वंश के दूसरे सबसे वरीय सदस्य की मदद मिलती थी जो *महतो* कहलाता था। समय के साथ इन दो पदधारियों की संतान क्रमशः *पाहन खूंट* और *महतो खूंट* की मानी जाने लगी। ये दो वंश एक भुइँहरी गाँव में अधिकतम वंश का केन्द्र निर्माण करते हैं।[21]

भुइँहरी जमीन की व्याख्या राँची जिले में संशोधनात्मक सर्वेक्षण और बन्दोबस्ती कार्य वाही के विषय टेलर के रिपोर्ट में वर्णित है। भूइंहरी काश्तकारी का अर्थ है सर्वेक्षण के तहत रजिस्टर में दर्ज की गई भूमि सामान्यत: भुइँहरी के नाम से जानी जाती है। यह रजिस्टर छोटानागपुर काश्तकारी अधिनियम (अधिनियम 2, 1866) के तहत रखालदास हलदर के द्वारा तैयार की गई। यह सर्वेक्षण 'भुइँहरी सर्वे' के नाम से जानी जाती है। टेलर ने छोटानागपुर काश्तकारी अधिनियम के तहत भुइँहरी जमीन को सात वर्गों में विभाजित किया i. भुइँहरी जंगल साफ कर प्रारम्भ में गांव में खेती - बारी के योग्य जमीन। ii. भुइंहरी महतोई - महतो की पदीय खेती - बारी। iii. भुइँहरी मुण्डाई - गाँव - मुण्डा के जोतचास का जमीन। iv. भुइँहरी पहनाई- पाहन के जोतचास का जमीन। v. भुइँहरी पनभरा - गाँव के पूजा - पाठ में पानी ढोने की सेवकाई के लिए दिया गया जमीन। vi. भुइँहरी डलिकटारी - जमीन जिसकी आमदनी गाँव के धार्मिक उद्देश्यों में लगाई जाती है। vii. भुइँहरी भूतखेता ज़मीन जिसकी आमदनी गाँव मे धार्मिक उद्देश्यों के लिए लगाई जाती है।[22]

मुण्डा समाज में सम्पत्ति विभाजन के संदर्भ में कुछ उल्लेखनीय तथ्य थे। मुण्डा परिवार में महिलाओं को संपत्ति विभाजन विशेष कर भूमि पर कोई अधिकार नहीं दिया जाता था। किन्तु पिता अपनी पुत्री को अपने जीवनकाल में कुछ चल - संपत्ति या धन उपहार के रूप में दे सकता था, लेकिन भूमि नहीं दे सकता था। जिस समय पिता अपनी सम्पत्ति का विभाजन अपने जीवनकाल में करता था, तो अविवाहित लड़कियों के लिए कुछ भूमि को निर्धारित कर देता था, जो उनकी परवरिश के लिए आवश्यक था, कुछ समय तक लड़कियाँ उसी सम्पति से अपना भरण - पोषण करती थी। लेकिन विवाह के बाद वह सम्पति उसकी नहीं होती थी। प्रायः मुण्डा परिवार की अविवाहित लड़कियाँ

---

21. अल्बिनुस मिंज, झारखंड विरासत, जोशी प्रिंट्स, राँची, 1994, पृ.154।

22. वही, पृ.156।

विभाजन के बाद भी अपने पिता के संरक्षण में रहती थी तथा किसी एक भाई के अभिभावकत्व में रहा करती थी। भरण पोषण के लिए उन्हें जो भूमि दी जाती थी, यह विवाह काल तक उनकी कही जाती थी। उस पर खेती जो उसका अभिभावक होता था, वह करता था।[23] वधू को जो मूल्य प्राप्त होता था, वह भी अभिभावक को प्राप्त हो जाता था, जो उसके विवाह में खर्च की जाती थी। शादी के बाद बहन को दी गई भूमि जो एक प्रकार से 'खोरपोस' भूमि कहलाती थी। वह भाईयों के बीच पुनः विभाजित कर दी जाती थी। एक मुण्डा परिवार का पिता जब दूसरी पत्नी रखता था, तो अपनी पैतृक सम्पति को पत्नी के पुत्रों के बीच विभाजित कर देता था दूसरी पत्नी से जो बच्चे जन्म लेते थे उनके लिए पुनः पूर्व में विभाजित सम्पति का विभाजन नहीं होता था। पिता को जो हिस्सा अपने भरण पोषण के लिए मिलता था, उसके बाद उसी सम्पति को दूसरी पत्नी के बच्चों को बाँट दिया जाता था।[24]

प्रायः मुण्डा परिवार की तरह ही उराँव परिवार में भी सम्पति का विभाजन होता था। थोड़ा अंतर यह था कि मृतक उराँव के पुत्रों के बीच कुछ को सपति अधिक दी जाती थी और कुछ को कम। उसका आधार था, कि एक उराँव जब कई स्त्रियों को पत्नी के रूप में रखता था तो प्रथम पत्नी के पुत्र जो कई गाँव में निवास करते थे, उनको दूसरी पत्नी के पुत्रों से ज्यादा हिस्सा दिया जाता था। उराँव परिवार में यह व्यवस्था थी कि पिता की मृत्यु तक पुत्र विभाजन के बारे में माँग नही करता था, लेकिन यह पिता पर निर्भर करता था कि वह अपने जीवन काल में अपनी इच्छा से सम्पति का विभाजन कर सकता था।[25]

रोहतासगढ़[26] से पलायित होकर सर्वप्रथम मुण्डा छोटानागपुर के वन प्रान्तों में प्रवेश किए थे और जंगलों की व्यापक पैमाने पर कटाई कर आवास योग्य भूमि बनाई थी तथा कुछ कृषि हेतु भूमि भी तैयार किये थे। मुण्डा, उराँवों

---

23. अनिल कुमार, पूर्वोद्धृत, पृ.32।

24. बुकानन, ईस्टर्न इंडिया, खंड 1, मॉन्टोगोमरी मार्टिन, लंदन, 1838, पृ.405-07।

25. देवकृष्ण चौधरी, छोटानागपुर की भूमि व्यवस्था के बदलते स्वरूप तथा भूमि सुधार के विभिन्न चरण(1775 ई. से 1857 ई. तक) अप्रकाशित, पीएचडी उपाधि के निमित्त प्रस्तुत शोध प्रबंध, (इतिहास विभाग, राँची विश्वविद्यालय, राँची) पृ.24।

26. बिहार के विंध्य पर्वत श्रृंखला की कैमूर पहाड़ी के पूर्वी- दक्षिण शीर्ष पर रोहतासगढ़ स्थित है। रोहतासगढ़ के साथ पूर्वी भारत के अधिकांश आदिवासी समुदाय अपना संबंध जोड़ती हैं। इनके लोकगीतों में रोहतासगढ़ से जुड़े छुए अनछुए अनेक पहलुओं पर इन गीतों में भाव व्यक्त किये गए है। झारखंड के आदिवासी समुदाय अपने लोककथाओं में भी इस स्थान का एवं यहाँ से भागकर छोटानागपुर प्रवेश का वर्णन करते है।

से हीनतर थे, क्योंकि उराँवों का रहन-सहन, खान-पान अपेक्षाकृत सुसंस्कृत था। यही कारण है कि जब उराँव छोटानागपुर में प्रवेश किए तो वहाँ पहले से रह रहे क्षेत्र के तत्कालीन भू-स्वामी मुण्डाओं से वे हर दृष्टिकोण से उच्चतर एवं श्रेष्ठ थे। उराँवों के पास अच्छी मेधाशक्ति के साथ-साथ कृषि तथा अन्य घरेलू उपकरण उच्च स्तरीय थे और वे हर प्रकार से मुण्डाओं पर भारी पड़ते थे। एस.सी. राय ने मुण्डा एवं उराँव के बीच संबधों के संदर्भ में अपनी पुस्तक में कहा है कि "उराँव यद्यपि सभ्यता के अपेक्षाकृत ऊँचे स्तर पर थे किन्तु उन्होंने मुण्डाओं द्वारा प्रस्तुत उस भोजन को भी ग्रहण किया, जिसे वे अब तक निकृष्ट समझते थे"।[27] एस.सी. रॉय आगे बताते है कि "मुण्डाओं के सम्पर्क में आकर एवं सभ्य समाज से कट जाने के कारण उराँव लोग क्रमशः सम्यता की निचली सीढ़ी पर पहुँच गये थे"।[28] लेकिन अभी तक कोई ऐसा प्रमाण प्राप्त नहीं हुआ कि मुण्डा एवं उराँवों के बीच कभी कोई युद्ध हुआ हो। इस बात की पुष्टि एन. कुमार ने *राँची गजेटियर* में की है कि मुण्डा अथवा उराँव जाति में उस समय युद्ध होने का कोई पारम्परिक प्रमाण नहीं मिलता, अपितु मुण्डाओं ने उराँवों को कृषि हेतु अपनी खूंटकट्टी जमीन दी तथा उन्हें अपने बीच रहने के लिए स्थान दिया था। एन. कुमार यह भी बतलाते है कि मुण्डाओं ने उराँवों को सुविधा सशर्त दी थी कि उन्हें मांस खाना पड़ेगा और अपने पवित्र जनेऊ को उतार फेकना होगा।[29] उराँव समुदाय के लोगों को रोहतासगढ़ छोड़कर भागना पड़ा था और इसी क्रम में वे सोन नदी पार कर वर्तमान पलामू होते हुए वे राँची ज़िला में प्रवेश किए, जहाँ *मुड़मा* में इनका सामना मुंडा समुदाय से हुआ और जब उराँव लोगों ने अपनी व्यथा कथा मुंडाओं को सुनाई तब मुंडाओं ने इनको पश्चिम वन क्षेत्र की सफ़ाई करके वहाँ रहने की अनुमति प्रदान की थी और यह समझौता *मुड़मा* गाँव में हुआ था। इसलिए उराँव समुदाय के 40 पड़हा के लोग उस ऐतिहासिक समझौते के स्मृति में '*मुड़मा जतरा*' का भी आयोजन करते हैं। यह स्थल मुंडा एवं उराँव लोगों का मिलन स्थल भी कहा जाता है।

एस. सी. राय ने अपनी पुस्तक '*दी ओरॉव ऑफ छोटानागपुर*' में जिन तथ्यों को प्रमाण स्वरूप पेश किए है उससे लगभग यह स्पष्ट हो जाता है कि जिन स्थानों पर पहले मुण्डा लोग रहते थे, छोटानागपुर के उस पश्चिमी भाग

---

27. एस.सी राय, दी उराँव ऑफ छोटानागपुर, ब्राहमो मिशन प्रेस, कलकत्ता, 1915, पृ.27।

28. वही।

29. एन कुमार, बिहार डिस्ट्रिक्ट गज़ेटियर राँची, गजेटियर ब्रांच रेवेन्यू डिपार्टमेंट, गवर्नमेंट ऑफ बिहार, पटना, 1970, पृ.138।

में अब उराँवों की आबादी है तथा मुण्डा उस क्षेत्र को छोड़कर पूर्व दक्षिण में जा बसे। जहाँ तक *एन. कुमार* एवं *एस.सी. राय* का इस सबंध में तर्क है, इन दोनों महानुभाव ने उराँव एवं मुंडाओं के बीच किसी झगड़े का लगभग समर्थन नहीं किया है। संभवतः उराँवों ने मुंडाओं को अपने क्षेत्र से निष्कासित कर दिया और उन्हें दक्षिण पूर्व की ओर पलायित होना पड़ा। यदि उरांव एवं मुण्डाओं के बीच ऐसा कोई संघर्ष हुआ होता तो इन दोनों समुदायों के लोक कथाओं एवं लाकगीतों में इस बात की चर्चा आवश्यक रूप से की जाती।

आदिवासी गांव अब संघों में तब्दील होने लगे थे निकटवर्ती गांवों के संघ को पट्टी कहा जाता था गाँवों की संख्या 10 से 12 के बीच होती थी। ये सभी बहुधा एक *"किली"* के सदस्य होते थे। मूल गाँव से आबादी बढ़ने पर लोग पास के जंगलों को काटकर रहने के लिए नया गाँव बना लेते थे। चूँकि पड़ोसी गाँव के लोग मूल गाँव के ही होते थे अतः इन्हें एक ही परिवार का विस्तार माना जाता था। ऐसे गाँव बाहरी या अन्य गाँवों की लूटपाट से रक्षा के लिए संगठित हो जाते थे। इनका संघ *पट्टी* संघ कहलाता था और *पट्टी* का प्रधान *मानकी* होता था।[30] *मानकी* के विभिन्न कर्तव्यों में प्रमुख कर्तव्य था जमींदार एवं गाँवों के बीच एक कड़ी का काम करना। प्रत्येक गाँव के मुण्डा अपने किसानों से लगान राहदारी कर, एकमत आदि एकत्रित कर *मानकी* के पास पहुँचा देता था। *मानकी पट्टी* के प्रमुख होते थे किन्तु मुण्डा और मानकी भूमि की दृष्टि से या श्रम की दृष्टि से किसी भी प्रकार आम मुण्डा से विशेष नहीं थे। उसे भी गाँव की भूमि का उतना ही भाग उसके हिस्से में पड़ता था। जितना कि सामान्य मुण्डाओं को मिलता था।[31] इस प्रकार भूमि के वितरण में सभी मुण्डा एवं मानकी समान अधिकारी थे, किन्तु विशेष अवसरों पर या कुछ निश्चित अवधि पर गाँव का मुण्डा गाँव से महुआ. हेरूआ, बरनी या कपसा आदि इकट्ठा कर मानकी के पास पहुँचने लगा था। यह गाँव की ओर से मानकी के लिए उपहार स्वरूप भेंट होती थी। अंग्रेजी शासन के पूर्व एवं मुगलकाल के प्रारंभिक वर्षों तक मुण्डा *मानकी* एवं *पड़हा राजाओं* के पद वंशानुगत हो चले थे। राजा द्वारा मानकियों से तथा मानकियों द्वारा मुण्डाओं से विशेष अवसरों पर प्राप्त किया जाने वाला (लगान)

---

30. फादर हॉफमैन, पूर्वोद्धृत, पृ.2397।

31. एस. सी. राय, पूर्वोद्धृत, पृ.72।

कर उपहार स्वरूप क्रमशः नियमित और अनिवार्य हो गया। इस प्रकार राजा तथा मानकियो ने नियमित भेंट प्राप्त करना अपना हक मान लिया।[32]

नागवंशी राजाओं ने प्रारंभ में *पड़हा* का *पट्टी* एवं *मानकी* का *भुइँहर* नामकरण किया।[33] लेकिन कुछ पड़हा के मानकी *भुइँहर* के साथ - साथ अपने को *मानकी* भी कहते थे। राजाओं ने धीरे - धीरे *पड़हा* की राजनीतिक गतिविधि पर नियत्रण करना प्रारंभ किया। इसके लिए उन्होंने अपनी ओर से जागीदारों को नियुक्त किया। जो प्रत्येक गाँव से कर वसूलने का काम करते थे। इससे *भुइँहर* प्रधान का अधिकार *नागवंशी* शासकों के द्वारा नियुक्त जागीदार प्राप्त करने लगे। ऐसा करके राजा ने आदिवासी समाज में असंतोष की आग लगा दी।[34] इसके परिणामस्वरूप जो मुण्डा इस व्यवस्था से समझौता नहीं कर पाये वे दक्षिण एवं दक्षिण पूर्व के जिलों में चले गए। जहाँ वे अपनी *मानकी* व्यवस्था को जीवित रख पाने में सफल हो सके। नये गाँवों का निर्माण तथा मानकी शासन व्यवस्था का लागू करना, उनका प्रधान लक्ष्य था। *नागवंशी राजा* ऐसे लोगों को भी अपने अधीन रखकर *'करद'* ग्राम बनाना चाहते थे।

सूचनादाता स्वर्गीय मैनेजर कुजूर, ग्राम चटकपुर, प्रखण्ड महुआडाड, जिला लातेहार द्वारा दिए गए सूचना के आधार पर पड़हा व्यवस्था के अंतर्गत मानकी या महतो एवं एक आम व्यक्ति भूमि के वितरण में समान अधिकारी थे। कुछ विशेष अवसर पर या कुछ निश्चित समय पर गाँव का व्यक्ति गाँव से महुआ या कपसी आदि इकट्ठा करके *महतो* या *मानकी* के पास पहुँचा देता था। यह एक गाँव की ओर से पड़हा राजा के लिए एक उपहार था। स्वर्गीय मैनेजर कुजूर जब उनसे मुलाकात हुई थी तब उनकी उम्र लगभग 75 वर्ष थी। वे स्वयं 22 गाँव के पड़हा राजा थे। वह बताते हैं कि उन्हें *'गंझु'* कह कर संबोधित किया जाता था। अंग्रेजी शासन के पूर्व एवं मुगलकाल के प्रारंभिक वर्षों तक मुण्डा मानकी और पड़हा राजाओं के पद वंशानुगत हो गए थे। स्वर्गीय कुजूर पड़हा राजा बताते हैं कि पड़हा राजा का उनका वह पद वंशानुगत था और ये अपने पड़हा में आने वाले गाँव से लगान वसूल करते थे। अंग्रेजी शासन के दौरान भी इन्हें अंग्रेजी सरकार से एक आज्ञा पत्र भी प्राप्त हुआ था। लेकिन एक समय श्री मैनेजर कुजूर के बड़े भाई से मिलने के लिए वहाँ के भइया साहब (जमींदार)

---

32. वही, पृ.42।

33. बी विरोत्तम, दी नागवंशीज एंड द चेरोज, मुंशीराम मनोहर लाल, नई दिल्ली, 1972, पृ 23-24।

34. लाल प्रधुम्न सिंह, नागवंश भाग 2, लखनऊ, सवंत 2008 पृ.74 पेपर्स रिलेटिंग टू छोटानागपुर एग्रेरियन डिस्प्यूटस भाग 1, पृ.34, बिहार राज्य अभिलेखागार पटना।

आए और उन्होंने उस आज्ञा पत्र को देखने की इच्छा व्यक्त की। स्वर्गीय कुजूर अपनी यादों को ताजा कर बताते हैं कि उसी के बाद न जाने कैसे वो आज्ञा पत्र उन जमीदारों के पास चला गया या कहीं और, इसी के बाद भइया साहब एवं पड़हा राजा के परिवार के बीच मतभेद उत्पन्न होने शुरू हो गए। आज भी भूमि स्वामित्व के प्रश्न पर उनके बीच मतभेद है। यह भूमि व्यवस्था के आदिवासी से गैरआदिवासी को हस्तांतरण का एक छोटा सा उदाहरण है।

छोटानागपुर के प्रशासनिक व्यवस्था में राजा स्वयं एक मानकी[35] के रूप में था तथा धीरे - धीरे शक्तिशाली होने लगा था। उसने कुछ गाँवों पर धीरे - धीरे अपना व्यक्तिगत अधिकार स्थापित कर लिया। इस प्रकार राजा के विशेष एवं व्यक्तिगत अधिकार के गाँव खास भण्डार भूमि कहलाए। इनकी उपज एवं सम्पत्ति पर राजा का प्रत्यक्ष अधिकार होता था।[36] राजा के छोटे भाई चाचा एवं अन्य सबंधी होते थे जिनका पालन पोषण राज्य की ओर से होता था। अत. राजा इनकी आजीविका एवं रख - रखाव के लिए प्रतिष्ठानुरूप कुछ गाँव दे देता था। पहले ये गाँव राजा को कर देते थे अब इन गांवों का कर *खोर - पोशदार* लेता था जो राजा के सबंधी होते थे तथा इसके बदले में उसे राजकोष में कर का कुछ भाग जमा करना पड़ता था। कुछ खोरपोश भूमि ऐसी भी थी जो राजा से कर मुक्त थी और उन गाँवों की पूरी आय *खोरपोशदार* प्राप्त कर लेता था। भूमि का खोरपोशी अधिकार अनुवांशिक होता था।[37] राजा के छोटे भाईयों एवं संबधियो को *खोरपोस* (मेन्टेनेन्स ग्रान्ट) में गाँव मिलते थे। राजा के सबंधी *भइया*[38] कहलाते थे तथा छोटे भाई *लाल ठाकुर*। चेरो राज - परिवार में छोटे

35. मुंडा प्रशानिक व्यवस्था में मानकी का महत्वपूर्ण स्थान था वह कई मुंडारी खूंटकट्टी या खूंटकट्टी गाँवो के प्रधानों का प्रधान होता था।

36. एस. सी. राय, पूर्वोद्धृत, पृ.45।

37. अरविंद प्रसाद वर्मा, डेवलपमेंट ऑफ लैंड रेवेन्यू एडमिनिस्ट्रेशन, जिन्दराम पब्लिकेशन्स दिल्ली, 1980, पृ.98

38. 'भइया' या 'भइया साहेब' एक प्रकार से जमींदार थे जिनके पास जमींदारी उन्मूलन से पूर्व काफी भूमि थी। झारखंड के लातेहार जिला के महुआडांड़ में भइया साहेब नगरप्रतापपुर, बराही एवं हामी में वर्तमान में भी है एवं एक भइया साहेब बसंत नाथ साह ने इस शोध के लिए आवश्यक जानकारी भी उपलब्ध कराई है।

भाइयों को *बबुआन*[39] कहा जाता था। कुछ जमीन इनाम में दी जाती थी जिन्हे *जागीर ईनाम* कहा जाता था।[40]

अब तक मुण्डा देश में मुण्डाओं की आर्थिक एवं सामाजिक स्थिति अत्यंत दयनीय हो चुकी थी। मुण्डा एक कृषि प्रधान जनजाति थी और भूमि इनकी समस्त क्रियाओं का आधार केन्द्र थी। मुगल काल के अन्तिम चरण से ही नागवंशी राजाओ द्वारा प्रोत्साहन देकर गैर- आदिवासियों का आगमन शुरू हो गया था और इन्हें जमींदारी देकर छोटानागपुर की धरती पर बसाया गया था। ऐसा लगता था कि 17वीं शताब्दी तक छोटानागपुर के *नागवंशी राजा* पूरी तरह हिन्दू बन चुके थे। उन्होंने न केवल बाहर के हिन्दू राजाओं से वैवाहिक सम्बध स्थापित करना प्रारंभ कर दिया बल्कि बिहार एवं मध्य प्रदेश से ब्राह्मणों, क्षत्रियों एवं कायस्थों को आमंत्रित कर अपने देश में बसाना भी प्रारंभ कर दिया, कहा जाता है कि नागवंशी राजाओं में यह परिवर्तन *दुर्जनसाल*[41] के कारागार से मुक्ति के उपरान्त प्रारंभ हुआ था।[42] *दुर्जनसाल* ग्वालियर में कैद था इस बात की पुष्टि *जहाँगीर* की आत्मकथा '*तुज़ुक ए जहाँगीरी*' के द्वितीय भाग में

39. रशिम कात्यायन के अनुसार, 'हजारीबाग जिले में इस शब्द का प्रयोग खोरपोशदार के लिए किया जाता था, खासकर घटवाल लोगों के बीच। धालभूम के राजा के परिवार के सपिंड सदस्यों के अधीन रहने वाले रैयतों के मामलों में भी इस शब्द का प्रयोग पाया गया है', झारखंड लैंड मैनुअल, क्राउन पब्लिकेशन्स, राँची, 2015, पृ.458।

40. बी.पी. केशरी, छोटानागपुर का इतिहास-कुछ सूत्र, कुछ संदर्भ, सुकृत प्रेस, कचहरी रोड, राँची, पृ.92।

41. छोटानागपुर का राजा कर दुर्जन साल कर न चुका पाने के कारण जहांगीर के शासन काल में गिरफ्तार कर लिया गया था। नागवंश, भाग 2, पृ. 77-78 के अनुसार इस बीच दुर्जन साल ग्वालियार के किले में बंदी - जीवन व्यतीत कर रहा था। वही हीरे जो दुर्जन साल के दुर्भाग्य का कारण बने थे, उसकी मुक्ति और पूर्व - समृद्धि की प्राप्ति का कारण बने। हुआ यों कि उपर्युक्त बैंगनी रंग के हीरे शुद्धता के विषय में जहाँगीर आश्वस्त होना चाहता था। हीरों का राजा दुर्जन साल हीरों के पारखी के रूप में विख्यात था। ग्वालियर से उसे शाही दरबार में लाया गया। उसने हीरे की पहचान कर ली और अपनी बात साबित करने के लिये उसने एक नकली हीरा मंगवाया। दोनों हीरों को दो बकरों के सींघों में बँधवा कर बकरों को लड़ा दिया गया जिससे नकली हीरा टूट गया, किन्तु असली हीरे को खरोंच भी नहीं आई। जहाँगीर इतना प्रसन्न हुआ कि उसने न केवल दुर्जन साल को मुक्त कर दिया बल्कि उसका खोया हुआ राज्य भी उसे लौटा दिया। दुर्जन साल को यह अनुमति भी मिली कि यदि उसकी कोई माँग हो तो वह उसे भी रख सकता था। उसने प्रार्थना की कि जो राजागण उसके साथ ग्वालियर में कैद थे, उन्हें मुक्त कर दिया जाये। उसने दरबार में एक कुर्सी पर बैठने की भी अनुमति चाही। कहा जाता है कि जहाँगीर ने दोनों ही माँगें स्वीकार कर ली।

42. एस.सी.राय- "The dazzling splendour of the Muhammadan Emperor's courts the pomp and pageantry, the wealth and power which he had in the courts of the Hindu Rajas of Northern india whose acquaintance he had made, revolutionised the Nagvanshi Rajas ideal of Royalty दी उराँव ऑफ छोटानागपुर, कलकत्ता, 1915 पृ.42।

एक उल्लेख से होती है।[43] जब वह ग्वालियर के कैद से निकला तब *बेब्सटर* के अनुसार, *जहाँगीर* ने *कोकरह नरेश* को '*शाह*' की पदवी दी। *दुर्जनसाल* ने छः हजार रूपये सालाना कर देना स्वीकार किया और बादशाह ने उसे उसके राज्य का पट्टा दिया।[44] मुगलकालीन नागपुर के इतिहास में नागवंशी राजा *दुर्जन साल* का काल 'मील का पत्थर' माना जाता है। समस्या यहीं से उत्पन्न होनी शुरू हुई। चुँकि, *दुर्जनसाल* मुगलिया राजदरबार की शान-शौकत से प्रभावित हुआ था और उसी तर्ज पर अपना राजदरबार सजाने के लिए प्रतिदिन महत्वकांक्षी होते जा रहा था। इस महत्वकांक्षा का ही परिणाम था कि *बिहार* एवं *मध्य प्रदेश* से *राजपूतों, ब्राह्मणों, कायस्थों* आदि दरबारियों को बुलाकर छोटानागपुर क्षेत्र में बसाया गया और इनके खर्च को वहन करने के लिए इनकी सेवा के बदले में इन्हें गाँव की जमीन्दारी या जागीरे प्रदान की गई। अनुदान में दिए गए इन गाँवों पर राजा का नाम मात्र का अधिकार होता था।[45] राजदरबार एवं राजकीय व्यवस्था को हिन्दूकृत करने के प्रयास में नागवंशी राजाओं ने अपने दरबार एवं कचहरी में आदिवासियों के स्थान पर बिहार एवं मध्य प्रदेश से ब्राह्मण, क्षत्रिय एवं कायस्थ आदि को बुलाकर नियुक्त करना शुरू कर दिया। इस क्रम में नागवंशी राजा पूरी तरह से राज्य की मूल जनता से दूर होता गया तथा उन्होंने राजपूतों एवं क्षत्रियों से न केवल वैवाहिक सबंध स्थापित किया बल्कि उन्हें विभिन्न जागीर देकर *मुण्डा मानकियों* के ऊपर बसाया। इस प्रकार राजदरबार कायस्थो, ब्राह्मणों एवं राजपूतों से भर गया।[46] *आर. आउस्ले* ने भी नागवंशी राजा *दुर्जनसाल* के विषय मे कहा है कि नागवंशी राजाओं के हिन्दूकृत होने से तथा मुगल बादशाहों के राजदरबार की शान-शौकत तथा उत्तर भारत के राजाओं के रहन-सहन से परिचित होने के उपरान्त नागवंशी राजाओं की विचारधारा में आमूल-चूल परिवर्तन हुआ और अपना दरबार सजाने के लिए तथा शहंशाही तरीक से हुकुमत करने के लिए छोटानागपुर की धरती पर हिन्दुओं को बसाना

---

43. तुजुक-ए-जहाँगीरी, भाग-2, पृ.22।

44. पेपर्स रिलेटिंग टु छोटानागपुर एग्रेसियन डिसपुट्स, जिल्द 1, 1890, फार्मिगर, डब्लयू.के.(सं.) फिफ्थ रिपोर्ट फ्रॉम द सेलेक्ट कमिटी कलकत्ता, 1917-1918 फिलिमोर, आर एच द हिस्टोरिकल रेकार्ड्स ऑफ द सर्वे ऑफ इंडिया, भाग 1-4 फोरबिस, एल.आर. रैयतवारी सेटलमेंट इन पलामू।

45. आर गुहा, ए रूल ऑफ प्रोपर्टी फ़ॉर बंगाल, मार्टिन एंड कंपनी ओसलो, 1963, पृ.83।

46. एफ. बी. ब्रैडले बर्ट, छोटानागपुर- ए लिटिल नॉन प्रोविंस ऑफ दी एम्पायर, स्मिथ एल्डर एंड कंपनी, लंदन, 1903, पृ.10।

उनका उद्देश्य हो गया।[47] इस क्रम में उन्होंने इन्हें जागीर एवं गाँवों की जमींदारी देकर मुण्डाओं की धरती पर बसाया। इन सभी बाहरी लोगों को यहां तक कि मुसलमान व्यापारियों एवं महाराजा एवं अधीनस्थ राजा के कर्मचारियों को भी जनजातीय किसानों के मूल्य पर जमीन दे दी गई।[48]

नागवंशी राजाओं ने प्रारंभ में *पड़हा* का *पट्टी* एवं *मानकी* का *भुईहर* नामकरण किया। लेकिन कुछ *पड़हा* के *मानकी भुईहर* के साथ-साथ अपने को *मानकी* भी कहते थे। राजाओं ने धीरे-धीरे पड़हा की राजनीतिक गतिविधि पर नियत्रंण करना प्रारंभ किया इसके लिए उन्होंने अपनी ओर से *जागीदारों* को नियुक्त किया, जो प्रत्येक गाँव से कर वसूलने का काम करते थे। इससे *भुईहंर* प्रधान का अधिकार नागवंशी शासकों के द्वारा नियुक्त जागीदार प्राप्त करने लगे। ऐसा करके राजा ने आदिवासी समाज में असंतोष की आग लगा दी। इसके परिणामस्वरूप जो मुण्डा इस व्यवस्था से समझौता नहीं कर पाये, वे दक्षिण एवं दक्षिण पूर्व के जिलों में चले गए जहाँ वे अपनी *मानकी व्यवस्था* को जीवित रख पाने में सफल हो सके। नये गाँवों का निर्माण तथा *मानकी* शासन व्यवस्था को लागू करना, उनका प्रधान लक्ष्य था। नागवंशी राजा ऐसे लोगों को भी अपने अधीन रखकर '*करद*'[49] ग्राम बनाना चाहते थे। छोटानागपुर में औपनिवेशिक शासन के प्रारंभ होने के बाद यहाँ की स्थिति विकट हो गयी।

मुण्डा - मानकी राजा के बीच पारम्परिक लगान से *खोरपोशदार*[50] संतुष्ट नहीं थे। अतः खोरपोशदारों ने अपने क्षेत्र के गाँवों से बलपूर्वक अधिक कर वसूली करना प्रारम्भ किया। राजा के पास शिकायत का कोई अर्थ नहीं था, राजा खोरपोशदारों के रिश्तेदार थे अथवा पक्षधर भी। अंततोगत्वा सारा भार मुण्डाओं पर पड़ता था और उनकी आर्थिक स्थिति दिन - प्रतिदिन गिरने लगी।[51]

नागवंशी राजाओं में राजसी प्रवृति का उदय यद्यपि मुगलकाल से ही जन्म ले लिया था और बाहर के राज्यों से राजपूतों, ब्राह्मण एवं कायस्थ नागपुर की धरती पर पसरने भी लग गए थे, किन्तु आदिवासियों ने इन बाहरी लोगों

47. डेविडसन टू आर. आउस्ले, 29 अगस्त, 1839, पारा 5, नंबर 247, मिसलेनियस डिस्पैच बुक, जी. एस. एजेंट्स ऑफिस, पटना आर्काइव।

48. जे. सी. झा- "All these outsiders-including even muslim merchants and the servants of the maharaja and the dependent Rajas-were provided with land at the expense of the tribal cultivators." दी ट्राइबल रिवोल्ट ऑफ छोटानागपुर (1831-1832)।

49. करद- राज्य या शासन को कर देनेवाला।

50. खोरपोश- राजा के संबंधियों को भरण पोषण के लिए दिया गया गाँव या जागीर।

51. एस. सी. राय, पूर्वोद्धत, पृ.18।

की उपस्थिति को पहले उतनी शिद्यत से नहीं लिया था। राजा के सगे सबंधी एवं बाहर से आने वाले लोग जिन्हें भूमि देकर बसाया गया था, यहाँ के मूल निवासियों पर भारी पड़ने लगे लगान के बोझ के अलावे मुण्डा मानकी के प्रभाव एवं अधिकार क्षेत्र में भी गिरावट देखने को मिला। पहले की प्रजा नागवंशी राजा के सीधे सम्पर्क में थी अब बीच में जागीरदारों एवं जमीदारों के आ जाने से वे इनके अधीन हो गए थे।[52] समस्या बढ़ने लगी, कारण था बाहर से आए ये लोग यहाँ कि परम्परागत व्यवस्था से अनजान थे अथवा जानबूझ कर उस व्यवस्था की अवहेलना कर रहे थे चूँकि ये जिस स्थान से आए थे। वहाँ की कृषि व्यवस्था उन्नत थी, भूमि उपजाऊ थी एवं कृषकों की स्थिति अच्छी थी, लेकिन छोटानागपुर की स्थिति ऐसी नहीं थी। यहाँ की कृषि व्यवस्था वैसे उन्नत नहीं थी। भूमि कम उपजाऊ थी पर ये जमींदार इन सब बातों की परवाह किए बिना काश्तकारों से मनमाना लगान वसूल करने के लिए तत्पर थे और लगान नहीं मिलने पर उनपर अत्याचार किए जाने लगे थे।

नागवंशी राजा *दृपनाथ शाही* (1758-1789 ई.) के शासनकाल में भारत में अंग्रेजी का हस्तक्षेप बढ़ चुका था। 12 अगस्त 1765 ई. को *मुगल बादशाह शाह आलम द्वितीय* से *'ईस्ट इंडिया कम्पनी'* को *बंगाल*, *बिहार* और *उड़ीसा* की दीवानी[53] (राजस्व प्रशासन) मिल चुका था।[54] छोटानागपुर प्रदेश बिहार राज्य का एक हिस्सा होने के कारण ब्रिटिश कम्पनी शासन व्यवस्था के नियंत्रण में स्वतः ही आ गया। पहले ब्रिटिश अधिकारियों ने इस क्षेत्र के राजाओं के विरूध कोई त्वरित एवं कठोर कदम उठाना उचित नहीं समझा था।[55] किन्तु कम्पनी के लिए झारखण्ड पर कब्जा करना इसलिए भी आवश्यक जान पड़ता था कि बिहार में कम्पनी राज्य की पश्चिमी सीमा को मराठा आक्रमणकारियों

---

52. डब्लयू. एच. मोरलैंड- "दी डेवलपमेंट ऑफ दी लैंड रेवेन्यू सिस्टम ऑफ दी मुगल एम्परर" जनरल ऑफ रॉयल एशियाटिक सोसाइटी ऑफ बंगाल, कलकत्ता, जनवरी 1922, पृ.35।

53. 1764 में बक्सर के युद्ध के बाद ईस्ट इंडिया कंपनी को दीवानी अधिकार प्राप्त हुए थे। दीवानी प्राप्त करने का अर्थ यह था कि कम्पनी को बंगाल, बिहार और उड़ीसा में राजस्व वसूल करने का अधिकार प्राप्त हो गया। इस सबके बदले में कम्पनी बादशाह शाहआलम द्वितीय को 26 लाख रुपया वार्षिक दिया करती थी। इसके साथ ही मुर्शिदाबाद के नवाब को भी कम्पनी सामान्य प्रशासन के लिए 53 लाख रुपया देती थी। इस प्रकार शेष बचे हुए धन को कम्पनी अपने पास सुरक्षित तथा स्वयं के व्यय के लिये रखती थी। नवाब को दी जाने वाली वार्षिक रकम बाद में घटाकर 32 लाख रुपया कर दी गई। कम्पनी को दीवानी मिलने से उसे प्रान्तीय प्रशासन में पहली बार क़ानूनी हैसियत प्राप्त हो गई।

54. डब्ल्यू. डब्लयू. हंटर- बंगाल एम. एस. रेकॉर्ड्स, जिल्द 1, पृ.17।

55. अनिल कुमार, पूर्वोद्धृत, पृ.90।

का खतरा उत्पन्न हो गया था।[56] अतः कम्पनी ने छोटानागपुर के राजा को अपने विश्वास में लेना आवश्यक समझा था। इन परिस्थितियों के बीच *कैप्टन कैमक* ने 1772 ई. में छोटानागपुर के राजा को कम्पनी की मान्यता प्रदान की।[57] और नागवंशी राजा *दृपनाथ शाही* के छोटानागपुर पर शासन की मान्यता मिल गई। कम्पनी शासन काल में कुछ ऐसी भूमि सबंधी नीतियाँ अपनाई गई एवं अधिनियम लागू किए गए जो बंगाल के मैदानी क्षेत्रों को ध्यान में रखकर बनाए गए थे तथा छोटानागपुर क्षेत्र पर उन्हें प्रभावी करत समय किसी ने यहाँ की जनजातियों की संस्कृति, पट्टी - पड़हा एवं पारम्परिक भू - व्यवस्था का ध्यान नहीं रखा। *विलियम ब्लंट* ने जो उस समय गर्वनर जनरल की परिषद के तीसरे सदस्य थे, अपनी खोजपूर्ण मिनट में यह विचार अभिव्यक्त किया था कि छोटानागपुर में *"रेगुलशन पद्धति"* प्रभावी कर तथा असभ्य एवं गरीब किसानों से विभिन्न करों के द्वारा *'रेवेन्यू'* अर्जित करने का प्रयास कर कम्पनी ने गंभीर भूल की है।[58] ईस्ट इंडिया कम्पनी की जो नीति थी वह छोटानागपुर के किसानों के लिए घातक सिद्ध हुई थी। इन काश्तकारो पर अनेक प्रकार के करों का बोझ डाल दिया गया और इन नीतियों एवं अधिनियमों के संरक्षण में जमींदार एवं साहूकारों ने उनकी जमीन हड़प ली, सेवक पट्टा भरवाया गया और कुछ किसानों को गाँव छोड़कर भागना पड़ा। ईस्ट इंडिया कम्पनी का प्रारंभिक समय छोटानागपुर के जनजातियों के आर्थिक पतन का समय था। छोटानागपुर की भौगोलिक एवं राजनीतिक परिस्थितियाँ यहाँ के निवासी, उनका रहन - सहन, प्रथाएं, रीति - रिवाज आदि मैदानी क्षेत्र से बिल्कुल अलग रहा था और उन कानूनों की क्षेत्रीय उपयोगिता को परखे बिना, जो मैदानी लोगों के लिए संरचित थे, छोटानागपुर पर लगा दिए गए। कम्पनी सरकार का यह कदम मुण्डाओं के निर्मूलन में सहायक हुआ।[59]

लॉर्ड कार्नवालिस जिसने 1786 ई. में कम्पनी में अपना योगदान दिया, वह दीवानी क्षेत्रों से अधिक लगान वसूल करने के लिए सर्तक था। पर्याप्त जाँच पड़ताल के बाद *'डिसेनियल-सेटलमेंट'* एवं *'परमानेन्ट सेटलमेंट'* तैयार हुआ

---

56. फॉरेन (सीक्रेट), सेलेक्ट कमिटी प्रोसीडिंग्स, 29 दिसम्बर, 1770, मराठा खतरे पर जॉन कार्टियर के विचार, कैलेंडर ऑफ पर्शियन कॉरेसपोंड, भाग 3, न. 577।

57. एफ. बी. ब्रैडले बर्ट, पूर्वोद्धृत, पृ.18।

58. ज्यूडिशियल क्रिमिनल प्रोसीडिंग्स न., दिनाँक 19 जून 1832, विलियम ब्लेट का मिनट ऑन द कोल इंसरेक्शन, दिनाँक 27 अप्रैल 1832, पश्चिम बंगाल राज्य अभिलेखागार, कलकत्ता।

59. असुंता तिग्गा, पूर्वोद्धृत, पृ.131।

तथा *कोर्ट ऑफ डायरेकटर्स* ने इसे स्वीकृति प्रदान की। परिणाम स्वरूप 1793 ई. में *लॉर्ड कार्नवालिस* ने इस सेटलमेंट को स्थायी घोषित कर दिया और इस प्रकार 1793 ई. के अधिनियम के अनुसार *स्थायी बन्दोबस्ती अधिनियम* पारित एवं प्रभावी हुआ। 18 सितम्बर 1789 ई. को कम्पनी सरकार ने डिसेनियल सेटलमेंट को बिहार प्रांत के लिए घोषित किया और यह भी कहा गया कि यह अधिनियम छोटानागपुर में प्रभावी नहीं होगा।[60] लेकिन स्थायी बन्दोबस्ती को दस वर्षों तक यहाँ प्रभावी होने की बात भी कही गई।[61] वस्तुतः कम्पनी अधिकारी भ्रम की स्थिति में थे। यह पूछे जाने पर कि *स्थायी बन्दोबस्ती* एवं *डिसेनियल सेटलमेंट* इस क्षेत्र पर लागू हो गया है ता उत्तर होता था कि बाद में इसे लागू मान लिया जाना चाहिए।[62] वस्तुतः छोटानागपुर की भूमि व्यवस्था शेष बंगाल से पूरी तरह अलग थी, अतः कम्पनी अधिकारियों में पहले संशय की स्थिति बनी हुई थी कि स्थायी बन्दोबस्ती के अन्र्तगत छोटानागपुर का राज्य आता है अथवा नहीं। 1799 ई. तक यह स्पष्ट हो गया था कि स्थायी बन्दोबस्ती छोटानागपुर क्षेत्र में प्रभावी है।[63]

मुगल शासक *शाहआलम* से 1765 ई. में दीवानी के हस्तांतरण से *स्थायी बन्दोबस्ती* 1793 ई. तक के समय में कम्पनी की व्यवसायिक बुद्धि का पता चलता है। कम्पनी को तीन प्रान्त, *बंगाल*, *बिहार* एवं *उड़ीसा* की दीवानी के बदले में बादशाह *शाह आलम* को 26 लाख रूपये प्रतिवर्ष देने थे। कम्पनी ने अनुमान लगाया था कि इतने बड़े क्षेत्र से यह राशि सरलता से उगाही की जा सकती है तथा उसका स्वयं का प्रशासनिक-व्यय काटकर कम्पनी को अच्छा लाभ भी हो सकता है लेकिन कम्पनी की अनेक व्यवहारिक कठिनाईयाँ थी। पहली यह कि उनके अंग्रेज कर्मचारी लगान और इसकी वसूली की विविधता से परिचित नहीं थे।[64] दूसरी ओर कम्पनी को इस देश की विभिन्न प्रकार की भूमि की गुणवत्ता का ज्ञान नहीं था। अतः कम्पनी को प्रारम्भ में मुगलकालीन

---

60. अरविंद प्रसाद वर्मा "Rules for Decennial Settlement were framed by regulations VIII of 1793 A.D. This Regulations was introduced in chotanagpur as well. Singhbhum, excluding, Dhalbhum, pergunnah and loherdaga subdivision were excluded from this regulation, otherwise it was enforced in Hazaribag, manbhum and per gunnah Dhalbhum of singhbhum, पूर्वोद्धृत, पृ.26।

61. जे. सी. झा, पूर्वोद्धृत, पृ.46।

62. वही।

63. वही।

64. बी. एच. पावेल - लैंड सिस्टम ऑफ ब्रिटिश इंडिया भाग-1, क्लेरेडन प्रेस, ऑक्सफोर्ड, 1892, पृ.103

कर्मचारियों से काम लेना पड़ा, किन्तु ये भ्रष्ट साबित हुए तथा कम्पनी को अपेक्षित आय नहीं हुई, अतः इन पर 1769 ई. में *'निरीक्षक'* बैठाए गए, लेकिन यह तरीका भी सफल नहीं हुआ। अब अंग्रेजों ने जमींदारों को सामने रखा तथा इन्ही के माध्यम से लगान वसूली की पद्धति प्रारंभ करने का विचार किया किन्तु जमींदार भी ईमानदार एवं दायित्वपूर्ण नहीं थे। अतः इनके साथ वार्षिक लगान की बन्दोबस्ती बोली या नीलामी के आधार पर की गई। परिणाम यह हुआ कि जमींदारों को मनमानी करने का मौका मिल गया और वे किसानों पर उनकी सम्पति एवं आय की चिन्ता न करते हुए मनमाना लगान वसूल करने लगे। *लॉर्ड कार्नवानिस* ने लगान सबंधी विभिन्न सूचनाओं को प्राप्त करने के उपरान्त *स्थायी बन्दोबस्ती* का नियम बनाया था। 1765 ई. से 1793 ई. तक के कठिन परिश्रम का यह परिणाम था, जिसमें जमींदारों को लगान की आय का स्रोत माना गया तथा उन्हें अपेक्षा से अधिक अधिकार प्राप्त हुए।[65] *बी. एच. पावेल* ने भी माना है कि "स्थायी बन्दोबस्ती की प्रमुख विशेषता यह थी कि जमीन्दार सर्वेसर्वा बन गया था।[66] *लॉर्ड कार्नवालिस* द्वारा पारित 'डिसेनियल और *परमानेन्ट सेटलमेंट*' से प्रोत्साहित जमींदारों ने मनमाने ढंग से जमीन की बंदोबस्ती शुरू कर दी तथा लगान के वसूलने में भी अपनी सुविधा का ख्याल रखा। परिणामतः मुण्डाओं के भूमि के पारम्परिक अधिकार स्थायी बन्दोबस्ती द्वारा हड़प लिए गए।[67] अब छोटानागपुर के आदिवासियों के हाथ से उनकी भूमि छिन जाने लगी और आर्थिक रूप से उनकी स्थिति कमजोर होने लगी।

जब जमींदार एवं किसान के बीच में ठेकेदार आ गए तब स्थिति में और अधिक परिर्वतन आ गया। ये *ठेकेदार* जो गाँव ठेके पर प्राप्त होते उनसे अधिक से अधिक वसूल करने का प्रयास करते, किसानों से दास जैसा व्यवहार करते इन ठेकेदारों का उद्देश्य था, अधिक से अधिक लोगों का शोषण करना।

1793 ई. का अधिनियम 15, भूमि अधिग्रहण से प्रभावित था। यह अधिनियम बंगाल, बिहार एवं उड़ीसा राज्यों के लिए बना था और इसे *हजारीबाग, मानभूम, लोहरदगा* और *सिंहभूम* के परगना *धालभूम* में भी प्रभावी किया गया। यह अधिनियम भूमि के बंधक एवं बिक्री से संबधित था। बिहार राज्य में यह पद्धति प्रचलित थी कि साहूकार या अन्य कोई किसान को उसकी

65. डब्ल्यू. डबलयू. हंटर, बंगाल एम. एस. रेकाईस, भाग-1 (1782-1793) डबलयू. एच. एलिन एंड कंपनी, लंदन, 1894, दिनाँक 17 अगस्त, 1793, पारा-6-8, पृ.22।

66. बी.एच. पावेल, पूर्वोद्धृत, पृ.583।

67. जे. सी. झा, पूर्वोद्धृत, पृ.46।

जमीन को बंधक रखकर कर्ज देता था। यह कर्ज ब्याज - सहित या ब्याज रहित होता था। कर्ज के लौटाने की एक निश्चित सीमा निर्धारित रहती थी साथ में शर्त होता था कि यदि ऋणी कर्ज को निर्धारित अवधि के भीतर नहीं लौटा सकेगा तो भूमि पर ऋण दाता का अधिकार हो जाएगा। इस प्रक्रिया को *'बाइ - बिल - वफा'*[68] कहा जाता था।[69]

महाजन या साहुकार यहाँ की जनजातियों की अज्ञानता का लाभ उठाकर ब्याज के ऊँचे दर पर ऋण देता था। उसका मूल उद्देश्य था कि बंधक की हुई भूमि पर इतना कर्ज लाद देना कि ऋणी, ऋण से कभी मुक्त न हो सके और यदि किसी प्रकार वह मुक्त होने का प्रयास करे तो उसे इसका अवसर न दिया जाए। यहाँ की जनजाति मुण्डा अदालत जाने का सामर्थ्य नहीं जुटा पाता था और यदि कोई साहस भी करता था तो अदालत में साहूकार या महाजन के आदमी पहले से बैठे रहते थे। प्रायः इन मुण्डाओं को सही या झूठे मुकदमों का भी सामना करना पड़ता था। जिसके लिए उन्हें न्यायालय तक जाना तथा वहाँ का व्यय - भार वहन करना पड़ता था, स्वाभाविक है *'न्यायालय'* मुण्डाओं के लिए एक आपात और प्राणान्तक विपति होती थी। *फादर हॉफमैन* के अनुसार मुण्डा एक निर्धन किसान हुआ करते थे। जब भी उन्हें बाध्य होकर न्यायालय जाना पड़ता था उन्हें नकद पैसे के लिए महाजन के पास दौड़ना पड़ता था जो उन्हें ऊँचे दर ऋण देते थे।[70] वास्तव में किसान मुण्डा इस ऋण को कभी चुका न पाता था और जीवन भर उसे अपनी भूमि से दूर रहने को विवश रहना पड़ता था।

साहूकारों द्वारा भूमि से बेदखल के अलावा एक दूसरा उपाय भी प्रचलन में था। जिसके कारण निर्धन आदिवासी किसान अपनी भूमि से बेदखल हो जाता था। इसमे न्यायालय के कर्मचारी, अन्य सरकारी लोग, वकील तथा स्थानीय लठैत सम्मिलित होते थे। जिस किसान की जो जमीन हड़पनी होती थी उसका कागज तैयार कर लिया जाता था और कुछ गवाहियां भी तैयारी में रखी जाती थी। उस समय मुण्डाओ के बीच *'न्यायालय'* का भय इतना गहराई से व्याप्त

68. बाई-बिल-वफ़ा या वयबूल वफ़ा का तात्पर्य Conditional Sale हुआ जिसका हिंदी रूपांतरण है 'सशर्त बिक्री'।

69. अनिल कुमार, पूर्वोद्धृत, पृ.103।

70. फादर हॉफमैन- "The tribals were poor farmers and they always locked ready cash, whenever the peasants were forced to go to court for charges made against them, they had to approach money lenders who demanded very high interest (from 75% to 150 % per year)." ए. मु., पूर्वोद्धृत 1935, खंड X पृ.2939।

था कि न्यायालय का नाम सुनते ही मुण्डा घबरा जाते थे और *सम्मन* की सम्भावना जान कर वे घर गांव छोड़कर जंगल भाग जाते थे। *जे. डेविडसन* जो 1838 ई. में *हजारीबाग* के प्रभारी थे। इस सम्बंध में विस्तार से लिखते हैं कि 'जब इन निर्धन कोलों को न्यायालय का सम्मन प्रेषित किया जाता था, या तो ये फरार हो जाते थे या जंगल में जा छिपते थे अथवा इनके ऊपर किए गए झूठे दावे को मुकदमें की परेशानी से बचने के लिए स्वीकार कर लेते थे।[71] *मि. जे रीड* ने भी अपने *सेटलमेंट रिपोर्ट* में *डेविडसन* की इन बातों का उल्लेख किया है।

बिहार एवं मध्य प्रदेश से आकर इन जनजातीय क्षेत्र में बस गए महाजन तथा सरकारी या राजा तथा जमींदारों के अमला, बुद्धि और कानूनी छल - प्रपंच में कुशल थे, तथा भोले भाले अबोध मुण्डा, उरांव आदि सरलता से इनके चंगुल में फंस जाते थे। सरकार की नीतियां और कानून भी वे अपने पक्ष में मोड़ लेते थे। वस्तुतः एक तरफ पूरा गैर आदिवासी समाज था, जो अधिकाधिक समर्थ, कुशल एवं न्यायालय को चकमा देकर अपने अनुसार फैसला करवा लेने वाले लोग थे तो दूसरी ओर अपनी परम्परा और भूमि से जुड़े अबोध आदिवासी। इन परिस्थितियों में उत्पीड़न इतना बढ़ा कि जमीन से बेदखल होने के उपरान्त उनके पास अपना देश छोड़कर आजीविका हेतु आसाम भागने के अतिरिक्त और कोई विकल्प शेष नहीं रह जाता था या फिर वे उन भूमिहीन कुलियों की जमात में खो जाते थे जो आजीविका हेतु दर - दर भटकते थे।[72] साहूकारों एवं महाजनों की गिद्ध दृष्टि जनजातियों की भूमि पर होती थी। ये लोग जब एक बार कर्ज के जाल में फंस जाते थे तो उससे बाहर निकल पाना संभव नहीं होता था। यद्यपि 1798 ई. के अधिनियम द्वारा बंधक रखी वस्तु के विक्रय से सबंधित धोखा -धड़ी को रोकने का प्रयास किया गया। किन्तु इसका लाभ यहाँ के मुण्डाओं को नहीं मिला। कोर्ट - कचहरी से वे बहुत दूर थे, उनकी न्याय संस्कृति पंच एवं पड़हा तक सीमित थी। अतः साहूकार एवं महाजन मुण्डाओं

---

71. जे.रीड- "Would when served with processes, abscond or conceal themselves, or confess judgement, thought the plaintiff had no claim whatever against them, from fear of courts." फाइनल रिपोर्ट ऑफ दी सर्वे एंड सेटलमेंट ऑपरेशन इन दी डिस्ट्रिक्ट ऑफ राँची, कलकत्ता, 1912, पारा 60।

72. पी.टेटे- "In order to pay back the money they often had to mortgage the best of their fields and then either to migrate to the tea gardan or were lost in the great mass of landless indian coolies who wandered from place to place." ए मिशनरी सोशल वर्कर इन इंडिया: फादर जे. बी. हॉफमैन, राँची, 1986, पृ.26।

की भूमि पर आसानी से कब्जा करने में सफल हो जाते थे। जबकि जनजातीय परम्परा के अनुसार यह वर्जित था। साथ ही जमींदार एक किसान से खेत लेकर दूसरे किसान को दे देते थे। यह कार्य भी जनजातीय प्रथा के अनुकूल नहीं था। हजारीबाग के प्रभारी *जे. डेविडसन* ने *रॉबर्ट आउस्ले* को लिखे पत्र में इसका उल्लेख किया है।[73] आदिवासी लोगों के बीच यह असंतोष का एक प्रमुख कारण था।

कलकत्ता रिव्यू के अनुसार *'कोलों'* के ऊपर जमींदारों द्वारा अनेक प्रकार के कर थोप दिए गए थे। जमींदारों को घोड़े की आवश्यकता हो तो कोलों का उसका भुगतान करना होता था। उसके *पान सुपारी* का खर्च कोल का उठाना पड़ता था। मृत्यु एवं जन्म के ऊपर भी कर लगा था करों का बोझ इतना बढ़ा दिया गया था कि कोलों को ऋण लेना पड़ता था, और अन्ततोगत्वा अपना देश छोड़कर भाग जाना पड़ता था।[74] अंग्रेजी शासन के पूर्व छोटानागपुर की जनजातियों की आर्थिक स्थिति को कष्टकर बनाने में कई प्रकार के करों का बोझ भी एक बहुत बड़ा कारण था। *मेजर सदरलैण्ड* ने, जो कौंसिल के उपसभापति के निजी सचिव थे, कोलों पर डाले गए करों के भार का उल्लेख अपनी रिपार्ट में किया है। *सदरलैण्ड* के अनुसार कुछ ही वर्षों में भूमि का लगान तीन गुणा बढ़ा दिया गया था, इसके अतिरिक्त कोलों के ऊपर सात प्रकार के अन्य करों का बोझ था-

i. *बट्टा जब तांबे के पैसे को रूपयों में परिवर्तित करते थे*
ii. *आबकारी कर*
iii. *अफीम का प्रस्तावित कर जिसकी खेती सरकार करने जा रही थी*
iv. *सलामी*
v. *सड़क निर्माण की बेगारी*
vi. *वास्तविक या संभावित अपराध पर "दण्ड" और*
vii. *डाक मसोहरा।*[75]

---

73. डेविडसन टू आर. आउस्ले- "The chiefs, jagiradars and other superior tenure holders had no right under tribal customs to increase the rent of the village lands, nor could they turn-out the old cultivators of long as they paid their rent. But these age-old customs came to be frequently violated by the non-tribal farmers." 29 अगस्त, 1839, पारा 14, नम्बर 247, मिसलेनियस डिस्पैच बुक, जी. जिस. एजेंट्स ऑफिस, पटना आर्काइवस।

74. दी कलकत्ता रिव्यू - "And this plundering, punishing, robbing system goes on till the Kols run away.", जुलाई, 1869।

75. एस. सी. राय, मुंडा, पूर्वोद्धृत, पृ. 133-134।

मुण्डा किसान बढ़ते हुए लगान के बोझ के नीचे दबता जा रहा था। खूंटकट्टी व्यवस्था में लगान बढ़ाने का अधिकार जमींदारों को नहीं था, किन्तु जमींदार और उनके कारिंदे कचहरी, पुलिस और लठैती में ताकतवर थे और इनके द्वारा जमींदार जो चाहते थे, कर लेते थे।

जमींदारो के छोटानागपुर आने और उनके प्रभाव में विस्तार होने के बाद यहाँ के जनजातियों की स्थिति दास जैसी हो गई। *सलामी* और विभिन्न करों के बोझ के अतिरिक्त जनजातियों को अपने जमींदार के यहाँ मजबूरी में काम करना पड़ता था, जिसे बैठ बेगारी का नाम दिया गया है।[76] जमींदारों ने इस प्रथा को इतना सामान्य प्रचलन में ला दिया था कि कोल या मुण्डा इसे अपना कर्तव्य मानने लग गए थे। तत्कालिन ब्रिटिश हुकुमत ने भी जमींदारों के इस अमानवीय व्यवहार को मान्यता प्रदान की थी। इसी मान्यता के कारण *बैठ - बेगारी* के कार्यदिवस निश्चित किए गए थे, जो छोटानागपुर के आदिवासी समाज में प्रचलित थे *मि. जे. रीड* ने अपनी रिपार्ट में जो आंकड़े दिए है वो निम्न है[77]

हल चलाना- 3 दिन
खोदाई- 3 दिन
बीजारोपण- 3 दिन
धान या फसल कटाई- 3 दिन
अनाज की दँवाई- 1 दिन
अन्न भण्डारण कुल- 14 दिन (प्रति वर्ष प्रति व्यक्ति)

लेकिन वास्तविकता ऐसी नहीं थी अधिकांश जमींदार कुछ दिनों की बेगारी से संतुष्ट नहीं थे और वे आवश्यकतानुसार आदिवासियों से बेगारी कराया करते थे। *बैठ - बेगारी* को लेकर *जमींदारों* एवं *रैयतों* में बराबर तनाव बना रहता था। इसके अलावा जब जमींदार यात्रा पर कहीं जाता था तब जनजातियों को उनकी *पालकी* भी ढोनी पड़ती थी। जमींदारों के अनुसार बैठ - बेगारी की कोई गिनती या अन्त नहीं था। धीरे - धीरे यहाँ की जनजातियों के ज्ञान वृद्धि होने तथा पैसे

76. पी. टेटे- "Another source of irritation to the Mundas and Oraons was the system of Begair, or forced labour which they were made to render to their land lords." पूर्वोद्धृत, पृ.14।

77. जे. रीड, फाइनल रिपोर्ट ऑफ दी सर्वे एंड सेटलमेंट ऑपरेशन इन दी डिस्ट्रिक्ट ऑफ राँची, कलकत्ता, 1912, पृ. 43।

या श्रम का महत्व समझ आने पर जनजातियों ने अपने आर्थिक शोषण को अनुभव किया तथा इसका विराध भी किया। *पी. नोलन*, सचिव, वित्त - विभाग, बंगाल सरकार के अनुसार जैसे - जैसे यहाँ की जनजाति बाहरी लोगों के सम्पर्क में आकर सभ्य होते गए और उन्हें अपनी स्थिति का ज्ञान हुआ, *बैठ - बेगारी* के शोषण के कारण वे अधिक अशान्त हुए तथा यह विद्रोह का कारण बना।[78]

छोटानागपुर में *जमींदार* एवं *ठेकेदार* दो ऐसे वर्ग थे, जिन्होंने अंग्रेजी शासन के पूर्व कम्पनी शासन काल में मुण्डाओं का सर्वाधिक शोषण किया था तथा उन्हें दास बना लिया था या फिर गाँव छोड़ने के लिए मजबूर कर दिया था। जमींदारों के समान ही ये ठेकेदार गैर आदिवासी होते थे, साथ ही व्यापारी भी होते थे, ये मुख्यतः सिक्ख एवं मुसलमान होते थे। जो दिखावटी सामग्री और अच्छे घोड़े लेकर छोटानागपुर के राजाओं एवं जमींदारों के पास बिक्री के लिए आते थे। छोटानागपुर के राजाओं और जमींदार जो शान-शौकत बनाए रखने के लिए लालायित रहते थे। इन व्यपारियों के अच्छे ग्राहक थे। वे ऊँचे मूल्य पर इन वस्तुओं को खरीदते थे और इन व्यापारियों को पैसे के बदले गाँव *ठीके* पर दे देते थे।[79]

ठीका अलग-अलग प्रकार के होते थे *स्थायी* या *दोआमी ठीका*, *अस्थायी* या *मियादी* ठीका। इनके अतिरिक्त निश्चित लगान पर *मुकर्ररी ठीका* और अग्रिम भुगतान वाला *जरपेशगी* एवं *भुगत ठीका*, ठीके के रूप में दिए गए। ये गाँव आदिवासियों के होते थे। इस प्रकार *खोरपोशदार*, *जागीरदार* एवं *राजा* लोग अपने क्षेत्र के गाँवों को इन ठीकेदारों को विभिन्न शर्तों पर सौंप देते थे, जिसका बोझ आदिवासियों को उठाना पड़ता था।[80] इससे आदिवासी आर्थिक रूप से कमजोर हो रहे थे।

---

78. On the 7th April, 1890, P. Nolan wrote, "It is obvious that to do this in the face of the order of Government, the decisions of the courts, and the general resistance of the Ryot, they must have brought to bear pressure calculated to disturb the peace and to produce the unsatisfactory relations which are now so apparent. The exaction of labour very greatly in excess of the amount and authorised by law and custom, and the means used for that purpose, must, therefore, be considered as the principal cause of disputes." Agr. Dis. Pp. 48-9, from P. Bolen to Commr. CN., No. 1258-491 LR, dt. 7 April 1890.

79. अनिल कुमार, पूर्वोद्धृत, पृ.109।

80. एस. सी. राय, मुंडा, पूर्वोद्धृत, पृ.XXXIII.

डेविडसन[81] ने *आर आउसले* को पत्र के माध्यम से यह बताया था कि राजा या जागीरदार एवं अन्य उच्चतर भू- धारियों को जनजातीय प्रथा के अनुसार यह अधिकार प्राप्त नहीं था कि वे जमीन का लगान बढ़ा सके या पुराने काश्तकार को उसके खेत से हटा सके, जब तक कि वह नियमित लगान देता रहता था। लेकिन इन पारम्परिक नियमों का ठीकेदारों द्वारा हमेशा से उल्लंघन होता था। इस प्रकार ठीकेदार न केवल लगान बढ़ा देता था बल्कि मुण्डाओं का बलपूर्वक उनके *खूँटकट्टी भूमि* से अलग कर देता था तथा उस हिस्सेदार को दे देता था, जिससे ठीकेदार को अधिक लाभ होता हो।

अंग्रेजी शासन के पूर्व कम्पनी सरकार का एकमात्र उद्देश्य व्यापारिक था। कम्पनी को छोटानागपुर की जनजातियों के सामाजिक परिवेश एवं परंपरा का कोई ज्ञान नहीं था और न ही उन्हें उनके हित की कोई चिंता ही थी, वस्तुतः कम्पनी के अधिकारी एवं नियम निर्माता सामंती मानसिकता से काम कर रहे थे। परिणाम यह हुआ कि कम्पनी ने जमींदारों को देखा तथा उन्हें अपने प्रशासन का माध्यम माना तथा अपने अधिनियमों के द्वारा जमींदारों को शक्ति भी प्रदान किया, अंग्रेजी शासन काल में *किसान* एवं *रैयत* का कोई विशेष महत्व नहीं था। *जे. सी. झा*[82] ने छोटानागपुर के मुण्डाओं के आर्थिक पतन का कारण कम्पनी प्रशासन के जटिल कानून, परिस्थितियों से अनभिज्ञ अधिकारी तथा भ्रष्ट कर्मचारियों को माना है। इन सभी के कारण मुण्डाओं में असंतोष व्याप्त हुआ। चूँकि उनके परंपरागत अधिकारों एवं रहन-सहन पर यह बाहरी लोगों का सीधा हस्तक्षेप था। और इसी के परिणामस्वरूप बाद के वर्षों में अलग-अलग जगहों पर जनजाति-विद्रोह के रूप में यह असंतोष बाहर निकल कर सामने आया। जनजातिय विद्रोह के लिए ठेकेदार, जमींदार एवं महाजनों के उत्पीड़न एवं शोषण एक कारण तो थे ही दूसरा महत्वपूर्ण कारण अंग्रेजी शासन की *रेगुलेशन प्रणाली* थी। बिना सोच-विचार किए बंगाल एवं बिहार के मैदानी इलाकों के लिए संरचित कानून यहाँ के जनजातिय क्षेत्रों पर प्रभावी कर दिए गए थे। यहाँ की जनजाति जो परम्परा से *मुण्डा-मानकी, पट्टी-पड़हा* एवं *स्व-शासन व्यवस्था* में रहती आयी थी, अब वे अंग्रेजी शासन को सहन नहीं कर पा रही थी और इस कारण उनके विरूद्ध विद्रोह शुरू हुआ।

---

81. मिसलेनियस डिस्पैच बुक (गवर्मेंट जेनरल एजेंट ऑफिस) न. 247, अनुच्छेद-14, आर.आउस्ले को डेविडसन का पत्र, दिनाँक 29 अगस्त 1839, बिहार राज्य अभिलेखागार, पटना।

82. जे. सी. झा, पूर्वोद्धृत, पृ.53।

1831-32 का महान कोल विद्रोह छोटानागपुर में अंग्रेजों की बढ़ती हुई शक्ति एवं प्रभाव को एक चुनौती दे रहा था। थार्नटन तथा मिल के अनुसार आदिवासी इस विद्रोह के माध्यम से जंगल का कानून पुनर्स्थापित करना चाहते थे।[83] 25 फरवरी 1833 ई. तक विद्रोह को दबा दिया गया। ब्रिटिश सरकार छोटानागपुर के लिए नए कानून लागू करने के लिए उत्साहित हो गयी।[84]

इन विद्रोहों के कारणों पर अंग्रेजी सरकार के अधिकारियों ने सूक्ष्म अवलोकन किया और निष्कर्ष निकाला कि जनजातीय क्षेत्रों को उनके हितों की रक्षा करते हुए एक नॉन-रेगुलेशन प्रशासन प्रणाली[85] के अंतर्गत रखा जाय। छोटानागपुर के प्रशासनिक व्यवस्था के इतिहास में एक नया अध्याय जुड़ गया। *15 जनवरी 1834* को *साउथ वेस्ट फ्रंटियर एजेंसी* की स्थापना की गई एवं *थॉमस विल्किंसन* इसके एजेंट नियुक्त किये गए।[86] एजेंसी के उद्घाटन ने एक ऐसे दौर की शुरुआत की, जिसने भू-राजस्व प्रशासन के क्षेत्र में एक नई प्रणाली की शुरुआत की और इस प्रकार, छोटानागपुर में शांति बहाल की। *कोर्ट ऑफ डायरेक्टर्स* ने बंगाल सरकार के इस विवेकपूर्ण कदम को पूरी तरह से अशांत जिलों को नियमों के संचालन से छूट देने और उन्हें एक विशेष आयुक्त के अधीन रखने के लिए मंजूरी दे दी, उन्होंने टी. विल्किंसन को पद पर नियुक्ति की भी मंजूरी दी जिसके लिए उनका व्यक्तिगत चरित्र और उनका हाल का अनुभव उन्हें विशेष रूप से योग्य बनाता प्रतीत होता है।[87]

---

83. थार्नटन तथा मिल, हिस्ट्री ऑफ इंडिया, जिल्द 5, पृ.203।

84. ब्रेडले बर्ट - "As soon as the Insurrection was suppressed by the 25th February, 1833, the Brittsh Government became anxious to introduce new regulations for Chotanagpur. The Kol rebellion had proved the case for radical change in the administration, more particularly in subdividing the unmanage able district and supplying more officers." छोटानागपुर, 1903, पृ.20।

85. नॉन रेगुलेशन प्रान्त का तात्पर्य था कि उस क्षेत्र में कंपनी के सामान्य नियम कानून लागू नहीं होते जो अन्य जगहों पर प्रचलित थे।

86. अरविंद प्रसाद वर्मा, पूर्वोद्धृत, पृ.45।

87. The inauguration-of the Agency marked the beginning of a period which introduced a new system in the field of land revenue administration and, thus, restored peace in Chota- nagpur. The Court of Directors readily approved of this judicious step of the Bengal Government in exempting the whole range of disturbed districts from the operation of the regulations and placing them under a Special Commissioner, 2 They also approved of the appointment of T. Wilkinson to the post for which his personal character and his recent experience would seem to render him eminently qualified. लेटर ऑफ कोर्ट ऑफ डायरेक्टर टू बंगाल गवर्मेंट, दिनाँक 16 सितंबर 1835, इंडिया एंड बंगाल डिस्पैचस, वॉल्यूम 6, पृ.376।

इन विद्रोहों के बाद अंग्रेजी शासन के *रेगुलेशन प्रशासन* से छोटानागपुर की जनजातियाँ मुक्त कर दी गई और उनके प्रचलनों को महत्व देते हुए *'नॉन रेगुलेशन'* शासन प्रणाली आरंभ कर दी गई। राँची जिला को केन्द्र मानकर निकटवर्ती जनजातीय क्षेत्रों को मिलाकर एक वृहत जनजातीय क्षेत्र *'दक्षिण-पश्चिम सीमान्त एजेन्सी'* का गठन किया गया। *'नॉन रेगुलेशन'* प्रशासन प्रभावी हो जाने के बाद छोटानागपुर प्रदेश में कोई जनजातीय विद्रोह नहीं हुआ, यद्यपि इस क्षेत्र में अभी भी बाहरी लोग जमींदार, महाजन आदि बसे हुए थे।

कोर्ट ऑफ डाइरेक्टर्स ने एजेन्ट के रूप में *थॉमस विलकिन्सन* की नियुक्ति को स्वीकृति प्रदान की। *एजेन्ट थॉमस विलकिन्सन* ने पूरे एजेन्सी को तीन भागों या जिला में बाँट दिया और प्रत्येक के लिए प्रमुख सहायकों की नियुक्ति की-

एजेंसी क्षेत्र	**प्रमुख सहायक**
हजारीबाग	*जे. डेविडसन*
मानभूम	*पी. निकोल्सन*
लोहरदगा	*आर. आउसले*

हजारीबाग के लिए *जे. डेविडसन*, मानभूम के लिए *पी. निकोल्सन* तथा *लोहरदगा* के लिए *आर. आउसले* की नियुक्ति हुई।[88] एजेन्ट *थॉमस विलकिन्सन* ने *किसनपुर* वर्तमान *राँची* जिला को अपना मुख्यालय बनाया।[89]

छोटानागपुर क्षेत्र के जनजातियों को शोषण-मुक्त एवं स्वच्छ शासन प्रदान करने के लिए एजेन्सी का प्रमुख अधिकारी एजेन्ट *थॉमस विलकिन्सन* स्वयं रात-दिन परिश्रम करता था। उसने एजेन्सी क्षेत्र के लिए कतिपय दीवानी कानून बनाए थे, जिन्हें स्वीकृति हेतु गर्वनर जनरल के पास भेज दिया था। यद्यपि वे नियम स्वीकृत होकर नहीं आये थे फिर भी एजेन्सी का प्रशासन उन नियमों के अनुसार चलता था।[90] *थॉमस विलकिन्सन* द्वारा बनाए गए नियम उन अनुभवों के परिणाम थे जिन्हें विलकिन्सन ने प्रत्यक्ष रूप से देखा था और यह छोटानागपुर के जनजातियों के असंतोष के कारण नियम बनाए गए थे। 15 जनवरी 1834 ई. को *"विलकिन्सन विधि"* के नाम से यह छोटानागपुर क्षेत्र में प्रभावी हो गए।

---

88. एन कुमार, पूर्वोद्धृत, पृ.54।

89. एस. सी. राय, मुंडा, पूर्वोद्धृत, पृ.138।

90. एन. कुमार, पूर्वोद्धृत, पृ. 54।

विलकिन्सन ने अपने अनुभवों के आधार पर यह निष्कर्ष निकाला था, कि अंग्रेज अधिकारियो का उनसे सीधा सम्पर्क नहीं हो पाता था, अतः एजेंट ने अपने सहायकों को निम्नलिखित निर्देश दिए:

i. आप अपने क्षेत्र में जाइये, स्थान -स्थान पर 4-5 दिनों के लिए शिविर लगाइए, गाँववालों से सीधे मिलिये और उन्हें प्रोत्साहित कीजिए कि वे निर्भयतापूर्वक आपसे अपना दुख दर्द बता सकें या उन प्यादा, दारोगा तथा मुंशियों की शिकायत कर सकें जिन्होंने आदिवासियों को सताया है।

ii. प्यादा सरकारी अमला, दारोगा तथा अन्य कर्मचारी अत्यधिक भ्रष्ट हो चुके है, जिनसे आदिवासियों की रक्षा नहीं हो रही है। इन पर कठोरता से अंकुश लगाने की जरूरत है। एक - दो दंड अन्य कर्मचारियों के लिए नसीहत वाले दृष्टांत होंगे।

iii. आप आवश्यकता पड़ने पर निर्धारित समय से अधिक समय दे कर काम करें और नजर, सलामी तथा भ्रष्टाचार के अन्य प्रचलनों को रोकें।

iv. आदिवासियों की पंचायतों पर भरोसा करें तथा उनका पूरा उपयोग करें।[91]

आदिवासियों के समस्या के समाधान एवं उनकी आर्थिक स्थिति में सुधार के लिए आवश्यक था कि आदिवासियों के हाथ से उनकी जमीन छिनी न जाए तथा वे आतंकित एवं प्रताड़ित न हों। आदिवासी सरल कृषक हुआ करते थे तथा वर्षों से जमींदारों, ठेकेदारों द्वारा सताये जाने के कारण उनमें न्यायालय का भय भी समा गया था। वे किसी भी तरह के झमेले-झंझट से दूर रहना चाहते थे, आदिवासियों की इस प्रकृति को गैर-आदिवासी जमींदार, ठेकेदार या अहलकार भली-भांति जानते थे। अतः आदिवासियों की भूमि पर या उसे अन्य किसी उलझन में फंसाने के लिए उनपर झुठा मुकदमा कर दिया जाता था। मुकदमा करने वाला जानता था कि उसके द्वारा प्रस्तुत किया गया दावा, आदिवासी भय से या मुकदमों की परेशानी से बचने के लिए स्वीकार कर लेगा।

91. कोर्ट ऑफ डॉयरेक्टर्स के एजेंट थॉमस विल्किंसन का पत्र मानभूम के प्रमुख सहायक पी. निकोल्सन को, दिनाँक 7 जनवरी 1834, अनुच्छेद-13 से 17, पश्चिम बंगाल राज्य अभिलेखागार, कलकत्ता, जे. सी. झा, दी ट्राइबल रिवोल्ट ऑफ छोटानागपुर(1831-32) काशी प्रसाद जायसवाल रिसर्च इंस्टीट्यूट, पटना रिप्रिन्टिंग, 1987, पृ. 246।

यदि वादी ने आदिवासी की किसी जमीन पर अपना दावा ठोंक दिया और उसे इस हेतु सम्मन भेजा गया तो आदिवासी अदालत में वादी के दावे को भयवश स्वीकार कर लेता था।[92] यह समस्या दिनों दिन बढ़ती ही जा रही थी। एक तो आदिवासी पढ़े लिखे नहीं थे और उन्हें न ही किसी प्रकार से कानून संबंधी बातों का ज्ञान था। इन सभी समस्याओं के कारण आदिवासी अपनी भूमि से दूर होते जा रहे थे।

कोल विद्रोह एवं एजेन्सी की स्थापना से पहले आदिवासी परिवार इस प्रकार के झूठे मुकदमों के शिकार हुए थे तथा अपना जमीन से बेदखल होकर या तो मेहनत-मजदूरी करने लगे थे या गाँव छोड़कर भाग गए थे। न्यायालय भी असमंजस में थे और विवश भी, क्योंकि जब स्वयं प्रतिवादी आरोपों का प्रतिवाद नहीं करता था, तो अदालत के पास कोई विकल्प नहीं रह जाता था।[93] इससे ज्ञात होता है कि आदिवासी अदालत एवं मुकदमों के नाम से ही इतना भयभीत हो जाता था कि आगे उसका प्रतिवाद करने की हिम्मत उनमें नहीं होती थी।

एजेंसी के अधिकारी आदिवासियों के स्वभाव तथा गैर-आदिवासियों द्वारा अपनाए जाने वाले हथकण्डों से परिचित थे। अतः एजेंसी के दीवानी नियमों की संरचना करते समय *नियम संख्या-9* में अदालत को निर्देश दिया गया कि सच्चाई का पता लगाने के लिए वे भली भाँति परख लें कि आदिवासी परिवार किस मानसिक स्थिति में आत्मस्वीकृति का निर्णय दे रहा है। फैसला देने के पूर्व न्यायाधीश को चाहिए कि वस्तुस्थिति का सही ज्ञान प्राप्त करने के लिए अन्य प्रकार से भी आदिवासी परिवार के व्यक्ति के कथन की सत्यता की परख कर लें।[94] यद्यपि एकपक्षीय निर्णय को रोका नहीं जा सकता था, किन्तु परिस्थितियों में इसे प्रतिबंधित कर दिया गया था।[95] कतिपय अंग्रेजी अधिकारियों ने, जो जनजातियों की दुर्बल स्थिति तथा कायर प्रवृति से परिचित थे, एकपक्षीय निर्णय का विरोध किया था। इसके कुछ प्रमुख कारणों में यह भी था कि आदिवासी, न्यायालय से इतने भयभीत थे कि यह सुनकर कि *प्यादा* सम्मन लेकर उनके घर आ रहा है, वे जंगल में भागकर अपने को छुपा लेते

---

92. छोटानागपुर कमिश्नर्स ऑफिस डिस्पैच बुक, वॉल्यूम 218, ई. टी. डाल्टन का पत्र टू यंग को, न.61, 23 अक्टूबर 1857, बिहार राज्य अभिलेखागार, पटना।

93. के. के. दत्ता, अनरेस्ट अगेंस्ट ब्रिटिश रूल इन बिहार (1831-59), सेक्रेटेरिएट प्रेस, बिहार सरकार, पटना, 1957, पृ.45

94. एस. पी. सिन्हा, दी प्रॉब्लम ऑफ लैंड एलिएशन ऑफ ट्राइबल एंड अराउंड राँची (1955-56), बिहार ट्राइबल्स रिसर्च इंस्टीट्यूट राँची, 1968 (रूल न.-IX) विल्किंसन रूल्स, (फार्मा-पापर्स)।

95. वही रूल नं X।

थे।[96] ऐसे भी आदिवासी थे जो न्यायालय के किसी प्रकार के झमेले झंझट में पड़ना नहीं चाहते थे और घर भूमि छोड़कर भाग जाना अधिक शांतिपूर्ण एवं मुनासिब मानते थे, उन्हें लगता था कि सभी लोग एक हैं, जो उसको प्रताड़ित करना चाहते थे तथा उन्हें न्यायालय से किसी भी प्रकार की न्याय की आशा नहीं थी। अतः उन्हें लगता था कि बेहतर है बिना कोई विवाद में पड़े अपना घर-बार छोड़ दें।

ठीकेदारों एवं महाजनों द्वारा मुण्डाओं की भूमि बेदखली का यह तरीका बहुतायत अपनाया जाने लगा था। भयभीत आदिवासी न्यायालय से दूर भागा रहता था और उसके विरूध कुछ सुनवाइयों के पश्चात फैसला सुना दिया जाता था। *जॉन रीड* ने अपने *सेटलमेंट रिर्पोट* में इस नियम की उपयोगिता को स्वीकर किया है। वस्तुतः इस नियम के कारण महाजनों द्वारा आदिवासियों की भूमि बेदखली के षडयंत्र पर रोक लग गई थी तथा इससे उजड़ने वाले आदिवासी परिवारों के घर बस गए थे।[97]

आदिवासियों के आर्थिक पतन में *वकीलों* की भूमिका सर्वाधिक सक्रिय थी। वकील आदिवासियों को कानूनी जाल में फ़साने तथा उन्हें भूमि से बेदखल करने की पूरी योजना बनाते थे। इन वकीलों की आमदनी का मुख्य स्रोत मुकदमा था और ये सर्वव्याप्त था कि मुकदमों की संख्या जितनी बढ़ेगी उनकी आमदनी उतनी ही बढ़ेगी। वकील, जमींदार, ठीकेदार एवं महाजन अपनी चतुराई से इन आदिवासियों का शोषण करते थे। अतः वकीलों की प्रैक्टिस पर रोक लगा दी गई, अधिनियम के *नियम संख्या 26* में कहा गया है कि एजेंसी क्षेत्र के किसी भी *अदालत में वकील* प्रैक्टिस नहीं कर सकते। वादी प्रतिवादी या स्वयं अथवा मुख्तार या अधिकृत एजेंट द्वारा अपना पक्ष प्रस्तुत कर सकते थे।[98] इस न्यायिक एवं प्रशासनिक नियम के कारण आदिवासियों को विभिन्न प्रकार की आर्थिक कठिनाईयों से मुक्ति मिली। सर्वप्रथम उनकी भूमि हड़पने की जो साजिश अथवा मूकदमेबाजी होती थी वह रूक गई। यह एक बहुत बड़ी आर्थिक राहत थी। इसके अतिरिक्त यदि कोई आदिवासी न्यायालय तक की दौड़ लगाता था तो व्यय के अतिरिक्त उसे कई कठिनाईयों का सामना करना पड़ता था। एजेंसी का यह कदम आदिवासियों की आर्थिक स्थिति को सुधारने में सहायक

96. जे रीड, फाइनल रिपोर्ट ऑफ द सर्वे एंड सेटलमेंट ऑपरेशंस इन द डिस्ट्रिक्ट ऑफ राँची, छोटानागपुर टेनेंसी एक्ट, 1908, कलकत्ता, दी कैथोलिक औरफन प्रेस, कलकत्ता 1910, पृ.29, (अनुच्छेद-60)।

97. वही, पृ.31-33 (अनुच्छेद-66)।

98. एन कुमार, पूर्वोद्धृत, पृ.54।

हुआ।[99] मुख्यतः ठीकेदारों एवं महाजनों की गिद्ध दृष्टि आदिवासियों की जमीन पर होती थी। यह जमीन वे विभिन्न उपायों से बेदखली के लिए बाध्य करते थे। इसमें जमींदारों एवं छोटे - मोटे राजाओं का भी हाथ होता था। जमींदारों को महाजन या ठीकेदारों से सामान या ऋण मिलता था और इसके एवज में वे अपनी या अपने क्षेत्राधिकार की भूमि गाँव के ठीकेदार को दे देते थे।[100] लेकिन अब यह प्रतिबंधित हो गया। इसी प्रकार से मुण्डाओं को भी ऋण देकर या ऋण देने का झूठा प्रमाण इकट्ठा कर जमीन हड़प ली जाती थी पर अब एजेंसी काल में ऋणदाता ऋण देकर उनकी जमीन नहीं ले सकता था।

विल्किंसन रूल के द्वारा भूमि संबंधी असंतोष को शांत करने एवं भूमि एवं उससे जुड़े हक एवं अधिकारों को संरक्षित करने का प्रयास किया गया था। इसके कुछ अन्य नियमों के विषय मे भी जान लेना आवश्यक प्रतीत होता है। विल्किंसन रूल के *नियम संख्या 4* के अनुसार सभी मुकदमों की हर अदालत में जाँच, सुनवाई और निर्णय आम पार्टियां अथवा उनके प्रतिनिधियों की उपस्थिति में किया जाएगा।[101] यह बहुत महत्वपूर्ण नियम था चूंकि अक्सर आदिवासी अदालत तक पहुँच नहीं पाता था और एकतरफा फैसला हो जाता था। इसी तरह इसके *नियम संख्या 20* के अनुसार गवर्नर - जेनरल के एजेन्ट या उसके सहायकों को यह अधिकार रहेगा कि वाद पत्र के दायर हो जाने पर और जब, प्रतिवादी का उत्तर भी हस्तगत हो जाने पर वे मामले के फैसले के लिये केस एक पंचायत को सुपूर्द कर सकते हैं। यह कार्यवाही ये सदर में हो या जिले के किसी भी क्षेत्र में जहाँ एजेंट या सहायकों की अदालतें उस समय स्थित हो निर्देश कर सकते हैं। उस पंचायत में तीन या पाँच व्यक्ति, एजेन्ट या उसके सहायकों द्वारा ऐसे व्यक्तियों में से चुने जाएंगे जो उक्त मामले के संबंध में अधिकतर जानकारी रखते हैं। इस पंचायत के लिये चुने गये पंचों की नियुक्ति उस समय तक नहीं की जायेगी जब तक कि वादी, प्रतिवादी दोनों को ही नियुक्त किये किसी भी पंच पंचों पर आपत्ति करने का हक रहेगा। और उसकी आपत्ति यदि सही निकले तो आपत्ति उठे पंच या पंचों की जगह अन्य पंच या पंचों की नियुक्ति की जायेगी जब गवर्नर जेनरल के एजेन्ट या उसके सहायक द्वारा मामले को पंचायत में विधाराधीन रखने का निश्चय हो गया और जब नियुक्त किये गये पंचों का कार्यवाही करने का आदेश दे दिया गया

99. वही।

100. जे. सी. झा, पूर्वोद्धृत, पृ.255।

101. रशिम कात्यायन, झारखंड लैंड मैन्युअल, पृ.46।

वादी और प्रतिवादी या उनके प्रतिनिधियों को बुलाकर पंचायत के निर्णय को स्वीकार करने के लिए कहा जायेगा। उसके तुरन्त बाद ही एजेन्ट या सहायक द्वारा एक सरकारी मुहर्रिर को नियुक्त किया जायगा, जो पंचायत की सारी कार्यवाही और निर्णय का लेखा - जोखा रखेगा। मुहर्रिर कचहरी के ही किसी उपयुक्त स्थान में या उसी के निकटवर्ती उचित जगह पर यथाशीघ्र पंचायत बैठायेगा और मामले की छानबीन कराएगा। जब दोनों पार्टियों से बयान लिया जायेगा और गवाहों से भी जिरह समाप्त हो जायगा तब पंचगण, मुहर्रिर, वादी, प्रतिवादी और गवाहों को दूर हट जाने का आदेश देंगें। तत्पश्चात ये अपने बीच एक निर्णय पर पहुंचेंगे और मुहर्रिर को बुलाकर उसे अपना निर्णय लिखित रूप से सबके हस्ताक्षर के साथ दे देंगे जो उसे पंचायत बैठाने वाले अधिकारी के पास ले जाएगा। पंचों के निर्णय के आधार पर ही अदालत न्यायादेश या फैसला देगी, जिसके विरूद्ध अपील नहीं की जा सकेगी और न इसे अस्वीकार किया जा सकेगा। इसके विरूद्ध अपील अथवा इन्कार तभी संभव होगी जब कि न्यायादेश स्थानीय रीति विधि या दस्तूर के दरखिलाफ हो अथवा काउन्सिल में गवर्नर जेनरल द्वारा प्रतिपादित किसी कानून का उल्लंघन करे।[102] विल्किंसन रूल के *नियम संख्या 22* के अनुसार पंचायतों में मामले का सुपूर्द किया जाना, शीघ्रता से जनता को न्याय दिलाना ही है। जो भी व्यक्ति पंचायतों में लिये जाएंगे उन्हें सबके हित में काम करने के लिये कटिबद्ध होना है। फिर भी एजेन्ट या उसके सहायकों को चाहिये कि उपरोक्त आधार पर पंचों के चुनाव में ध्यान रखना है कि किसी को किसी प्रकार असुविधा न हो।[103] इसके *नियम संख्या 24* में यह कहा गया है कि *गवर्नर - जेनरल* का *एजेन्ट* तथा उनके सहायक इस बात पर जोर देंगे कि जनसाधारण अपने ही ग्राम पंचायतों में विवादों का निपटारा कर लें और अदालत में जाने से बचने की कोशिश करें।[104] इसके *नियम संख्या 25* के अनुसार किसी भी मामले में पार्टियां किसी भी समय पर रजामन्दी कर के, आपसी समझौता के लिये स्वतन्त्र हैं। जब समझौता गवाहों के बयान और जिरह के पहले ही हो जाए, तो उन्हें उनका अदालती शुल्क भी वापस कर दिया जा सकता है। इसी तरह विल्किंसन रूल के *नियम संख्या 27* के अनुसार भूमि सम्पत्ति का किसी प्रकार की बिक्री, हस्तान्तरण, नीलामी या बन्धक,

102. रशिम कात्यायन, पूर्वोद्धृत, पृ.55-56।

103. वही।

104. वही,पृ.58।

मालगुजारी अदायगी के कारण या किसी अन्य कारण से गवर्नर जेनरल के एजेन्ट की अनुमति के बिना गैरकानूनी माना जायगा। बहुत से वकील मुख्तारों के कुचक्र को देखते हुए जनसाधारण को बेकार मुकदमेबाजी से बचाने के लिये यह नियम बनाया जा रहा है। इस नियम का यह भी उद्देश्य है कि भूमि बपौती या स्वअर्जित हो। बिक्री, हस्तान्तरण और बन्धक - गिरवी से बचा रहे। भूमि के मालिक यदि अपनी इच्छा से ऐसा करना भी चाहें तो उनकी संतानों द्वारा जमीन की वापसी के लिए खून खराबी न होने पाए, और ताकि जंगल के राजा, जागीरदार और जमीन्दार लोग बिक्री गिरवी आदि के झमेले में वे सम्मिलित न हो सकें। ये भी अनुमति प्राप्ति के बिना बिक्री, हस्तान्तरण या गिरवी नहीं कर सकते हैं। ऐसी स्वीकृति एजेन्ट या उसी क्षेत्र के उसके सहायकों के अदालत से प्राप्त की जा सकती है। ये दस्तावेज की पीठ पर अनुशंसा, दस्तखत और मुहर देकर बिक्री, हस्तान्तरण या गिरवी का सत्यापान करेंगे। विल्किंसन रूल का *नियम संख्या 28* भी महत्वपूर्ण है जिसके अनुसार गवर्नर - जेनरल तुरन्त ही यह घोषणा कर देंगे कि भविष्य में राजाओं, जागीरदारों या जमीन्दारों अथवा अन्य भू - स्वामीओं के जमीन जो पूर्वजों के जमानों से उनके अधिकार में हैं, उनकी बिक्री, हस्तान्तरण या गिरवी आदि की स्वीकृति पर साधारणतः प्रतिबन्ध लगा रहेगा।[105] विल्किंसन रूल के ये सभी नियम आदिवासी परंपरा एवं उनकी अपनी मुंडा मानकी प्रशासनिक व्यवस्था को ध्यान में रख कर बनाई गई थी। जो बाद में चलकर काफी प्रचलित भी हुई। कैप्टन विल्किंसन ने *दीवानी न्याय* के लिए कुल *31 नियमों* की संरचना की थी। जिसके द्वारा क्षेत्र में शान्ति स्थापित करने का प्रयास किया गया था।

एजेंसी काल में आदिवासियों की आर्थिक स्थिति में सुधार का प्रमुख कारण था कि उनकी जमीन हर प्रकार से सुरक्षित हो गई थी। भूमि के विक्रय या बंधक रखने पर प्रतिबंध लग जाने के उपरांत महाजनों के पास आदिवासियों की भूमि को हस्तगत करने का कोई अन्य विकल्प नहीं रह गया था। अतः इस काल में एक स्थिति निश्चित थी कि मुण्डा अपनी जमीन से परिवार पाल सकता था तथा बाहर भाग जाने की अपेक्षा भूमि से जुड़ा रह सकता था। अनेक विद्वानों ने इस व्यवस्था की उपयोगिता को स्वीकारा है और इसे फलदायक नियम की संज्ञा दी है। इस नियम के द्वारा पुराने जमींदारों को भी जमीन के एवज में ऋण लेने की आदत को हतोत्साहित किया गया।[106] यह नियम जनजातियों की

105. वही।

106. एन. कुमार, पूर्वोद्धृत, पृ.54।

आर्थिक स्थिति के सुधार में इतना उपयोगी सिद्ध हुआ कि *जे.रीड* के अनुसार इसे *ई. टी. डाल्टन* ने भी स्वीकारा था।[107]

दक्षिण - पश्चिम सीमांत एजेंसी का एजेंट थॉमस विलकिन्सन, *मुनरो-एलीफेंस्टन*[108] विचारधारा का प्रशासक था जो *न्याय को द्वार* तक ले जाना चाहता था तथा इसमें जनता की भागीदारी का पक्षधर था।[109] अतः उसने पंचायत के गठन को महत्व दिया तथा एक सीमित क्षेत्र तक के मुकदमें पंचायत को सौंप दिए गए। किन्तु इस पंचायत एवं मुण्डाओं की ग्राम सभा अथवा पट्टी / पड़हा पंच में अंतर था। इस पंचायत के सदस्यों का चुनाव न होकर नामांकन होता था, जिसे एजेंसी का प्रधान सहायक अपने क्षेत्र के लिए करता था। इनकी संख्या तीन या पाँच होती थी। यह आवश्यक था कि पंच दोनो पक्षों की सहमति से नियुक्त होता था। क्योंकि वह सबंधित विवाद से परिचित होता था। अतः मुकदमों की भीतरी बातों को जानता था। पंचायत से मुण्डाओं को भी आर्थिक लाभ इस दृष्टि से हुआ था, कि वे न्यायालय के खर्च तथा उसकी परेशानियों से बच गए थे, और अपेक्षाकृत उनका जीवन शांत एवं उलझने कम हो गई थी। कंपनी सरकार का एजेंसी - काल मुण्डाओं के आर्थिक सुधार, संपन्नता एवं शांति का काल था। वे नाजायज लगान तथा विभिन्न प्रकार के करों के शोषण से मुक्त हुए। उनकी भूमि की बेदखली पर पाबंदी लगा दी गई और उनका कृषि - कर्म जो उनके आर्थिक जीवन का मूल आधार था अबाध गति से चलने लगा। झुठे मुकदमें तथा गैर आदिवासी भ्रष्ट अमलाओं के चंगुल से उनकी रक्षा हुई। स्टाम्प फीस में उन्हें सुविधा प्राप्त हुई। इस प्रकार उनका पिछला जीवन लगभग लौट आया था यहाँ तक कि दीन - हीन आदिवासी भी पैसे के अभाव में न्याय से वंचित नहीं हो पाता था।[110]

वस्तुतः *विल्किंसन काल* छोटानागपुर में शान्ति का काल था। 1855-56 में महान सन्थाल विद्रोह हुआ जिसके मूल में शोषकों के विरुद्ध संथालो का यह प्रतिवाद था। इस परिपेक्ष्य में अपनी भूमि की रक्षा करना ही इस हूल का महान उद्देश्य था। 1858 ई. में सोनपुर और बसिया परगनों में जमींदार और रैयतों के

---

107. जे. रीड, पूर्वोद्धृत, पृ.30, (अनुच्छेद-63)।

108. थॉमस मुनरो एवं एलफिंस्टन 1823 में गठित सार्वजनिक शिक्षा समिति के 10 सदस्यों में से भी एक थे और भारत मे जो प्राच्य आंग्ल शिक्षा को लेकर विचार विमर्श हो रहा था उसमें पाश्चात्यवादी (Occidentalists or Anglicists) शिक्षा के समर्थक थे।

109. के. ए. बालहाटचेट, सोशल पॉलिसी एंड सोशल चैंज, वेस्टर्न-इंडिया 1817-1830, लंदन, 1957, पृ.104।

110. जे. सी. झा, पूर्वोद्धृत, पृ.252।

बीच संघर्ष उत्पन्न होने लगा। इन असंतोष को दूर करने के उद्देश्य से ब्रिटिश सरकार ने छोटानागपुर की भूमि व्यवस्था को सुव्यवस्थित करने का भरसक प्रयास किया। राँची जिला में सरकार की ओर से *नागवंशी लाल लोकनाथ शाहदेव* 15 अप्रैल 1858 ई. को इस कार्य के लिए *सहायक कमिश्नर* नियुक्त किये गए। 1860 ई. के अप्रैल महीने से उन्होंने भूमि नापना शुरू किया पर 1862 ई. में उनकी मृत्यु हो गई। *सरदारी*[111] लड़ाई अर्थात भूमि के लिए लड़ाई, जिसे *मुल्की-लड़ाई* भी कहा जाता है 40 वर्षों तक चला। यही आंदोलन बाद में *बिरसा आंदोलन* का आधार बना। सरदार आंदोलन के तीन चरण थे:- पहला भूमि आंदोलन, 1858-1881, दूसरा पुराने मूल्यों को पुनर्स्थापना का आंदोलन 1881-1890, तीसरा, राजनीतिक आंदोलन, 1890-1895, इनमें प्रमुख भूमि से संबंधित आंदोलन ही था।[112] 1850 ई. और उसके बाद इस क्षेत्र में अनेक आदिवासियों द्वारा ईसाई - धर्म अपनाए जाने के बाद भूमि - समस्याएँ और भी जटिल हो गईं। कुछ लोगों ने धार्मिक उद्देश्य से ईसाई - धर्म को अपनाया था। लेकिन, अधिकांश ईसाई - धर्म की छत्र - छाया में इसी आशा से आए थे कि ईसाई हो जाने के बाद उन्हें उनकी जमीन और अन्य अधिकारों से वंचित नहीं किया जा सकेगा। ये लोग करीब 50 वर्षों से अत्याचारों के शिकार होते आए थे। अब उनमें आशा जगी थी कि उन्हें धार्मिक जीवन में मोक्ष भले ही न मिले, आर्थिक क्षेत्र में उत्पीड़न से उन्हें अवश्य मुक्ति मिलेगी। 1850 ई. से लेकर 1859 ई. तक जमींदार बराबर यह हल्ला करते रहे कि पादरीगण, ईसाई आदिवासियों के पक्ष में हस्तक्षेप कर रहे थे। इन्हीं जमींदारों ने 1857 ई. की क्रांति के समय राँची स्थित जर्मन मिशन के कार्यालय और गिरिजाघर पर हमला किया था और गाँवों में ईसाइयों को सताया था। इसके बाद सरदार - आन्दोलन हुआ जिसका नेतृत्व रैयतों ने किया और उन्होंने यह दिखला दिया कि वे जमींदारों पर भी आक्रमण कर सकते थे।[113] *चुटिया - नागपुर काश्तकारी अधिनियम* 'या *बंगाल अधिनियम -2, 1869 ई.* छोटानागपुर के लिए पारित अधिनियमों में सर्वाधिक महत्वपूर्ण था।[114] रेवेन्यु प्रोसिडिंग्स रिपोर्ट, बंगाल

---

111. 'सरदार' से तात्पर्य उन मुंडा सरदारों से था जिन्होंने ईसाई धर्म अपना लिया था। सरदारों ने अपनी समस्या के समाधान में लुथरेन और काथलिक मिशन का सहारा भी लिया। किंतु अंग्रेज सरकार ने मिशन को सख्त हिदायतें दी थी कि मिशन इन मामलों में दखल न दे और आदिवासियों की मदद न करें।

112. डॉ बी. विरोत्तम, पूर्वोद्धृत, पृ.326।

113. एस. सी. राय, मुंडा, पृ.226-27, जे. रीड, अनुच्छेद 42।

114. अरिवंद जी सहाय, एडमिनिस्ट्रेशन ऑफ बिहार ड्यूरिंग दी रूल ऑफ दी ईस्ट इंडिया कंपनी 1765-1859, अप्रकाशित शोध प्रबंध, इतिहास विभाग राँची विश्वविद्यालय, राँची, 1995, पृ.95।

1868 के अनुसार 1867 में ज़मींदार 60 गाँवो में आदिवासियों के खेतों से धान काटकर ले गए। इससे आदिवासियों का क्रोध उबल पड़ा। आदिवासी सरदारों में अशांति फैली। कुल 14000 आदिवासियों ने एक याचिका में सही -ठेपा देकर कलकत्ता अंग्रेज उच्च पदाधिकारी को अपने वकील द्वारा भेजा। इसका असर यह हुआ कि दो वर्ष बाद सरकार ने छोटानागपुर टेन्योर्स एक्ट 1869 पारित किया। इस कानून में भुइँहरी सर्वे को पुनः चालू करने का प्रावधान रखा गया।[115] 1868 ई. तक सरकार के सामने यह लगभग स्पष्ट हो चुका था कि यदि काश्तकारी संबधित कुछ ठोस कदम नहीं उठाया गया, तो छोटानागपुर के निवासियों में असंतोष और अशांति बढ़ती जाएगी।[116] सरकार चाहती थी कि भूमि के स्वामित्व या अन्य प्रशनों को लेकर जनमानस में बनी अनिश्चतता समाप्त होनी चाहिए। परिणामस्वरूप इस अधिनियम को सरंचित किया गया। बंगाल एक्ट 2, 1869, छोटानागपुर के भू राजस्व प्रशासन के इतिहास में एक लैंडमार्क था।[117] आगे चलकर इस अधिनियम के अंतर्गत सर्वे का काम 1 अप्रैल 1869 ई. से 31 मार्च 1880 ई. तक 11 वर्षो तक चला। इस सर्वे अभियान का नेतृत्व *राखालदास हलदर*[118] ने किया था और इसके संबंध में महत्वपूर्ण रिपोर्ट प्रस्तुत किया था। छोटानागपुर में सर्वे इतिहास के विषय मे अध्याय 5

---

115. महली लिवीन्स तिरकी, उलझी कलम 1 आदिवासी डोर में, काथलिक प्रेस, पृ.58।

116. पुरुषोत्तम कुमार, मयूटिनीज एंड रेवेलियंस इन छोटानागपुर, जानकी प्रकाशन, पटना, 1991, पृ.20-63।

117. ए. पी. वर्मा- "In the series of land reforms that took place between the years 1869 and 1897 A.D., the passing of the Chutia - Nagpur Tenures Act, 1.e., Bengal Act II of 1869 can be regarded as a landmark in the history of land - revenue administration of Chotanagpur. In 1869, it was determined to put an end to the uncertainty and discontent which arose from the encroach ment policy of the landlords, who had ignored the old tenures and interfered with the Bhuinhari rights." पूर्वोद्धृत, पृ.104।

118. अपने सर्वे रिपोर्ट में भूमि संबंधी विभिन्न पक्षों के संबंध में राखालदास लिखते है "Old obligations were ignored; manjhias lands, hills, jungles and trees were claimed as a part of Bhuinhari. It was demanded in short, I should make the Bhuinhars quite independent of the Zamindars. Where lands were admitted not to be in possession 'of the claimants, such lands were invariably lost within eight, ten or twelve years, never beyond the period of limitation fixed by Law; as the Zamindars had turned tyrants since the country came to be under administration more vigorous then ever or as if they were in concert with the local officers for depriving the Bhuinhars of their Lands. For otherwise how could the Bhuinhars have lost so much property so recently without any redress? While government money was at stake, it was painful to deal with such claims." एल. रेव. प्रोग्स. अगस्त, 1870 (लोहरदगा नं 3, दिनाँक केम्प झरिया द 30 अप्रैल, 1870) पर 3, फ्रॉम.आर. डी. हलदर टू एच. एल. ओलिफैंट(डब्ल्यू. बी.एस.अ.)।

में विस्तृत रूप जानकारी उपलब्ध कराई गई है। इसके लिए कृपया अध्याय 5 देखें। 1885 ई. में *बंगाल काश्तकारी अधिनियम -8* पारित किया गया। भारत सरकार ने इस अधिनियम को छोटानागपुर में भी प्रभावी करने का विचार बनाया।[119] किन्तु यह अधिनियम छोटानागपुर क्षेत्र पर तुरंत प्रभावी नहीं किया गया। लेफ्टिनेंट गवर्नर ने इस अधिनियम को यथावत इस क्षेत्र में प्रभावी करना उचित नहीं समझा, लेकिन तुरंत ही उसने अधिनियम को प्रभावी कर दिया तथा इस क्षेत्र के अनुकूल आवश्यक संशोधन का दायित्व *'सेलेक्ट कमिटि'* पर छोड़ दिया।[120] यह अधिनियम आदिवासियों के आर्थिक सुधार के क्षेत्र में मील का पत्थर साबित हुआ।

रैयत एवं जमींदारो के बीच बैठ-बेगारी[121], तनाव का कारण बन गया था। समस्या के समाधान के लिए तत्कालिन आयुक्त *श्री ग्रिमले* ने एक घोषणा-पत्र निर्गत किया तथा प्राचीन प्रचलन पर बेगारी के दिनों को 14 दिन निश्चित किया।[122] यह घोषणा जमींदारों एवं रैयतों के लिए एक चेतावनी थी किन्तु इसका स्वरूप व्यवहार में न आ सका। तनाव की स्थिति बनी हुई थी। विशेष कर ईसाइ रैयत निर्धारित दिनों से अधिक काम करने को तैयार नहीं थे तथा गैर ईसाइ आदिवासी बेगारी करने में आना-कानी करने लगे थे। इस प्रकार यह सरदारी लड़ाई के उपरान्त बिरसा आन्दोलन 1900 ई. तक चलता रहा। विवाद के मुद्दे व्यावहारिक एवं कानूनी रूप से निपटाये नहीं जा रहे थे। उपायुक्त की 1890 ई. की घोषणा जमींदारों की पारम्परिक शोषण की प्रवृति को हतोत्साहित नहीं कर सकी थी। कुछ और कठोर कदम उठाने की आवश्यकता आ पड़ी थी। अतः *कम्पयूटेशन एक्ट 1897* पारित किया गया। *'कम्प्यूटेशन अधिनियम'* के द्वारा *रकूमत* तथा *बेठ-बेगारी* को *'कम्प्यूटेशन'* के योग्य घोषित कर दिया गया। *कम्प्यूटेशन* का तात्पर्य जमींदार जो *'रकूमत'* प्राप्त करता था या *बेठ-बेगारी* की सेवा का लाभ उठाता था उसे धन में

119. प्रोसीडिंग्स, रेवेन्यू एंड एग्रीकल्चरल डिपार्टमेंट, गवर्नमेंट ऑफ इंडिया, नं 28 दिनाँक अगस्त, 1892, सी.ई. बुकलैंड, सचिव, रेवेन्यू डिपार्टमेंट, बंगाल सरकार का पत्र टू भारत सरकार के सचिव को, राष्ट्रीय अभिलेखागार, भारत, नई दिल्ली।

120. वही।

121. 'बैठ बेगारी' से तात्पर्य था बंधुआ मजदूर के रूप में मजदूरी करने के लिए बाध्यता, एक प्रकार से यह मुफ्त सेवा थी जिसे किसी रैयत को अपने क्षेत्र विशेष के ज़मींदारों के यहाँ करना पड़ता था। इसके अंतर्गत रैयतों के द्वारा पूर्व ज़मींदारों को जैसे हल जोतना, रोपा रोपना, जंगल से जलावन लाना आदि के रूप में व्यक्तिगत सेवाएं दी जाती थी।

122. एस. सी. राय, मुंडा, पूर्वोद्धृत, पृ.192।

परिवर्तित कर दिया जाए और दोनों में से कोई भी पक्ष अर्थात जमींदार को रैयत इस प्रकार निर्धारित राशि देकर *'रकूमत'* एवं *'बेठ-बेगारी'* से बच सकता है। वस्तुतः यह प्रयास *ईसाई रैयतो* का सुझाव था और चूँकि वे बेठ-बेगारी से बचना चाहते थे या ईसाई होकर जमींदार के यहाँ काम नहीं करना चाहते थे। अतः इस सुविधा के एवज में उन्हें एक निश्चित राशि प्रतिवर्ष जमींदार को देनी होती थी।[123] 1897 का *कम्प्यूटेशन एक्ट, बैठ बेगारी* जैसी कुप्रथा को रोकने का एक बड़ा प्रयास था। पर इससे दोनों पक्ष पूरी तरह से संतुष्ट नहीं थे कारण था ईसाई मिशनरी इस कानून को पूरी तरह से समाप्त करना चाहते थे और ईसाई रैयत किसी भी हाल में चाहे वह मुद्रा के रूप में या फिर सेवा के रूप में इसे स्वीकार करने के लिए तैयार नहीं थे। वहीं दूसरी तरफ ज़मींदार इस मुफ्त सेवा को किसी भी हाल में हाथ से निकलने देना नहीं चाहते थे। इस तरह समस्या का पूरी तरह से समाधान नहीं हुआ था। फाइनल रिपोर्ट 1902-10 के अनुसार यह अधिनियम इस समस्या का समाधान करने में असफल रहा था।[124]

1879 तथा अधिनियम 1897 (v) को सुधार कर बंगाल अधिनियम, 1903 (v) के रूप में प्रस्तुत किया गया।[125] इस सुधार का उद्देश्य यह था कि मुंडारी खूंटकट्टीदारी टिनेंसी का पूरी तरह से खतियान तैयार कर लिया जाये।

काश्तकारी अधिनियम 1908 ई. विगत सभी काश्तकारी अधिनियम तथा बंगाल काश्तकारी अधिनियम और साथ ही जनजातियों की परंपरा का विचार कर संरचित किया गया था। यह एक विशाल एवं तकनीकी दृष्टि से जटिल अधिनियम था। इस अधिनियम द्वारा खूँटकट्टी भूमि के विक्रय या स्थानातरण पर प्रतिबंध लगा दिया गया था। बैठ-बेगारी को भी नियंत्रित किया गया और लगान की वृद्धि को प्रतिबंधित कर दिया गया। 1908 ई. के पूर्व का काश्तकारी संशोधन अधिनियम 1903 ई. के द्वारा सर्वप्रथम आदिवासियों की *खूँटकट्टी* भूमि तथा एद्त सबंधी परंपारिक अधिकार को कानूनी मान्यता प्रदान की गई। 1908 का काश्तकारी अधिनियम छोटानागपुर के शोषित आदिवासी एवं अन्य

---

123. पी टेटे, पूर्वोद्धृत, पृ.47।

124. "ultimately, the Bill was adopted by the council and enacted as the Chotanagpur Commutation Act of 1897 (Bengal Council's Act IV of 1897). But this Act was a failure, and could not provide a "solution of agrarian trouble." फाइनल रिपोर्ट ऑन द सर्वे एंड सेटलमेंट ऑपरेशनस इन राँची, 1902-10, पृ.44।

125. एस. सी. राय- "Act I of 1879 and Act V of 1897 are amended by Bengal Act-V of 1903," मुंडा, पूर्वोद्धृत, पृ LX।

पिछड़ी जातियों की भूमि सुरक्षा कवच था। इस अधिनियम के विषय में विस्तृत चर्चा द्वितीय अध्याय में की गई है।

1764 ई. में बक्सर युद्ध के बाद इलाहाबाद की संधि हुई और इस संधि के फलस्वरूप बिहार, बंगाल और उड़ीसा का दीवानी अधिकार ईस्ट इंडिया कंपनी को प्राप्त हो गया। वर्तमान झारखंड, जिसकी चर्चा इतिहास में छोटानागपुर के रूप में होती है, स्वतः कंपनी के नियंत्रण में चला गया। कंपनी काल में छोटानागपुर का आदिवासी समुदाय बाह्य नीति एवं शोषण के खिलाफ कई बार उद्वेलित हुआ और जिसका परिणाम विद्रोह एवं आंदोलन के रूप में परिलक्षित हुआ। मूलतः इस विद्रोह एवं नाराजगी के पीछे भूमि ही मुख्य कारण था। छोटानागपुर में इन आदिवासियों के पूर्वजों ने सदियों पूर्व यह भूमि स्वयं तैयार कर अर्जित की थी एवं यह उनकी आस्था, संस्कृति एवं परंपरा से जुड़ी हुई थी। लेकिन अब बाह्य नीति एवं इनके एकांतप्रिय जीवन में अनावश्यक हस्तक्षेप बढ़ चुका था, जो इन्हें कतई मंजूर न था। इसलिए कंपनी काल एवं उसके बाद भी कई विद्रोह हुए जिसके मूल में इन आदिवासियों का उद्देश्य अपनी भूमि की सुरक्षा करना रहा था। इन विद्रोहों की संक्षिप्त जानकारी द्वारा झारखंड की भूमि व्यवस्था के मूल स्वरूप को समझा जा सकता है। छोटानागपुर के विभिन्न भागों में 1764 के बाद अनेक विद्रोह हुए। संक्षेप में इन विद्रोह एवं आंदोलनों का कालक्रम निम्न है-

1766	रमना आहड़ी के नेतृत्व में पहाड़िया विद्रोह
1770-78	मनसा पहाड़िया विद्रोह
1772-78	बणड़ी के जमींदार जाहू सिंह धालभूमगढ़ के महाराज जगन्नाथ ढाल, बोराभूम के पाइक सरदार का विद्रोह
1781-82	महेशपुर राज्य की रानी सर्वेश्वरी देवी के नेतृत्व में विद्रोह, पहाड़िया, रानी की तरफ से लड़े थे
1781-85	तिलका मांझी के नेतृत्व में विद्रोह
1782-98	तमाड़ विद्रोह
1795-1800	चुआड़ विद्रोह
1797-98	विष्णु मानकी के नेतृत्व में बुंडू में मुंडा विद्रोह
1798-99	मानभूम में भूमिज विद्रोह
1800	भूखम सिंह के नेतृत्व में पलामू में चेरो विद्रोह
1800-08	तमाड़ में दुखन मानकी के नेतृत्व में मुंडा विद्रोह

1819-20	तमाड़ में रदु कोंटा के नेतृत्व में मुंडा विद्रोह
1820	रूदु देव और कोंता मुण्डा के नेतृत्व में कोल विद्रोह
1820-21	सिंहभूम का हो विद्रोह
1831-32	सिंगराय - बिंदराय के नेतृत्व में कोल विद्रोह
1832	सिल्ली गाँव में बुधु भगत का विद्रोह
1832-33	मानभूम और सिंहभूम भूमिज विद्रोह
1837	सेरेंगसिया घाटी की लड़ाई
1855-56	संताल हूल विद्रोह
1857	सिपाही विद्रोह
1857-59	सिंहभूम के पोड़ाहाट के राजा अर्जुन सिंह के नेतृत्व में विद्रोह
1857-58	पलामू में नीलांबर - पीतांबर का विद्रोह
1857	हजारीबाग के भुईयां, टिकैतों का विद्रोह
1860	संताल परगना में जमींदारी जुल्म के खिलाफ संताल विद्रोह
1866-67	वामन घाटी में संताल विद्रोह
1869-70	टुंडी का संताल विद्रोह
1871	खरवार आन्दोलन
1874-79	भागीरथ मांझी का आन्दोलन
1881-82	पलामू में कोरबा विद्रोह
1881-95	मुंडा सरदारों का आन्दोलन
1880	तेलंगा खड़िया का आन्दोलन
1888-91	बोनाई में गोंड विद्रोह
1896-97	फत्ते संताल के नेतृत्व में आन्दोलन
1895-1900	बिरसा उलगुलान
1902	सराईकेला के संतालो का विद्रोह
1914	टाना भगतों का आन्दोलन

छोटानागपुर में अंग्रेजी शासन काल के समय यहाँ के जनजातियों ने बाह्य नीतियों एवं उन नीतियों के पोषक उन शोषकों का विरोध किया जो उनके परंपरागत मामलों में अनावश्यक हस्तक्षेप कर रहे थे। इन विद्रोह और आंदोलनों की सूची से यह स्पष्ट है कि छोटानागपुर के आदिवासियों ने बहुत

पहले से अपनी स्वायत्तता एवं स्वतंत्रता को बचाये रखने के लिए अंग्रेज, ज़मींदार, साहूकार, महाजन, ठेकेदार एवं अन्य शोषकों के खिलाफ विद्रोह का बिगुल फूंक दिया था जो उनके जल जंगल ज़मीन को बचाये रखने से संबंधित था।

झारखंड की भूमि व्यवस्था के अंतर्गत छोटानागपुर में प्रचलित भूमि व्यवस्था एवं विभिन्न कालों में उनके बदलते स्वरूप को जानना अति आवश्यक है। निम्न तरीके से अलग अलग समय में प्रचलित छोटानागपुर की भूमि व्यवस्था के प्रकार को समझा जा सकता है।

छोटानागपुर में भूमि व्यवस्था के प्रकार

छोटानागपुर के राजाओं काल में	*मुगल शासन के काल में*	*अंग्रेजी शासकों के काल में*

इन भूमि व्यवस्थाओं के प्रकार को अलग अलग करके समझना आवश्यक है। जो निम्न है-

आरंभिक छोटानागपुर के राजाओं के काल में

(क) **खूंटकट्टी** - खूंटकट्टी भूमि वह भूमि थी। जिसे मुंडाओं ने छोटानागपुर प्रवेश के बाद जंगल साफ कर बनाई थी। इसके उत्तराधिकारी खूंटकट्टीदार कहे जाते हैं।

(ख) **भुइँहरी** - उराँव लोगों के द्वारा जंगल साफ कर बनाई गई मूल कृषिगत भूमि। इसके उत्तराधिकारी भुइँहर खूंट कहलाते हैं।

(ग) **गोती** - गाँव की पूरी भूमि का वितरण 'महतो' करता था। यह मौखिक होता था। इसके लिए कोई पट्टा नहीं दिया जाता था। भूमि को 'जोत' कहा जाता था। भूमि वितरण की प्रक्रिया ही गोती कही जाती थी। इसके एवज में किसान चार किश्तों में लगान चुकाता था। माघ में, चैत में, अषाढ़ में एवं पेंग (अषाढ़ में ही) महतो अपने लिए कुछ जमीन रखता था। धान कटनी के समय वह प्रत्येक आसामी से एक पक्का फुलूस अनाज लेता था।

(घ) **पुश्तैनी** - उपर्युक्त भूमि के अतिरिक्त कुछ ऐसी भूमि होती थी जो पुश्तैनी होती थी। यह तीन तरह की होती थी-

i. बुमकिसी खेत - इस प्रकार में रैयत के मजदूर जंगल (उजड़े हुए) में खेत बना लेते थे। इसमें लगान नहीं लगता था।

ii. बाईबुल खेत - इस प्रकार में दलदली भूमि में खेत बनाया जाता था।

iii. भेंटखेता - बेगारी काम करने वालों को तीसरे प्रकार की भूमि दी जाती थी।

खूंटकट्टी एवं भुइँहरी भूमि मूल भूमि थी, जो भुइँहरी खूंट के अधिकार में या देखरेख में थी। मुगल शासन से पूर्व छोटानागपुर में भुइँहरी भूमि के अतिरिक्त कुछ भूमि गाँव के सेवकों की भूमि के रूप चिन्हित थे जो उनके सेवाओं के बदले प्रदान की जाती थी। वे निम्न है-

(क) **मझिहस**- इस प्रकार की भूमि पर पड़हा राजा का विशेष अधिकार होता था।

(ख) **भूतखेता**- यह वह भूमि थी जो गाँव के भूतों का था और दुष्टात्माओं को शांत करने के लिए समर्पित कर दिया गया था। इस पर हक उन पाहन पुजारियों का था जो दुष्टात्माओं को शांत करने के लिए विधि विधान किया करते थे। इस भूमि पर पाहन खेती करता था।

(ग) **पहनई या दलीकटरी** - यह भूमि गाँव के पुजारी को दिया जाता था ताकि वह अपना खर्च जुटा सके और अपना भरण-पोषण कर सके।

(घ) **महतोई** - इस तरह की भूमि पर गाँव के महतो, मुंडा का अधिकार होता था जो उसकी सेवाओं के बदले गाँववाले उसे देते थे।

(ङ) **पनभरा या पनबहारा**- इस प्रकार की भूमि का मालिक पाहन का सहायक होता था। जो विशेष अवसर पर समारोहों के लिए पानी लाता था और भोजन आदि बनाता था।

मुगल काल में

मझिहस - मुख्यतः अभी भी इस भूमि पर पड़हा राजा का अधिकार था।

राजहस - भुइँहर, पाहन, पुजारी और देवस्थल के बाद बची हुई भूमि जिसका कर राजा लेता था। वह भूमि राजहस कही जाती थी। इस पर भुइँहर लोगों के

रिश्तेदार खेती करते थे और कर राजा को ही दिया करते थे। राजहस भूमि तीन प्रकार के काश्तकारों में विभक्त थी।

i. **छतीसा** - यह दोन और पूरक टाँड भूमि होती थी, जो उत्तम प्रकार की और ऊँचे लगान की होती थी। इसका लगान नगद देना पड़ता था। साथ ही रुकमत[126] और बेगारी भी देनी पड़ती थी।
ii. **उठकर** - यह निम्न कोटि की दोन भूमि थी, जिसमें जब फसल पैदा होती थी तभी रैयत कर देता था। अर्थात किसान जब फसल उठाता था, तभी कर देता था, इसलिए इसे उठकर भूमि कहा जाता था। इसका कर छतीसा की अपेक्षा आधा होता था।
iii. **कोड़कर** - किसानों द्वारा ऊंची भूमि खोद कर अथवा जंगल भूमि साफकर नये खेतों में परिणत भूमि। इस भूमि पर प्रारंभिक तीन-चार वर्षों तक कोई कर नहीं लिया जाता था।

भेंटखेता - मझिहस भूमि में काम करने के एवज में राजा कुछ अतिरिक्त भूमि उपहारस्वरूप उन काम करनेवाले को देता था जो करमुक्त भूमि होती थी।[127]

अंग्रेजी शासनकाल में छोटानागपुर में प्रचलित भूमि के प्रकार

खूंटकट्टी - यह वह भूमि थी जो सदियों पूर्व मुंडाओं ने छोटानागपुर प्रवेश के बाद तैयार कर अर्जित किया था। इस भूमि का अस्तित्व अंग्रेजी शासनकाल के छोटानागपुर में हुए भूमि सर्वे में भी निकालकर सामने आया था।

भुइँहरी - यह वह भूमि थी जिसे उराँव लोगों ने स्वयं तैयार किया था अथवा मुंडाओं से प्राप्त किया था। इस प्रकार की भूमि के रिकॉर्ड भी सर्वे रिकॉर्ड में प्राप्त हुए थे।[128]

कोड़कर - कोड़कर का अर्थ है कोई भी ऊपरी भूमि चाहे वह जंगल, बंजर या असिंचित हो, जिसे तराई में परिवर्तित कर दिया गया हो। यदि जमीन रैयत

126. रुकमत का अर्थ है समय समय पर राजा को एक निश्चित रकम देना।

127. राम कुमार तिवारी, झारखंड की रुपरेखा, शिवांगन पब्लिकेशन्स, 2006, पृ.545-546।

128. Bhuinhari literally means belonging to the original settlers of Chota Nagpur. The bhuinhari land would mean the ancestral land of the original settlers of the country. The word bhuinhari is a local variation for khuntkatti with slight difference in meaning. Bhuinhari villages are in the north-west of Khunti consisting of the parganas of Sonepur and Besia. पी. टेटे, ए मिशनरी सोशल वर्कर इन इंडिया: फादर हॉफमैन, पृ.58।

की काश्तकारी में निहित है, तो कोड़कर बनाने के लिए जमींदार की अनुमति की आवश्यकता नहीं है।[129]

राजहस - राजाओं की भूमि जिसे बाद में रैयतों को बांटा गया या बेचा गया या दान में दे दिया गया।

मझिहस - जमींदारों की जमीन[130]

छोटानागपुर के राजाओं के काल से लेकर अंग्रेजी शासनकाल तक छोटानागपुर में भूमि के कई प्रकार पाए जाते थे और साथ ही महत्वपूर्ण बात यह रही कि कुछ भूमि के प्रकार में समय समय पर मालिकाना हक में परिवर्तन होते रहे जैसे उदाहरण के रूप में मझिहस भूमि छोटानागपुर के राजाओं के काल मे एवं उसके बाद भी पहड़ा राजाओं के नियंत्रण में रही पर अंग्रेजी शासन काल में यह ज़मींदारों के हाथों चली गई और पहड़ा राजा नाममात्र का प्रधान रह गया।

1908 से से पूर्व छोटानागपुर की भूमि व्यवस्था का मूल्यांकन करने पर पाते है कि कई सदी पूर्व जो व्यवस्था स्थापित की गई थी उसमें विभिन्न कालखंडों में कई परिवर्तन हुए। अंतिम मुंडा राजा मदरा मुंडा से लेकर नागवंशी शासक फनीमुकुट राय के नागवंश शासन के स्थापना तक यह पहला प्रशासकीय

129. The local custom or usage in Chota Nagpur is as follows: "In Ranchi district, it has been found during the settlement operations that raiyats are not entitled to prepare korkar in the cultivable waste of the village, without the landlord's consent. In intact Mundari khuntkatti villaces, the members of the brotherhood are in the position of owners, and can therefore reclaim all lands included within the periphery of the village, without reference to outsiders. Even where the Mundari khuntkatti system has partially broken down and the Headman or some other person has become the landlord, the members of the Mundari khuntkatti family can by local custom reclaim new lands within the village area without his consent; but in the bhuinhari villages, though the law creates a presumption in favour of the bhuinhars' righr to reclaim without the consent of the landlord, it would appear that they are in the same position as ordinary raiyats, that is, they are obliged to obtain the landiord's consent. It was considered equitable by the framers of the Act, to create the presumption in favour of both these classes of tenants on the ground which they settled. It is certain that the former class of tenants were generally owners of the villages, and that the latter were quasi owners, at least in the sense that all pioneers are regarded by members of the aboriginal tribes as owners of the area, which they or their ancestors cleared from the jungle and reclaimed. जे. रीड, द छोटानागपुर टेनेंसी एक्ट, (कलकत्ता, 1910), पृ.79

130. Majhias lands are "the landlord's privileged lands and are at his absolute disposal to do with them as he likes to cultivate himself or give them in sajha or saika or for rent and no one cultivating these lands for any number of years can acquire right of occupancy." फादर हॉफमैन, सम नोट्स अबाउट द एग्रेरियन लॉ ऑफ छोटानागपुर (एन. डी)।

परिवर्तन था जिसमें आदिवासी से गैर आदिवासी में सत्ता का हस्तांतरण हुआ। राजसी प्रवृत्ति का उदय होना और आदिवासी समुदाय का इसके नियंत्रण में आना महान परिवर्तन था। इसी तरह मुगल काल में जहांगीर के शासनकाल में राजा दुर्जनशाल का ग्वालियर की कैद से 12 वर्ष बाद मुक्ति प्राप्त करना और अपने साथ कई गैर आदिवासी सहयोगियों को छोटानागपुर में बसाना और जागीर प्रदान करना इस छोटानागपुर के प्रशासकीय और भूमि व्यवस्था में एक बड़ा परिवर्तन था। 1764 ई. में बक्सर युद्ध के बाद अंग्रेजों का दीवानी अधिकार प्राप्त कर छोटानागपुर में प्रवेश करना इस कड़ी का सबसे अहम पहलू था। झारखंड की भूमि व्यवस्था के आयाम में छोटानागपुर के क्षेत्र में रैयतों का असंतोष एवं उनका विद्रोह इस भूमि व्यवस्था में हुए व्यापक परिवर्तन की ओर स्वतः इंगित करता है। भूमि व्यवस्था के संदर्भ में अंग्रेजी शासनकाल में बने विभिन्न नियम कानून भी भूमि व्यवस्था के विभिन्न पहलुओं पर महत्वपूर्ण प्रकाश डालते है। इस प्रकार छोटानागपुर की भूमि व्यवस्था में 1908 के पूर्व कई महत्वपूर्ण घटनाएं घटी थी जो छोटानागपुर के आदिवासी इतिहास पर महत्वपूर्ण प्रकाश डालता है।

द्वितीय अध्याय

भूमि सुरक्षा कवच सीएनटी एक्ट 1908 ई.

छोटानागपुर में लागू *सीएनटी एक्ट* आदिवासी एवं मूलवासियों की भूमि का सुरक्षा कवच है। *छोटानागपुर काश्तकारी अधिनियम, 1908,* जिसका प्रचलित नाम *सीएनटी एक्ट 1908* है। *11 नवम्बर 1908 ई.* दिन बुधवार को लागू किया गया था। जिस समय एवं परिस्थिति में यह अधिनियम लागू किया गया था उस समय छोटानागपुर की 90 प्रतिशत आबादी की जीविका एवं आय का स्रोत कृषि था, इन्हीं कारणों से लगान संबधी कई प्रावधान काफी कठोर थे। उस समय जमींदारी एवं जागीरदारी व्यवस्था लागू थी और रैयत एवं जमीन्दारों के बीच आये दिन भूमि को लेकर कई तरह के झगड़े होते रहते थे। इन झगड़ों के तात्कालिक निदान के लिए कई प्रावधान लाये गए।[131] छोटानागपुर काश्तकारी अधिनियम *(बंगाल एक्ट VI 1908)* में लघुकरण अधिनियम *(अधिनियम VI 1898)* और *अधिनियम V 1903* ई. के प्रावधानों को कुछ परिष्करण के साथ दोहराया गया था।[132] सेटल्ड रैयतों से सम्बधिंत कानून सर्वेक्षण और खतियान बनाने की प्रक्रिया को कुछ हेर फेर के साथ बंगाल काश्तकारी अधिनियम में समाविष्ट किया गया था। जमींदारों की विशेषकर *भूमि* की परिभाषा दी गई और उनके अधिकारों का निश्चायक अभिलेख के लिए प्रावधान बना। इस काश्तकारी अधिनियम के प्रमुख उद्देश्यों में एक काश्तकार के पिछड़े आदिवासी वर्गों की सुरक्षा का था। पेशेवर साहूकारों का प्रश्न था। इस अधिनियम ने काफी हद तक अपने उद्देश्य की पूर्ति की। लेकिन रैयती जमीन के अन्तरण

---

131. छोटानागपुर एवं सन्थाल परगना काश्तकारी अधिनियम, झारखंड जनजातीय कल्याण एवं शोध संस्थान, कल्याण विभाग, झारखंड सरकार, राँची, पृ.23।

132. अल्बिनुस मिंज, झारखंड विरासत, जोशी प्रिंट्स, राँची, 1994, पृ.23।

को रोकने में सर्वथा यह अधिनियम असफल पाया गया। परन्तु निःसंदेह जमीनदारों से पहले की अपेक्षा लगान के लिए किसी भी प्रकार के काश्तकारों को मालगुजारी रशिद दिलाने में इस अधिनियम से बड़ा आश्वासन मिला।[133] *21 सितंबर 1908* को गवर्नर जेनरल ने *छोटानागपुर काश्तकारी अधिनियम 1908* के प्रमाणित कागजात पर अपने हस्ताक्षर किए।[134] इस अधिनियम ने छोटानागपुर के भू-राजस्व प्रशासन में एक सदियों पुराने भ्रम को चिह्नित किया, यह बहुत महत्वपूर्ण घटना थी। जिसने छोटानागपुर के आदिवासियों को राहत दी थी। भूमि और टेन्योर्स पर उनके अधिकारों को बहाल करना..वास्तव में, इस अधिनियम ने कई वर्षों के भ्रम और अनिश्चितता के बाद छोटानागपुर के राजस्व प्रशासन में दक्षता और स्थिरता के एक नए युग की शुरुआत की।[135] वास्तव में छोटानागपुर काश्तकारी अधिनियम झारखंड के भूमि इतिहास में भी मील का पत्थर साबित हुआ। कुछ लोगों को भ्रम है कि यह कानून केवल अनुसूचित जनजाति के लिए है पर यह अधिनियम झारखंड के अनुसूचित जनजातियों के साथ साथ अनुसूचित जाति तथा पिछड़ी जाति के लिये भी है। जो उनके भी भूमि संबंधी मामलों को प्रभावित करता है। सीएनटी एक्ट 1908 के विषय में मेरा एक आलेख दैनिक अखबार *प्रभात खबर* में 11 दिसम्बर

---

133. वही।

134. "Ultimately, the Bill was placed in council and after it was passed, it was sent to the Governar-General for his assent. On the 21st September, 1908 the Governar-General signed the authentic copy of the Chotanagpur Tenency Act, 1908. L.R. Progs. Sep, 1908, No.3, from J.M. MacPherson to secy., Bengal Council and Asstt. Secy. to Legl. Deptt. (CRO).

135. ए.पी. वर्मा- "Thus, this Act marked the end of an age - old confusion in the land revenue administration of Chotanagpurn it was an event of great significance which gave relief to the aboriginals of Chotanagpur by restoring their rights on land and consoli dating their tenures.. In fact, this enactment heralded a new age of efficiency and stability in revenue administration of Chotanagpur after several years of confusion and uncertainty." डेवलपमेंट ऑफ लैंड रेवेन्यू एडमिनिस्ट्रेशन, जिन्दराम पब्लिकेशन्स, नई दिल्ली,1980, पृ.189।

2020 को माय मांटी के संस्करण में प्रकाशित हुआ था। जिसका शीर्षक था *"मैं सीएनटी एक्ट 1908 हूँ"*[136]

छोटानागपुर कास्तकारी अधिनियम के लागू किये जाने के पश्चात ऐसा नहीं कहा जा सकता है कि इसके प्रारम्भिक अवस्था में भी भूमि संबंधी समस्याओं को सुलझाने में पूर्ण सफलता प्राप्त हुई। पर इस अधिनियम के लागू होने के पश्चात् जनजातीय भूमि के अन्तरण पर पूर्ण रूप से रोक लग गया। इस संबंध में रिविजन सर्वे के दौरान जो अनुभव प्राप्त हुए उसके आधार पर एफ ई.ए. टेलर ने यह टिप्पणी दिया 'इन्होंने भी यह स्वीकार किया कि छोटानागपुर

---

136. "मैं सीएनटी एक्ट 1908 हूँ। मेरा जन्म 11 नवम्बर 1908 ई. को छोटानागपुर में हुआ था। मेरे जन्म लेने के पीछे कई कारण रहे थे। आज जब मै 112 वर्ष का वृद्ध हो गया हूँ तब मुझे लगा कि क्यों न अपने जन्म के कारणों के विषय में इसी नयी पीढ़ी को बताऊँ। मेरा जन्म कोई तत्कालीक घटना नही थी बल्कि मेरे जन्म के पीछे सदियों से चले आ रहे शोषण, अत्याचार और अशांति इसके मूल कारण रहे थे। 1765 ई. के बाद जमीदारों, साहुकारों एवं महाजनों के द्वारा अंग्रेजी सरकार के प्रसय में छोटानागपुर के आदिवासी एवं मूलवासियों के ऊपर अत्याचार बढ़ गए थे। इसके प्रतिक्रिया स्वरूप कई विद्रोह हुए। आदिवासियों की भूमि जिन्हें उनके पुरखों ने जंगल साफ कर तैयार की थी। उस पर उन्हें लगान देने के लिए विवश किया जाने लगा ज़मींदार लगान न देने पर उनकी भूमि जब्त कर लेते थे और आदिवासी कुछ नहीं कर पाते थे। अंग्रेजों के आने के बाद समस्या और बढ़ गई थी। बेचारे आदिवासी जिनकी जमीन जिनसे छिनी जा रही थी वे कुछ न कर पाने के लिए विवश थे। यहाँ मैं बता दूं कि भूमि आदिवासियों के लिए न केवल जीविकोपार्जन का साधन थी बल्कि यह तो उनेक धर्म, संस्कृति एवं परम्परागत अधिकारों से जुड़ी उनकी पहचान थी। यह उनके आंतरिक मामलों पर बाह्य हस्तक्षेप था। उस समय के आदिवासी इतने पढ़े लिखे नहीं थे कि कोर्ट - कचहरी जाकर अपनी भूमि वापस पाने के लिए गुहार लगाते। यदि कचहरी से कोई सम्मन आदिवासी के नाम पर निकलता तो ये आदिवासी इतना डर जाते कि घर - बार छोड़कर जंगलो में जाकर छुप जाते थे। असंतोष बढ़ता जा रहा था। सरदारी लड़ाई छिड़ गई और उसके बाद बिरसा मुण्डा का पदापर्ण हुआ बिरसा मुण्डा स्वंय भुक्तभोगी थे उनकी जमीन उनसे छीनी गई थी। बिरसा के आन्दोलन का एक मूल कारण भूमि ही था। बिरसा ने उलगुलान किया। लेकिन उनके आन्दोलन को दबा दिया गया। भले ही उनके आन्दोलन को दबा दिया गया लेकिन बिरसा का बलिदान व्यर्थ न गया इसके दूरगामी परिणाम भविष्य में आदिवासियों के लिए एक सुखद अनुभूति प्रदान करने वाला था। अंग्रेजों ने बिरसा आन्दोलन के दमन के बाद यह गहन विचार विमर्श किया कि ये आदिवासी इतने अशांत क्यों है? काफी मनन - चिंतन के बाद ये निष्कर्ष सामने आया कि भूमि आदिवासी जीवन का महत्वपूर्ण पहलू है यह भूमि ही उन्हें अपने पुरखों से, अपनी संपति से, अपने धर्म से एवं अपने जीविकोपार्जन से जोड़ें रखता है और अगर कोई उसे उसकी भूमि से अलग करता है तो प्रतिक्रिया होना स्वाभाविक ही था। ऐसी ही परिस्थितियों में मेरे जन्म लेने के कुछ समय पहले एक रूपरेखा तैयार की गई और हर एक पहलू पर विचार - विमर्श के बाद 11 नवम्बर 1908 ई. को मेरा जन्म हुआ। छोटानागपुर के आदिवासी एवं मूलवासियों की भूमि को संरक्षित किया गया। काश्तकारों के वर्ग निश्चित किए गए। रैयत एवं मुंडारी खूंटकट्टीदार के अर्थ स्पष्ट किए गए एवं आदिवासियों को भूमि की सुरक्षा के लिए कई धाराएं इसमें सम्मिलित की गई। मेरे अंदर 19 अध्याय है और 21 धाराए है।

आज 112 वर्ष बाद मुझे इस नये जमाने के साथ चलना है। नयी पीढ़ी को राह दिखाना है यह तभी संभव है जब मेरे अस्तिव को मेरे मूल भावना के साथ बने रहने दिया जाए। मेरी मूल आत्मा इसके अस्तित्व से जुड़ी है। मुझे भूल मत जाना मेरे अंदर इतिहास है बलिदान है संघर्ष है......इसलिए मैं आदिवासी मूलवासी भूमि का सुरक्षा कवच हूँ। मैं सीएनटी एक्ट 1908 हूँ"। डॉ संजय बाड़ा, प्रभात खबर झारखंड, 11 दिसम्बर 2020.

कास्तकारी अधिनियम के अन्तर्गत दिए गए प्रावधानों से प्रभावी रूप से पिछड़े एवं जनजातीय कास्तकारों को आपेक्षित लाभ प्राप्त नहीं हो सका है। इसे ध्यान में रखते हुए 1938 में छोटानागपुर कास्तकारी अधिनियम के कई प्रावधानों में परिवर्तन किये गए। विशेषकर निलामी की प्रक्रिया, भूईहरी भूमि पर काएमी हक प्राप्त होने के प्रावधानों में परिवर्तन उल्लेखनीय है। 1947 में भी कई महत्वपूर्ण परिवर्तन किये गए। जिसमें रैयत को इस्तिफा करने के पूर्व उपायुक्त की अनुमती लेना आवश्यक बनाया गया।[137]

छोटानागपुर नामकरण: छोटानागपुर नामकरण के संबंध में यह जानना आवश्यक होगा कि किस प्रकार इस नाम के पीछे ऐतिहासिक पृष्ठभूमि रही थी। छोटानागपुर टेनेंसी एक्ट की व्याख्या करते समय यह तथ्य और अधिक महत्वपूर्ण हो जाता है। 1765 ई. में बंगाल की दीवानी ईस्ट इंडिया कंपनी को दिए जाने के बाद *नागवंशी* राजाओं को नागपुर परगना की बंदोबस्ती दी गई थी। इस बंदोबस्ती में *'नागपुर'* शब्द का ही उल्लेख किया गया था। *कैप्टन कैमक* ने *गवर्नर एट फोर्ट विलियम* को एक पत्र 12 अगस्त 1774 ई. को लिखा था। उस पत्र में भी *नागपुर* शब्द का ही उल्लेख किया गया था। 1792 ई. में *जेम्स रैनल* के तैयार किए गए नक्शे में *चुटिया नागपुर* शब्द उल्लेखित किया गया है।[138]

1812 ई. में *'छोटानागपुर'* शब्द की स्वीकृति अधिकारिक रूप से ब्रिटिश संसद द्वारा दी गई। 1854 ई. में छोटानागपुर को *नॉन रेगुलेशन प्रांत* घोषित किया गया। *हैमिल्टन* ने अपने *गजेटियर* जो 1815 में प्रकाशित हुई उसमें उन्होनें छोटानागपुर के सबंध में जो बातें कहीं वो बातें ज्यादा विश्वसनीय है। अंग्रेजों के शासनकाल में महाराष्ट्र का *नागपुर* भोंसले मराठा द्वारा शासित था, एक ही समय में प्रशासनिक दृष्टिकोण से उन्हें दो *नागपुर* को संबोधित करने की आवश्यकता थी। अतः इस भ्रम को दूर करने के लिए वर्तमान *झारखण्ड* के *'नागपुर'* को *'छोटानागपुर'* कहा गया और *मराठा नागपुर* को *'बड़ा नागपुर'* कहा गया।[139]

वर्तमान में छोटानागपुर शब्द की व्याख्या छोटानागपुर प्रमंडल, छोटानागपुर काश्तकारी अधिनियम, छोटानागपुर पठार, छोटानागपुर की रानी, लोक कथा, लोकगीत आदि के संदर्भ में प्रयुक्त किया जाता है। छोटानागपुर शब्द की प्रासंगिकता प्राचीन काल से लेकर आजतक बनी हुई है और भविष्य में भी इसकी उपयोगिता बनी रहेगी यह पूरी संभावना है।

---

137. छोटानागपुर एवं सन्थाल परगना काश्तकारी अधिनियम,पूर्वोद्धृत, पृ.50।

138. वही, पृ.21।

139. वही।

छोटानागपुर के नामकरण के संबंध में मेरा एक आलेख दैनिक अखबार *प्रभात ख़बर* में 19 जून 2020 को प्रकाशित हो चुका है, जिसका शीर्षक है *'नागपुर से छोटानागपुर की ऐतिहासिक नामगाथा'*[140]

---

140. 'ऊँचा निचा पहाड़ पर्वत नदी नाला हाय रे हमर छोटानागपुर' "यह नागपुरी गीत झारखंड की अतुल्य प्राकृतिक सौंदर्य का व्याख्यान प्रस्तुत करती है। अक्सर मन में एक उत्सुकता उत्पन्न होती है कि जिस छोटानागपुर शब्द की चर्चा अक्सर हम करते है उसकी उत्पत्ति कब कहाँ और कैसे हुई होगी। बिहार राज्य से 15 नवंबर 2000 ई को झारखंड एक अलग राज्य के रूप में अस्तित्व में आया उससे पूर्व झारखंड के ऐतिहासिक संदर्भ में छोटानागपुर शब्द का प्रचलन मुख्य था। प्राचीन काल मे झारखंड में नागवंशी राज्य अंतिम मुंडा शासक मदरा मुंडा के बाद फनीमुकुटराय ने स्थापित किया। 1889 में तत्कालीन नागवंशीय शासक दर्पनाथ शाह ने भारत के गवर्नर को जो कुर्सीनामा प्रेषित किया, उसके अनुसार नागवंश का संस्थापक फनीमुकुटराय पुंडरीक नाग एवं वाराणसी की ब्राह्मण कन्या पार्वती का पुत्र था। एस सी राय ने भी अपनी पुस्तक 'मुंडाज एन्ड देयर कंट्री में नागवंशियो की व्याख्या की है। सम्भवत: नाग वंश से संबंधित होने के कारण से ही इसे नागदेश या नागपुर कहा जाता है भारतीय इतिहास में झारखंड का यह क्षेत्र जो आज छोटानागपुर के नाम से भी जाना जाता है इसे इस क्षेत्र की प्रकृति के अनुसार कई नामों से संबोधित किया गया था, जिनमें कीकट प्रदेश, मगध, ब्रात्य प्रदेश, पुण्ड्र, पौण्ड्र या पुंडरीक, अर्कखंड या कर्कखंड, नागपुर, झारखंड, कोकराह या खुखरा, चुटिया नागपुर, और छोटा नागपुर आदि मुख्य हैं मुगल काल में हीरा के कारण इसकी प्रसिद्धि थी, अतः इसे हीरा नागपुर भी कहा जाता था।

नागपुर के साथ 'छोटा' शब्द नामकरण कब और कैसे हुआ इसका विवरण बहुत दिलचस्प है। 1764 में बक्सर के युद्ध के बाद अंग्रेजों को बंगाल बिहार और उड़ीसा की दीवानी अधिकार प्राप्त हो गए थे, 1765 ईस्वी में बंगाल की दीवानी ईस्ट इंडिया कंपनी को दिए जाने के बाद नागवंशी राजाओं को नागपुर परगना की बंदोबस्ती दी गई, इस बंदोबस्ती में नागपुर शब्द का ही उल्लेख किया गया था कैप्टन कैमक ने गवर्नर ए विलियम को एक पत्र 12 अगस्त 1774 को लिखा था उस पत्र में भी नागपुर शब्द का ही उल्लेख किया गया था 1792 ईस्वी में जेम्स रेनेल के तैयार किए गए नक्शे में चुटिया नागपुर शब्द उल्लेखित किया गया। हैमिल्टन ने अपने गज़ेटियर में जो 1815 में प्रकाशित हुई उसमें उन्होंने छोटानागपुर के संबंध में जो बातें कहीं वह बातें ज्यादा विश्वसनीय हैं अंग्रेजों के शासन काल में महाराष्ट्र का नागपुर भौंसले मराठा द्वारा शासित था एक ही समय में प्रशासनिक दृष्टिकोण से उन्हें दो-दो नागपुर को संबोधित करने की आवश्यकता थी, अतः इस भ्रम को दूर करने के लिए वर्तमान झारखंड के नागपुर को 'छोटा नागपुर' कहा गया और मराठा नागपुर को बड़ा नागपुर। 1812 ई में ब्रिटिश ससंद द्वारा छोटानागपुर शब्द की स्वीकृति आधिकारिक रूप से दे दी गयी।

छोटानागपुर शब्द की उत्पत्ति के बाद अंग्रेजी प्रशासन ने इस क्षेत्र के शासन संचालन के लिए कई कानून बनाये, जिसमे छोटानागपुर शब्द की महत्ता स्पष्ट दिखलाई पड़ती है कोल विद्रोह के उपरांत इस छोटानागपुर क्षेत्र को नॉन रेगुलेशन प्रान्त बना दिया गया। 1869 ई में छोटानागपुर टेन्योर्स एक्ट, 1876 ई में छोटानागपुर इनकबर्ड इस्टेट्स एक्ट 6 ऑफ 1876, 1879 ई में छोटानागपुर लेण्डलोर्ड एंड टेनेंट प्रोसिज्योर एक्ट, 1897 ई में छोटानागपुर कम्युटेशन एक्ट, 1903 ई में छोटानागपुर टेनेंसी (एमेंडमेंट) एक्ट, 1905 ई में छोटानागपुर टेनेंसी (एमेंडमेंट) एक्ट और 1908 ई में छोटानागपुर टेनेंसी एक्ट (वर्त्तमान में भी प्रभावी) छोटानागपुर शब्द की महत्ता को और अधिक स्पष्ट करता है 20वीं सदी के प्रारंभ में छोटानागपुर उन्नति समाज एवं छोटानागपुर काश्तकारी अधिनियम 1908 के आलोक में इसका प्रयोग सर्वव्यापी था।

वर्तमान में छोटानागपुर शब्द की व्याख्या छोटानागपुर प्रमंडल, छोटानागपुर काश्तकारी अधिनियम, छोटानागपुर पठार, छोटानागपुर की रानी, लोक कथा, लोकगीत आदि के संदर्भ में प्रयुक्त किया जाता है। छोटानागपुर शब्द की प्रासंगिकता प्राचीन काल से लेकर आजतक बनी हुई है और भविष्य में भी इसकी उपयोगिता बनी रहेगी यह पूरी संभावना है।" डॉ संजय बाड़ा, नागपुर से छोटानागपुर की ऐतिहासिक नामगाथा, प्रभात खबर झारखंड, 19 जून 2020।

ऐतिहासिक दृष्टिकोण से आदिवासी समाज की व्यवस्था समतामूलक थी। अतः आदिवासी राजा प्रजा का शोषक नहीं वरन सेवक था और सभी को समाज की सम्पति पर बराबर का हक था।[141] आदिवासियों के स्वर्ण युग एवं स्वशासन पर सर्वप्रथम मुगलो का प्रभाव 1616 ई. में पड़ा। छोटानागपुर के वर्तमान *राजा दुर्जनशाल* को बंदी बनाकर शाही दरबार में भेज दिया गया। वह बारह वर्षों तक ग्वालियर के किले में बंद रहा। *दुर्जनशाल* ग्वालियर में कैद था इस बात की पुष्टि जहाँगीर की *आत्मकथा* के द्वितीय भाग में एक उल्लेख से होती है।[142] कैद से मुक्त होने के बाद *दुर्जनशाल* अपने साथ कई शाही लोगों को अपने साथ लेते आया उनकी स्वामी भक्ति तथा सेवा के लिए *दुर्जनशाल* से उन्हें भूमि प्रदान की। जनजातिय भूमि पर ये गैर जनजातिय जागीरदार बन गए। अंग्रेजों ने मुगलों को 1765 में *बक्सर के युद्ध* के बाद मुगल बादशाह से *बंगाल, बिहार एवं उडीसा* की *दीवानी* प्राप्त कर ली।[143] छोटानागपुर बिहार का एक भाग था अतः छोटानागपुर भी अंग्रजों के प्रत्यक्ष नियत्रंण में आ गया। 1793 ई. में अंग्रेजों ने *स्थाई बंदोबस्त* लागू की जिसके तहत जमींदारी प्रथा शुरू की गई।[144] गैर जनजातिय लोगों द्वारा जनजातिय भूमि पर दखल बढ़ गया था इसके साथ-साथ जनजातिय लोगों पर उनका अत्याचार, शोषण तथा बेगारी का जुर्म बढ़ने लगा। इनके परिणामस्वरूप इन जनजातियों ने अठारहवीं सदी से ही अपनी भूमि वापसी एवं अत्याचार के विरूध विरोध करना शुरू कर दिया। 1782-98 के *तमाड़ विद्रोह,* 1798-99 के मानभूम में *भूमिज विद्रोह* तथा 1820 ई. के मुंडाओं के पहले कोल विद्रोह से डरकर जमींदारों ने अंग्रेजों की सहायता से उन्हें दबा दिया, पर जनजातिय विद्रोह बंद नहीं हुए बल्कि और तेज होते गए। इनमें 1831-32 का द्वितीय *कोल विद्रोह* एवं सिंहभूम का *भूमिज विद्रोह,* 1855-56 का *संथाल विद्रोह,* 1871 का *खरवार आन्दोलन,* 1881-82 का पलामू मे *कोरवा विद्रोह* तथा 1860 के दशक से शुरू हुआ *सरदारी लड़ाई* उल्लेखनीय है। स्वंय बिरसा मुंडा ने 1895-1900 तक अंग्रेजों तथा शोषकों के

141. अलेक्स एक्का, सी.एन.टी. एक्ट 1908 एवं आदिवासी अस्मिता, संत मारिया महागिरजा शतवर्षीय जुबली स्मारिका, 2008 पृ.27।

142. तुजुक-ए-जहँगीरी, भाग 2, पृ.22।

143. In 1765 the grant of Diwani (the post of a minister) of Bengal, Bihar and orissa had been made to the East India Company by the Emperor Shah Alam II and since Chota Nagpur was then part of Bihar it necessarily passed on to the British. एस. सी. राय, दी मुंडा एंड देयर कंट्री, पृ. 182-183।

144. अलेक्स एक्का, वही, पृ.27।

खिलाफ आन्दोलन कर अपने लोगों की भूमि जो उनसे छीन ली गई थी उसे वापस पाना चाहा इसी तरह 1914 ई. में जतरा भगत ने उराँव लोगों के बीच भूमि वापसी एवं शोषण के विरूध *टाना भगत* का आन्दोलन चलाया।

उपरोक्त परिस्थितियों में ब्रिटिश प्रशासन ने जनजातियों के उपद्रव को शांत करने के उद्देश्य से 15 अप्रैल 1858 ई.को *श्री लोकनाथ शाही* (तत्कालीन जमींदार और उप सहायक आयुक्त) को भुइँहरी जमीन का रजिस्टर तैयार करने का जिम्मा दिया गया। उन्होंने 1860 ई. से कार्य करना शुरू किया परंतु जमींदार श्री लोकनाथ शाही की मृत्यु के कारण यह अधूरा रह गया। तब भुइँहरी जमीन[145] के हक का आधिकारिक बंदोबस्ती के साथ छोटानागपुर की कुछ भू-धृति (टेन्योर) को जांचने, व्यवस्था करने तथा पंजीकृत करने के उद्देश्य से *छोटानागपुर भू-धृति (टेन्योर) अधिनियम 1869 ई.* को बंगाल कौंसिल के द्वारा 17 मार्च को अधिनियमित किया गया।[146] *चुटिया नागपुर काश्तकारी अधिनियम या बंगाल अधिनियम - II 1869 ई.* छोटानागपुर के लिए पारित अधिनियम में सर्वाधिक महत्वपूर्ण था।[147] इस अधिनियम का मुख्य उद्देश्य *भुइँहरी भूमि* के स्वामित्व का निर्धारण करना था। इस अधिनियम द्वारा बंगाल के *लेफ्टिनेंट गवर्नर* को अधिकृत किया गया था कि वे इस काम के लिए एक विशेष आयुक्त की नियुक्ति कर सकते थे, आयुक्त सभी प्रकार की भूमि की प्रकृति को निर्धारित करेगा तथा उसे सीमाबद्ध कर उसके स्वामित्व को भी निश्चित कर देगा की कौन मझिहस भूमि है और कौन भुइँहरी भूमि है।[148] 1885 ई. में बंगाल काश्तकारी अधिनियम को प्रभावी करने का विचार बनाया, किंतु यह अधिनियम छोटानागपुर क्षेत्र पर तुरंत प्रभावी नहीं किया गया *लेफ्टिनेंट गवर्नर* ने इस अधिनियम को यथावत इस क्षेत्र में प्रभावी करना उचित नहीं समझा लेकिन तुरंत ही उसने अधिनियम को प्रभावित कर दिया तथा इस क्षेत्र के अनुकूल आवश्यक संशोधन का दायित्व सिलेक्ट कमिटी पर

---

145. Bhuinhari means the tenancies belonging, pertaining to bhuinhars or original settlers in a Chota nagpur village. फादर हॉफमैन, एनसाइक्लोपीडिया मुंडारिका, पटना,1935 पृ. 530।

146. जयप्रकाश गुप्ता, छोटानागपुर में भू- विधियाँ एवं भूमि की स्थिति, झारखंड एनसाइक्लोपीडिया, खंड 3, वाणी प्रकाशन, 2008, पृ.55।

147. अरविंद जी सहाय, एडमिनिस्ट्रेशन ऑफ बिहार ड्यूरिंग दी रूल ऑफ दी ईस्ट इंडिया कंपनी, 1765-1859, अप्रकाशित शोध प्रबंध, इतिहास विभाग, राँची विश्वविद्यालय, राँची,1965, पृ.95।

148. अनिल कुमार, झारखंड में मुंडा का आर्थिक इतिहास(चुटिया नागपुर टेन्योर एक्ट सेक्सन 1-3), जानकी प्रकाशन, पटना, मार्च 2002, पृ.170।

छोड़ दिया।[149] छोटानागपुर टेन्योर एक्ट 1869 ई. मुंडा असंतोष के निवारण हेतु बनाया गया था, किंतु इसमें कुछ त्रुटियां रह गई थी, जिसका परिणाम *सरदारी लड़ाई* और *बिरसा विद्रोह* में दिखाई पड़ता है। इस प्रकार यह अधिनियम भी आदिवासियों को पूरी तरह संतुष्ट नहीं कर पाया।[150] पिछले 100 वर्ष के अनुभव से अंग्रेजों को यह जानकारी मिल चुकी थी कि भूमि संबंधी समस्याओं का निराकरण तब तक नहीं हो सकता है, जब तक कि मौजावार सर्वे नहीं कराया जाए। इसके लिए उन्होंने सर्वे करवाने का निर्णय लिया जिसके अंतर्गत *खेवट* एवं *खतियान* के प्रारूप तैयार किए गए।

छोटानागपुर में सर्वे करवाने का प्रारूप तैयार हो चुका था। छोटानागपुर में पहला व्यापक सर्वे 1902 ई. में प्रारम्भ हुआ, 1903 ई. तक महत्वपूर्ण जानकारी उपलब्ध हो चुकी थी। छोटानागपुर कास्तकारी अधिनियम का प्रारूप भी 1903 ई. तक तैयार किया जा चूका था। जिसमें संशोधन एवं परिवर्तन करते हुए 11 नवम्बर, 1908 को *छोटानागपुर काश्तकारी अधिनियम (एक्ट VI),1908* लागू कर दिया गया। वास्तव में यह अधिनियम *कंप्यूटेशन एक्ट IV 1897 और एक्ट V 1903 ई.* का ही संशोधित एवं परिवर्द्धित रूप था।[151]

छोटानागपुर काश्तकारी अधिनियम 1908, विगत सभी काश्तकारी अधिनियमओं तथा बंगाल काश्तकारी अधिनियम और साथ ही जनजातियों की परंपराओं का विचार कर संरचित किया गया था। यह एक विशाल एवं तकनीकी दृष्टि से जटिल अधिनियम था। इस अधिनियम द्वारा खूंटकट्टी भूमि के विक्रय या स्थानांतरण पर प्रतिबंध लगा दिया गया। *बैठ - बेगारी* को भी नियंत्रित किया गया और लगान की वृद्धि को प्रतिबंधित कर दिया गया।[152] 1908 ईसवी के पूर्व का काश्तकारी संशोधन अधिनियम 1903 ईसवी द्वारा सर्वप्रथम आदिवासियों की *खूंटकट्टी भूमि* तथा एदत्त संबंधी पारंपरिक अधिकार को कानूनी मान्यता प्रदान की गई। *छोटानागपुर काश्तकारी अधिनियम 1908 ई.* में *मुंडारी खूंटकट्टीदार* को परिभाषित एवं व्याख्याचिंत किया गया है।[153] इस

---

149. नं.28, दिनाँक अगस्त, 1892, सी. ई. बुकलैंड, सचिव रेवेन्यू डिपार्टमेंट, बंगाल सरकार का पत्र टू भारत सरकार के सचिव को, राष्ट्रीय अभिलेखागार, नई दिल्ली, भारत।

150. देव कृष्ण चौधरी, छोटानागपुर की भूमि व्यवस्था के बदलते स्वरूप तथा भूमि सुधार के विभिन्न चरण(1757 ई. से 1857 ई. तक), शोध प्रबंध, अप्रकाशित, इतिहास विभाग, राँची विश्वविद्यालय राँची, पृ.174।

151. छोटानागपुर एवं सन्थाल परगना काश्तकारी अधिनियम, पूर्वोद्धृत पृ.49।

152. वही।

153. एस सिकदार, इकोनॉमिक डेवलोपमेन्ट ऑफ ट्राइबल इंडिया, नई दिल्ली, 1990, पृ.63।

अधिनियम के निर्माण में *फादर जे.बी. हॉफमैन* का अमूल्य योगदान रहा था। इस अधिनियम के निर्माण से पूर्व अंग्रेज यह समझते थे कि इंग्लैंड में कृषकों की तरह छोटानागपुर में भी सभी आदिवासी किराएदार है। दूसरी तरफ मुंडा यह समझ नहीं पा रहे थे कि क्यों उन्हें उनकी भूमि से बेदखल किया जा रहा था।[154] पर चूंकि फा. हॉफमैन मुंडाओं के बीच रहकर काम कर चुके थे और मुंडारी खूंटकट्टी के संबंध में उन्हें भली-भांति ज्ञान था इसलिए उन्होंने अंग्रेजों को समझाते हुए यह बतलाने का प्रयास किया किया कि खूंटकट्टीदार वह है जिसने कई शताब्दी पूर्व जंगल को साफ करके अपने लिए गांव,घर तथा खेत खलियान को बनाया था, अतः वे ही इनके मालिक थे।[155] अगस्त 1900 में बंगाल के लेफ्टिनेंट गवर्नर सर जॉन वुडबर्न राँची आये और उन्होंने जिला अधिकारियों से इस समस्या पर गहन विचार विमर्श किया। भूमि बंदोबस्त की मांग बढ़ती जा रही थी। फरवरी 1904 में जब लेफ्टिनेंट गवर्नर पुनः राँची आये तो उन्हें भय था कि समान्य भूमि सर्वेक्षण एवं बंदोबस्ती से उतेजना फैल सकती है और विद्रोह की प्रवृत्ति फिर से जागृत हो सकती है। इसी अवसर पर छोटानागपुर के विभिन्न वर्ग के लोगों ने उन्हें एक आवेदन दिया कि भूमि बंदोबस्त का कार्य अन्य क्षेत्रों में भी किया जाय। उस समय छोटानागपुर के कमिश्नर ए. फोर्ब्स थे। उन्होंने इस विषय पर जे. बी. होफमैन से चर्चा की। होपमैन ने उन्हें एवं अन्य अधिकारियों को आश्वस्त किया कि ऐसी परिस्थिति की कोई संभावना नहीं थी क्योंकि रैयत स्वयं भूमि बंदोबस्त चाहते थे, ताकि जमींदारों और महाजनों के शोषण से उन्हें बचाया जा सके। उन्होंने यह भी बतलाया कि उन्हें भूमि संबंधी सुरक्षा की भावना दी जानी आवश्यक थी। अब फोर्ब्स पूरी तरह आश्वस्त हो चुके थे। उन्होंने इन विद्रोहों के लिए सदियों से हो रहे आदिवासियों के ऊपर शोषण एवं अत्याचार को जिम्मेदार माना और इसलिए उसने रांची जिला को पूर्ण पैमाइश और बंदोबस्त तथा रकूमत एवं बैठ बेगार की समाप्ति के लिए सरकार के समक्ष अनुशंसा की, जिससे मुंडा देश में खूंटकट्टी भूमि व्यवस्था की पहचान को बनाए रखा जा सके। सरकार ने लिस्टर और बाद में जॉन रीड के अधीन 1902 से 1910 ईस्वी तक रांची जिले की पैमाइश तथा

---

154. The principal of the Mundas was: "We cut the forests and plough the fields, God gives the rain and sun; why them must we pay to the Zamindars, who have come only the other day, with their taxes and customs?" फादर हॉफमैन टू जेनरल, मेमोरी, फेस. vi, पृ. 7-8, इन ए आर एस आई।

155. अलेक्स एक्का, पूर्वोद्धृत, पृ.28।

बंदोबस्ती के लिए कार्रवाई की। लिस्ट और रीड के सर्वे रिपोर्ट से कई बातों का पता चला। बिरसा आंदोलन का फल यह हुआ कि एक जिम्मेवार शासन व्यवस्था आदिवासी लोगों के बीच स्थापित हुआ। आदिवासियों को अत्याचार से बचाने का काम यहां के उपायुक्त को सौंपा गया, उनके पुश्तैनी मुंडारी खूंटकट्टी अधिकारों को सुरक्षित रखने के सिद्धांत को स्वीकार कर लिया गया। 11 नवंबर 1908 ईस्वी को छोटानागपुर काश्तकारी कानून लागू किया गया, इसमें स्थानीय परंपरागत अधिकारों का समावेश किया गया तथा आदिवासियों के पुश्तैनी भूमि के अधिकार को मान्यता दी गई। इस कानून के अंतर्गत उपायुक्त जनजातियों के संरक्षक के रूप में उभरा अब उसके आदेश के बिना जनजातियों की कोई भी भूमि हस्तांतरित नहीं हो सकती थी, उनको पुश्तैनी मुंडारी खूंटकट्टी, भुइँहरि तथा सामाजिक सेवा के बदले में प्राप्त परंपरागत जमीन का हस्तांतरण रोकने को उपायुक्त को सकारात्मक रूप से जिम्मेवारी दी गई।

छोटानागपुर काश्तकारी अधिनियम के अन्तर्गत कुल *271 धाराएँ* है। सारे प्रावधानों के आलोक मे देखा जाए तो छोटानागपुर काश्तकारी अधिनियम को 19 अध्यायों में बांटा गया है। छोटानागपुर काश्तकारी अधिनियम 1908 की मूल धाराओं की संक्षिप्त जानकारी निम्न है

अध्याय 1 में प्रारम्भिक विषय है जो इस प्रकार है

दफ़ा/ धारा	विषय
1	***एक्ट का नाम एवं विस्तार***
2	***विलोपित***[156]
3	***कुछ परिभाषाएँ***

अध्याय 2 में भूधरियों के वर्ग बताएँ गए है जो इस प्रकार है

4	***भूधरियों के वर्ग***
5	***भूधारक का अर्थ***
6	***रैयत का अर्थ***
7	***खूंटकट्टी हक प्राप्त रैयतों का अर्थ***
8	***मुंडारी खूंटकट्टीदार का अर्थ***

---

156. Repeal- (1) The Acts and notification specified in Schedule A are hereby repealed in the chota Nagpur Division. (2) The Acts specified in schedule B are hereby repealed in the { district of Dhanbad and patamda, Ichagarh and Chandil Police station in the district of singhbhum.} सतीश कुमार सिन्हा, छोटानागपुर टेनेंसी एक्ट, 1908, मल्होत्रा ब्रदर्स, पृ.4।

अध्याय 3 में भूधारक के विषय में बताया गया है जो इस प्रकार है

9	भूधारक लगान वृद्धि के लिए कब दायी नहीं होगा
9A	भूधारक या गाँव के प्रधान व्यक्ति का लगान बढ़ाया जाना
10	भुइँहरी टेन्योर का लगान नहीं बढ़ाया जाना
11	कुछ भूधरियों के अंतरण का निबंधन
12	भूधृति के अंतरण का निबंधन अनुज्ञात करने से भूस्वामी द्वारा इन्कार करने पर प्रक्रिया
13	भूधृति का विभाजन एवं लगान का बंटवारा
14	भूधृति के पुनग्रहण किए जाने पर उनपर सृजित भार की समाप्ति
15	भूस्वामी के कुछ हक बचाने के प्रावधान

अध्याय 4 में कायम रैयत के विषय में बताया गया है जो इस प्रकार है

16	वर्तमान कायमी हकों का कायम(बरकरार) रहना
17	बंदोबस्त रैयत की परिभाषा
18	कुछ परिस्थितियों में भुइँहरीदार एवं मुंडारी खूंटकट्टीदारों का बंदोबस्त रैयत होना
19	बंदोबस्त रैयतों को कायमी हक प्राप्त होता है
20	भूस्वामी द्वारा कायमी हक अर्जित करने के परिणाम
21	भूमि के उपयोग के सबंध में कायमी रैयतों के अधिकार
21 A	वृक्षों पर कायमी रैयतों के अधिकार
22	कायमी रैयतों के निष्कासन के विरुद्ध संरक्षण
23	कायमी रैयत के मरने पर उसके हक का न्यायगत होना
23A	अधिभोग जोतों के कतिपय अंतरणो का रजिस्ट्रेशन
24	लगान देने के बाबत कायमी रैयत का दायित्व
24A	विभाजन द्वारा जोत का खंड और उसके लगान का वितरण
25	निर्धारित लगान का उचित एवं साम्यिक माना जाना
26	इस एक्ट के लागू होने के पूर्व बढ़ाए गए लगान की संपुष्टि
27	कायमी रैयतों के लगान बढ़ाने के तरीके
28	लगान बढ़वाने के आवेदन पत्र का विवरण
29	लगान बढ़वाने के आवेदन पत्र प्राप्त होने पर उस पर कारवाई की प्रक्रिया

30	लगान की क्रमिक बढ़ोतरी का आदेश देने की शक्ति
31	अतिरिक्त भूमि के कारण अतिरिक्त लगान वृद्धि के लिए आवेदन पत्र देना
32	लगान की वृद्धि का आवेदन पत्र प्राप्त होने पर उसपर कारवाई की प्रक्रिया
33	अतिरिक्त लगान वसूल करने में भूस्वामी के अधिकार
33A	लगान का घटाया जाना
34	लगान घटाने के लिए उपायुक्त को आवेदन पत्र देना
35	लगान घटाने का आवेदन प्राप्त होने पर उसपर कारवाई की प्रक्रिया
36	जहाँ अधिकार अभिलेख न हो वहाँ लगान बढ़ाने या घटाने पर रोक

अध्याय 5 में खूंटकट्टी हक़ प्राप्त रैयत के विषय में बताया गया है

37	खूंटकट्टी हक प्राप्त रैयतों की टेनेंसी की घटनाएं

अध्याय 6 में गैर कायमी रैयत के विषय मे बताया गया है

38	ग़ैरकायमी रैयतों का मौलिक लगान एवं पट्टा
39	ग़ैरकायमी रैयतों के हकों का जमींदार द्वारा अर्जित करने के परिणाम
40	ग़ैरकायमी रैयतों के लगान बढ़ाने की शर्त
41	ग़ैरकायमी रैयतों को निष्कासित करने के कारण
42	उचित एवं साम्यिक लगान देने से इंकार करने के कारण निष्कासन की शर्तें

अध्याय 7 में कायमी हक के अर्जन पर रोक के विषय में बताया गया है

43	जमींदारों की विशेषाधिकार की भूमि तथा कुछ अन्य प्रकार की भूमियों पर कायमी हक के अर्जन पर रोक

अध्याय 8 में होल्डिंग तथा टेन्योर्स के लीज एवं अंतरण के विषय बताया गया है

44	प्रत्येक रैयत अपने ज़मींदार से पट्टा पाने का हकदार है
45	प्रत्येक ज़मींदार अपने रैयत से प्रति एकरारनामा पाने का हकदार है

46	*रैयतों के हक के अंतरण पर प्रतिबंध*
47	*कोर्ट के आदेश से रैयतों के हक की बिक्री पर प्रतिबंध*
48	*भुइँहरी टेन्योर के अंतरण पर प्रतिबंध*
48A	*भुइँहरी टेन्योर की बिक्री पर प्रतिबंध*
49	*कुछ प्रयोजनार्थ कायमी होल्डिंग या भुइँहरी टेन्योर्स का अंतरण*
50	*कुछ प्रयोजनों के लिए जमींदार द्वारा टेन्योर या होल्डिंग का अर्जन*
51	*जमींदार के हितों के अंतरण की जानकारी न रहने पर भू-धारक नए क्रेता के प्रति लगान के लिए दायी नहीं होते है*

अध्याय 9 में लगान संबंधी विषयों की जानकारी दी गयी है

51 A	*लगान निश्चित माना जाना*
52	*लगान के किशत*
53	*लगान भुगतान के तरीके*
54	*लगान और उसके सूद के लिए रसीद*
55	*उपायुक्त के कोर्ट में लगान जमा करना*
56	*जमा की प्राप्ति और उसके भुगतान की प्रक्रिया*
57	*लगान के लिए (वाद) मुकदमा पर रोक*
58	*बकाया लगान क्या है और उस पर सूद*
59	*लगान बकाया रखने पर टेन्योर होल्डर के पट्टे की समाप्ति*
60	*बकाया लगान टेनेंसी पर प्रथम दावा होगा*
61	*भावली लगान का रूपांतरण*
61A	*राज्यपाल के आदेश से भावली लगान का रूपांतरण*
62	*रूपांतरित लगान के अपरिवर्तित रहने की अवधि*
63	*निर्धारित लगान से अधिक वसूल करने की सजा*

अध्याय 9A में बंजर भूमि बंदोबस्ती के बारे बताया गया है

63A	*बंजर भूमि की बंदोबस्ती के पट्टे*
63B	*भूमि बंदोबस्ती बातिल करना*

अध्याय 10 में कोड़कर, जमींदार, और भूधारियों के संबंध विविध प्रावधान के विषय में बताया गया है

64	*जमींदार की सहमति से कोड़कर बनाना*

65	विरमित[157]
66	कुछ भूमि को कोड़कर बनाने पर रोक
67	कोड़कर भूमि पर कायमी हक प्राप्त होना
67A	कोड़कर भूमि का लगान निर्धारण
68	कोर्ट के डिग्री या आदेश के कार्यान्वयन को छोड़ अन्य प्रकार भूधारी निष्कासित नहीं होंगे
69	अधिकार खो बैठने के विरुद्ध राहत
70	डिग्री या आदेश के प्रभावी होने का समय
71	अवैध रूप से निष्कासित भूधारी को पुनः दखल देना
71A	आदिवासी भूधारियों की भूमि- वापसी
72	रैयत द्वारा जमीन इस्तीफा करना
73	रैयत द्वारा जमीन परित्याग करना
74	दखल में आने के पश्चात निष्पादित पट्टे का प्रभाव
74A	टेनेंसी के रिक्त रहने पर गांव के प्रधान व्यक्ति का ठहराया जाना
75	जमीन की मापी

अध्याय 11 में रीत दस्तूर और एकरारनामा के बारे में बताया गया है

76	रीत दस्तूर को बचाए रखना
77	सर्विस टेन्योर एवं होल्डिंग को बचाए रखना
78	मकान सहन (वास भूमि)
79	एक्ट को बहिष्कार करने वाले एकरारनामों पर प्रतिबंध
79A	उपज लगान के हिस्से संबंधी एकरारनामा पर प्रतिबंध
79B	करार द्वारा किसी भू-स्वामी को भुगतेय उपज- लगान के अंश पर प्रतिबंध

अध्याय 12 में अधिकार अभिलेख एवं लगान निर्धारण के विषय बताया गया है

80	भू-माप कराने एवं अधिकार अभिलेख तैयार कराने का आदेश देने की शक्ति

157. धारा 65 कृषक को बेदखल करने या कब्जा बनाये रहने देने की शक्ति। छोटानागपुर काश्तकारी अधिनियम 1947 (1947 का बिहार अधिनियम, सं, XXV) की धारा 21 द्वारा निरसित, रशिम कात्यायन, झारखंड लैंड मैनुअल, क्राउन पब्लिकेशन्स, 2015, पृ. 132।

यहाँ निरसित का अर्थ होगा जो रद्द या व्यर्थ कर दिया गया हो।

अध्याय 13 में व्यक्तिगत सेवाशर्त, रूपांतरण एवं उनके अभिलेख के विषय बताया गया है

101	*नई सेवा शर्तों के लागू करने पर मनाही*
102	*टेनेंसी के मौलिक शर्तों के निश्चय नहीं होने पर भूधारी के दायित्व*
103	*व्यक्तिगत सेवा शर्तों के वर्तमान मूल्य का हिसाब लगाना*
104	*सेवा शर्तों के लगान एवं मूल्य के बाबत वादों की प्रक्रिया*
105	*व्यक्तिगत सेवा शर्तों का ऐच्छिक रूपांतरण*
106	*सेवा शर्तों के रूपांतरण सहित या रहित अभिलेख तैयार कराने की शक्ति*
107	*अभिलेख का तैयार किया जाना*
108	*अभिलेख का प्रकाशन*
109	*राजस्व पदाधिकारी के आदेश के विरुद्ध अपील*
110	*आयुक्त या बोर्ड द्वारा रिवीजन*
111	*जहां सर्वे एवं अधिकार अभिलेख बनाने की कार्रवाई चल रही है- प्रक्रिया*
112	*फैसलों का अधिकार अभिलेखों में दर्ज किया जाना*
113	*समान के रूप में लगान लेना व्यक्तिगत सेवा शर्त है अथवा भावली लगान*
114	*रूपांतरित लगान का प्रारंभ एवं प्रभावी होना*
115	*ऐच्छिक रूपांतरण के खर्च का वाहन*
116	*अभिलेख एवं अनिवार्य रूपांतरण के खर्च का वहन*
117	*लगान बढ़ाने या घटाने के हक का बचाया जाना*

अध्याय 14 में जमींदारों के विशेषधिकार एवं भूमि के अभिलेख के विषय बताया गया है

118	*जमींदारों के विशेषाधिकार भूमि की परिभाषा*
119	*जमींदारों के विशेषाधिकार की भूमि का सर्वे एवं अभिलेख तैयार करने की शक्ति*
120	*कुछ दफा के प्रावधानों का लागू होना*
121	*जमींदार आवेदन करने पर विशेषाधिकार की भूमि सर्वे कराने की शक्ति*

122 *जांच की प्रक्रिया*
123 *यह उप धारणा की कोई भूमि भूस्वामी की विशेषाधिकार युक्त भूमि नहीं है*
124 *कुछ गांवों में जमींदार की विशेषाधिकार की भूमि के रूप में दर्ज नहीं किया जाना*
125 *जिन भूमियों को जमींदार की विशेषाधिकार भूमि नहीं दर्ज किया गया हो उन्हें इस श्रेणी में शामिल नहीं किया जाना*
126 *अपील*

अध्याय 15 में खूंटकट्टी हक़ प्राप्त रैयतों, गाँव के प्रधान- व्यक्तियों एवं अन्य वर्ग के भूधरियों के अधिकार- अभिलेख एवं दायित्व के विषय बताया गया है

127 *खूंटकट्टी हक प्राप्त रैयतो, गांव के प्रधान व्यक्तियों तथा अन्य वर्ग के भूधरियों के अधिकार अभिलेख एवं दायित्व*
128 *कुछ दफा के प्रावधानों का लागू होना*
129 *हितबद्ध व्यक्तियों को प्रविष्टियों की सूचना*
130 *प्रविष्टियों से संबंधित विवादों के निर्णय के लिए वाद*
131 *अंतिम फैसलों को अभिलेखों पर नोट करना*
132 *प्रवृत्तियों का सबूती महत्व*
133 *राजस्व पदाधिकारी द्‌वारा टेनेंसी के सृजन प्रकार एवं भूधारी के दर्जे पर विचार करना*
134 *जो जमीन खूंटकट्टी के रूप में दर्ज नहीं किया गया हो उसे शामिल नहीं करना*

अध्याय 16 में उपायुक्त के कोर्ट के वादों के न्यायिक प्रक्रिया के विषय बताया गया है

135 *उपायुक्त के कोर्ट करने का स्थान*
136 *वाद या अर्जी (मुकदमा आवेदन पत्र) दाखिल करने का कार्यालय*
137 *वाद वापस लेना*
138 *एक से अधिक जिले या अनुमंडल में भूमि होने पर न्यायिक क्षेत्र*
139 *सिर्फ उपायुक्त द्‌वारा विचार किए जाने वाले वाद या आवेदन पत्र*
139A *कुछ मामलों पर उपायुक्त का न्यायिक एकाधिकार*
140 *सामूहिक वाद सामूहिक आवेदन पत्रों पर डिग्री या आदेश*

141	सामूहिक वाद में या सामूहिक आवेदन पर दिए गए आदेश या डिग्री में यह विनिर्दिष्ट किया जाना कि इसका प्रत्येक अभिधारी पर कहां तक प्रभाव होता है
142	सहभागीदार जमींदार द्वारा लगान के लिए वाद
143	दावा विवरण के साथ दायर करना
144	दावा विवरणों में अतिरिक्त विवरण देना
145	प्रतिलिपियों द्वारा मूल दस्तावेजों का प्रतिस्थापन
146	दावा विवरण कौन दाखिल करेगा
147	दावा विवरण पर कौन हस्ताक्षर एवं सत्यापन करेगा
148	वादी द्वारा दस्तावेज प्रस्तुत करना
149	प्रतिवादी द्वारा दस्तावेज प्रस्तुत करना
150	दावा विवरण का संशोधन
151	प्रतिवादी को सम्मन भेजना
152	प्रतिवादी की उपस्थिति व्यक्तिगत अथवा एजेंट के मापक
153	दस्तावेज एवं गवाह प्रस्तुत करना
154	सम्मन तामील करने का खर्च जमा करना
155	वादी प्रतिवादी दोनों के अनुपस्थित होने पर प्रक्रिया
156	सिर्फ प्रतिवादी के उपस्थित होने पर प्रक्रिया
157	सिर्फ वादी के उपस्थित होने पर प्रक्रिया
158	प्रतिवादी द्वारा दस्तावेज प्रस्तुत करना
159	स्थगित तिथि को प्रतिवादी की सुनवाई
160	महिलाओं को उपस्थित होने से बरी करना
161	सुनवाई के लिए मोहलत देने की शक्ति
162	एजेंटों की बहाली
163	वादी प्रतिवादी उनके एजेंटों एवं गवाहों का इजहार एवं जीरह
164	इजहार एवं जीरह का दर्ज (लिखा) किया जाना
165	एजेंटों के उत्तर देने में असमर्थ होने पर वादी प्रतिवादी की व्यक्तिगत उपस्थिति के लिए निर्देश देने की शक्ति
166	डिग्री कब दिया जाता है
167	अतिरिक्त गवाही के लिए वाद (मुकदमा) स्थगित करना
168	गवाह प्रस्तुत करना

169	*अंतिम सुनवाई की तिथि को पक्ष विपक्ष के अनुपस्थित होने पर प्रक्रिया*
170	*फैसला सुनाना*
171	*स्थानीय जांच*
172	*वादी को भुगतान के पश्चात प्रतिवादी द्वारा न्यायालय में भुगतान*
173	*वादी को देने का प्रयास बिना किए कोर्ट में देन की रकम जमा करना*
174	*कोर्ट में जमा राशि पर सूद नहीं लगना*
175	*विलोपित*[158]
176	*विलोपित*[159]
177	*जहां तृतीय पक्ष लगान पाने का दावे करें- प्रक्रिया*
178	*लगान बकाये रखने के कारण गैरकायमी रैयत का निष्कासन*
178A	*दखल दिहानी के पूर्व उपजायी गई फसल पर गैरकायमी रैयत का हक*
179	*जमींदार के दोष के कारण उपायुक्त को लीज देने की शक्ति*
180	*भूधारी द्वारा प्रति इकरारनामा निष्पादित नहीं करने पर-प्रक्रिया*
181	*इजराय (निष्पादित) करने की समय सीमा*
181A	*एजेंसी द्वारा इजराय कराने का आवेदन पत्र*
182	*उपायुक्त के डिग्री या आदेश का निष्पादन (इजराय) करने वाले कोर्ट*
183	*इजराय करने के लिए आवेदन पत्र के फॉर्म*
184	*इजराय के लिए प्रोसेस (नोटिस) निकालना*
185	*इजराय के वारंट के फॉर्म*
186	*कुर्की और विक्रय से छूट*
186A	*डिग्रियों के इजराय पर प्रतिबंध*

158. Power to award damages to plaintiff in rent -suit. - *Rep. By the chota nagpur Tenency (Amendment) Act, 1938 (Bihar Act 2 of 1938). s. 24.* सतीश कुमार सिन्हा, पूर्वोद्धृत, पृ.112।

159. Power to award compensation to defendant in rent-suit.- *Rep. By the chotanagpur Tenency (Amendment) Act, 1938 (Bihar Act 2 of 1938), s. 24* वही।

187	*कुर्की जब्ती की जाने वाली चल संपत्तियों को वारंट में अंकित करना*
188	*वारंट के निष्पादन की अवधि*
189	*अगला या द्वितीय वारंट निर्गत करना*
190	*वारंट की पूर्व सूचना देना*
191	*मुकदमे के कर्जदार को गिरफ्तार करने पर प्रक्रिया*
192	*जेल से छूट जाने पर कार्रवाई*
193	*कैदी के जीवन यापन के लिए डाइट मनी जमा करना*
194	*निष्कासन के लिए डिग्री या आदेश का निष्पादन- कृषक को पुनः स्थापित करना*
195	*लीज रदद करने, निष्कासित करने या पुनः स्थापित करने के आदेश दिया डिग्री का निष्पादन*
196	*अविभाजित इस्टेट या टेन्योर के सहभागीदार के पक्ष के डिग्री या आदेश का कार्यान्वयन*
197	*सहभागी जमींदार द्वारा प्राप्त डिग्री का निष्पादन*
198	*डिग्री की रकम की तुष्टि नहीं होने पर अचल संपत्ति के विरुद्ध डिग्री या आदेश के निष्पादन*
199	*नीलाम पर चढ़ाई जाने वाली चल संपत्ति की अधिसूचना*
200	*जब्ती एवं नीलामी के बीच मध्यांतर*
201	*कुर्की-जब्ती किये गए समान की बिक्री का स्थगन*
202	*नीलम के सामान खरीदने से अधिकारियों पर रोक*
203	*पर्याप्त मूल्य न मिलने पर नीलामी बिक्री का स्थगन*
204	*नीलामी मूल्य की चुकती एवं खरीददार को समान सौंपना*
205	*बिक्री मूल्य का उपयोग*
206	*नीलामी के लिए जब्त समान पर तृतीय पक्ष का दावा करने पर प्रक्रिया*
207	*अनियमितता के कारण बिक्री रद्द नहीं होती है*
208	*बकाए लगान के कारण टेन्योर या होल्डिंग बिक्री*
208A	*बिक्री किए गए होल्डिंग के अंश के लगान का बंटवारा*
208B	*टेन्योर या होल्डिंग को नीलामी बिक्री पर चढ़ाने की प्रक्रिया*
208C	*नीलामी खरीददार को प्रमाण पत्र और अचल संपत्ति का दखल देना*

208D	*कुछ अपवादों को छोड़ नीलामी खरीददार अचल संपत्ति को भार मुक्त*
209	*नीलामी बिक्री से प्राप्त रकम का निपटारा*
210	*टेन्योर या होल्डिंग के बकाए लगान की डिग्री में अन्य संपत्ति की बिक्री*
211	*नीलाम पर चढ़ाए जाने वाले टेन्योर या होल्डिंग पर तृतीय पक्ष के दावा करने पर प्रक्रिया*
212	*अचल संपत्ति की बिक्री को वातिल करने का आवेदन पत्र*
213	*अनियमितता या धोखाधड़ी के कारण अचल संपत्ति को वातिल करने का आवेदन पत्र*
213A	*लगान चुकती का डिग्री रद्द होने पर उसके निष्पादन में की गई बिक्री रद्द*
214	*जिन कारणों से बिक्री को रद्द करने का आवेदन पत्र दिया जा सकता है*
214A	*जोत के भाग का विक्रय*
215	*उपायुक्त के आदेशों के विरुद्ध अपील*
216	*दफा 215 के तहत अपील करने की समय सीमा*
217	*द्वितीय अपीलों पर रोक बोर्ड एवं आयुक्त द्वारा रिवीजन की शक्ति*
218	*विलोपित*[160]
219	*विलोपित*[161]
220	*अपील की सुनवाई कब होनी है*
221	*फिर से (दोबारा) अपील करना*
222	*एक तरफा फैसला होने पर रेस्पोंडेंट द्वारा फिर से अपील करना*
223	*अपील में फैसला सुनाना*
224	*न्यायायुक्त अथवा हाई कोर्ट के समक्ष अपील*
225	*उपायुक्त के बदले न्यायायुक्त द्वारा अपील की सुनवाई*

160. धारा 218- कतिपय वादों में अपील, छोटानागपुर काश्तकारी (संशोधन) अधिनियम, 1947 (1947 का बिहार अधिनियम सं.XXV) की धारा 34 द्वारा निरसित, रशिम कात्यायन, पूर्वोद्धृत, पृ.198।

161. धारा 219- उपायुक्त के पास अपील कब उपस्थापित की जाएगी, *छोटानागपुर काश्तकारी (संशोधन) अधिनियम, 1947 (1947 का बिहार अधिनियम सं. XXV) की धारा 34 द्वारा निरसित, वही।*

226	विलोपित[162]
227	अनुपस्थिति के दोष के कारण पारित एक तरफा फैसला को रद्द करना
228	बातिल करने का आदेश अंतिम, किंतु, आवेदन पत्र अस्वीकृत करने का आदेश अपीलीय होगा
229	सी.पी.सी. के प्रथम शेड्यूल के आदेश 41 के नियम 22 का लागू होना

अध्याय 16 क बिहार और उड़ीसा लोक मांग वसूली अधिनियम, 1914 के अधीन लगानों के वसूली की संक्षिप्त प्रक्रिया के विषय में है

229A	कतिपय दशाओं में प्रमाण पत्र प्रक्रिया के अधीन लगान के बकाये की वसूली

अध्याय 17 में समय सीमा के विषय बताया गया है

230	इंडियन लिमिटेशंस एक्ट के प्रावधानों का लागू होना
230A	राजस्व पदाधिकारियों के कोर्ट के मामलों के लिए विशेष समय सीमा
231	समय सीमा के सामान्य नियम
232	लीज की स्वीकृति के वादों एवं आवेदन पत्रों की समय सीमा
233	निष्कासन के कुछ वादों की समय सीमा
234	बकाए लगान की वसूली के वादों एवं आवेदन पत्रों की समय सीमा
235	बकाए लगान की वसूली के मुकदमों का तांता
236	पैसे के लेखा एवं पंजी प्राप्त करने के आवेदन पत्रों की समय सीमा
237	होल्डिंग का दखल पाने के आवेदन पत्रों की समय सीमा
238	दखल वापस पाने के लिए गांव के प्रधान व्यक्ति के आवेदन पत्रों की समय

162. धारा 226 - न्यायिक आयुक्त या उच्च न्यायालय के समक्ष अपील की परिसीमा, *छोटानागपुर काश्तकारी (संशोधन) अधिनियम, 1947 (1947 का बिहार अधिनियम, संख्या XXV) की धारा 36 द्वारा निरसित, पूर्वोद्धृत, पृ.200।*

अध्याय 18 में मुंडारी खूंटकट्टीदारों के बाबत विशेष प्रावधान के विषय बताया गया है

239	*पूर्ववर्ती दफाओं का मुंडारी खूंटकट्टी टेनेंसी पर लागू होना*
240	*मुंडारी खूंटकट्टी टेनेंसी के अंतरण पर प्रतिबंध*
241	*कुछ प्रयोजनों के लिए अंतरण*
242	*अवैध दखलकारो का निष्कासन*
243	*लगान की बढ़ोतरी*
244	*सर्टिफिकेट प्रक्रिया द्वारा लगान की वसूली*
245	*दीवानी कोर्ट को मामला सुपुर्द करना*
246	*अधिकार अभिलेख न रहने पर बकाये लगान की वसूली*
247	*कुछ व्यक्तियों को पक्ष के रूप में शामिल करना*
248	*सरकारी बकाए अथवा जमींदार को देय बकाए लगान की वसूली*
249	*सहभागी भू धारियों से चंदे की वसूली*
250	*अधिकार अभिलेखों में मुंडारी खूंटकट्टी टेनेंसी की प्रविष्टि*
251	*दफा 87 के तहत मुकदमों पर रोक*
252	*अधिकार अभिलेखों की प्रविष्टि या अप्रविष्टि से सृजित विवादों का निर्णय*
253	*दफा 252 के तहत लिए गए निर्णय के विरुद्ध अपील*
254	*अधिकार अभिलेखों में फैसलों को दर्ज किया जाना*
255	*किसी टेनेंसी के मुंडारी खूंटकट्टी होने या ना होने के बाबत विवादों को साक्ष्य के रूप में स्वीकार नहीं करना*
256	*अधिकार अभिलेखों को निर्णय कारी साक्ष्य मानना*

अध्याय 19 में अनुपूरक प्रावधान दिए गए हैं

257	*संयुक्त भूस्वामी*
258	*वादों पर रोक*
259	*प्रोसेस (नोटिस) तामिल करना*
260	*प्रमाणीकरण एवं खर्च का भुगतान*
261	*वाद एवं आवेदन पत्रों के खर्च*
262	*किसी कार्यवाही पर सरकारी खर्च जमा करना*
263	*गवाह एवं दस्तावेज प्रस्तुत करना*
264	*एक्ट के उद्देश्यों की पूर्ति के लिए नियम बनाने की शक्ति*

265	***न्यायिक प्रक्रिया एवं सी.पी.सी के प्रावधान लागू करने के नियम बनाने की शक्ति***
266	***नियमों के प्रारूप का प्रकाशन***
267	***नियम एव अधिसूचना के प्रकाशन एवं उनका प्रभावी होना***
268	***बकायों की वसूली***
269	***राजस्व पदाधिकारियों के कोर्ट के केसों का पारस्परिक हस्तांतरण***
270	***उपायुक्त एवं उपसमाहर्ताओं पर नियंत्रण***
271	***विशेष कानूनों को बने रहने देना***[163]

ऊपर वर्णित अधिनियम, छोटानागपुर काश्तकारी अधिनियम 1908 का संक्षिप्त परिचय है जिसके कुछ विशेष प्रावधानों पर आगे विशेष चर्चा की गई है। इस अधिनियम की मुख्य बातें यह हैं कि यह अधिनियम वर्तमान में छोटानागपुर क्षेत्र के सभी प्रमंडलों के सभी स्थानों पर समान रूप से प्रभावी है चाहे वह देहाती क्षेत्र हो या शहरी क्षेत्र जहाँ नगरपालिका नगर निगम या अधिसूचित क्षेत्र की व्यवस्था है। यह अधिनियम काश्तकारों का वर्गीकरण (धारा 4) करते हुए खूंटकट्टी रैयत तथा मुंडारी खूंटकट्टीदार का अलग से वर्गीकरण करता है। भूधारक का अर्थ स्पष्ट करते हुए धारा 5 में उल्लेखित है, कि भूधारक प्रारंभिक तौर पर वह व्यक्ति है, जिसने स्वधारी से या किसी अन्य भूधारक से लगान तहसील करने या उस पर काश्तकारों को स्थापित कर खेती में लाने के प्रयोजनार्थ भूमि धारण करने का अधिकार अर्जित किया हो तथा छोटानागपुर भुधृति (टेन्योर) अधिनियम 1869 के अधीन तैयार एवं संपुष्ट रजिस्टर में दर्ज है, शामिल है लेकिन इनमें मुंडारी खूंटकट्टीदार शामिल नहीं है।[164]

छोटानागपुर काश्तकारी अधिनियम की 1908 ई. के अध्याय 1 धारा 03 में कई शब्दों की परिभाषा दी गई है जिनमें से कुछ निम्न लिखित है

1. **भुगुत बंधक**[165] - भुगुत बंधक से अभिप्राय है कि किसी काश्तकार के हित का उसकी काश्तकारी से -उधार स्वरूप दिए गए या दिए जानेवाले

---

163. सतीश कुमार सिन्हा, पूर्वोद्धृत, पृ.3-148।

164. डॉ जयप्रकाश गुप्ता, पूर्वोद्धृत, पृ.59।

165. “Bhugut bandha mortgage” means transfer of the interest of tenant in his tenency; For the purpose of securing the payment of money advanced or to be advanced by way of loans; Upon the condition that the loan with all interest thereon shall be deemed to be extinguished by the profits arising from the tenancy during the period of the mortgage, सतीश कुमार सिन्हा, पूर्वोद्धृत, पृ.4।

धन के भुगतान को प्रतिभूत करने के प्रयोजनार्थ इस शर्त पर अंतरण, कि उधार, उस पर के सभी ब्याजों के साथ, बंधक की कालावधि के दौरान काश्तकारी से होनेवाले लाभों से निर्वापित समझा जाएगा।[166]

2. ***भूधारी (टेनेन्ट)*** वह व्यक्ति है जो दूसरे व्यक्ति के अधीन (मातहत) जमीन रखता (धरता है या धारित करता) है, जिसके लिए उस दूसरे व्यक्ति को लगान देने को दायी है, भूधारी तभी उस दूसरे व्यक्ति को लगान देने को दायी नहीं होता है जब किसी विशेष कारण से उन दोनों के बीच कोई एकरारनामा (एग्रीमेंट) हुआ हो।
3. ***जमीन्दार (टेन्योर होल्डर)*** वह व्यक्ति है जिसके अधीन (मातहत) एक भूधारी जमीन रखता है।
4. ***गाँव का प्रधान व्यक्ति (विलेज हेडमैन)***[167] वह व्यक्ति है जो किसी एक गाँव या कई गांवों के समूह का प्रधान व्यक्ति माना गया है, जो भिन्न - भिन्न क्षेत्रों में *मानकी*, *मुण्डा*, *प्रधान*, *ठेकेदार*, *मॉझी*, *इजारादार* आदि पदनामों से पुकारा जाता है।
5. ***कोड़कर*** का अर्थ है वह जमीन जिसे समतल करने या आड़मेड़ बनाने के जरिए मूलतः धान खेत बनायी गई हो, और (क) जो पहले जंगल, बजरभूमि, परती या खेती की गई टाँड़ रही हो अथवा जो पहले कभी धान खेत रही हो, किन्तु अब धान - खेत नही रह गई हो और (ख) जिसे जमीन्दार ने नहीं, बल्कि कृषक या उसके पूर्वजों ने धान खेत बनाया हो, उसे कोड़कर कहा जाता है। कोडकर जमीन को किसी - किसी क्षेत्र में *बहबाला*, *खण्डवत*, *जलसाचन* या *अरियत* भी कहा जाता है।
6. ***लगान (मालगुजारी)*** - एक भूधारी द्वारा धारित जमीन के उपयोग या दखल के कारण उसे अपने जमीन्दार को प्रचलित कानून के अनुसार जो भी देन नगद के रूप में (वैयक्तिक सेवा को छोड़) देना पड़ता है उसे लगान कहते है।
7. ***डिप्टी कमिश्नर (उपायुक्त)*** - उन राजस्व पदाधिकारियों को भी डिप्टी कमिश्नर गिना जाता है जिन्हें राज्य सरकार इस ऐक्ट के अन्तर्गत

---

166. रशिम कात्यायन, पूर्वोद्धृत, पृ.81।

167. "Village headman" means the headman of a village or a group of villages, whether known as *manju* or *pradhan* or *manjhi* or otherwise or by an equivocal designation, such as thikadar or ijaradar, सतीश कुमार सिन्हा, पूर्वोद्धृत, पृ.7।

> उपायुक्त के कार्य सम्पादन करने के लिए अधिकृत करती है, अथवा जिन उपसमाहत्ताओं को उपायुक्त अपने कार्य सम्पादन करने का भार लिखित द्वारा सौंपते है।[168]

सी.एन.टी. एक्ट के अध्याय 2 धारा 4 के अंतर्गत भूधारियों के वर्ग बतलाए गए है इस धारा में बताया गया है कि इस ऐक्ट के अनुसार भूधारी कितने वर्ग (प्रकार) के होते हैं-

सरकार

- **छोटे बड़े टेन्योर होल्डर्स**
- **रैयत**
  - **2 ए कायमी रैयत अर्थात धारित जमीन पर कायमी हक प्राप्त रैयत**
  - **2 बी ग़ैरकायमी हक धारित जमीन पर कायमी हक नहीं प्राप्त रैयत**
  - **2 सी खूंटकट्टी हक प्राप्त रैयत**
- **दर रैयत**
- **मुंडारी खूंटकट्टीदार**

यह अधिनियम काश्तकारों का वर्गीकरण (धारा-4) करते हुए खुंटकट्टी रैयत तथा मुंडारी खुंटकट्टीदार का अलग से वर्गीकरण करता है।

भूधारक का अर्थ स्पष्ट करते हुए *धारा-5* में उल्लेखित है कि *भूधारक* प्रारम्भिक तौर पर वह व्यक्ति है जिसने स्वधारी से या किसी अन्य भूधारक से लगान तहसील करने या उस पर काश्तकारों को स्थापित कर खेती में लाने के प्रयोजनार्थ भूमि धारण करने का अधिकार अर्जित किया हो तथा छोटानागपुर भूधृति (टेन्योर) अधिनियम 1869 के अधीन तैयार एवं संपुष्ट रजिस्टर में दर्ज है, शामिल है लेकिन इनमें मुण्डारी खूँटकट्टीदार शामिल नहीं है।

रैयत का अर्थ स्पष्ट करते हुए इस अधिनियम के *धारा-6* में बतलाया गया है, कि रैयत से यह तात्पर्य है कि जिसने स्वंय प्रारम्भिक तौर पर या अपने परिवार के सदस्यों द्वारा या भाड़े के सेवकों द्वारा या भागीदारों के सहायता

168. अल्बिनुस मिंज, पूर्वोद्धृत, पृ.218।

से खेती के प्रयोग के अर्थ में भूमि धारण करने का अधिकार अर्जित किया है और इसके अन्तर्गत उन व्यक्तियों के हित उत्तराधिकारी भी आते हैं जिन्होंने अधिकार अर्जित किया है किन्तु मुंडारी खूँटकट्टीदार नहीं आते हैं परन्तु मुंडारी खूँटकट्टीदार के अधीन भूमि धारण करने वाला व्यक्ति रैयत समझा जाता है।

छोटानागपुर काश्तकारी अधिनियम 1908 के *धारा 08* के अन्तर्गत *मुण्डारी खूँटकट्टीदार* का अर्थ बताया गया है जिसके अनुसार 'मुण्डारी खूँटकट्टीदार का अर्थ उस मुण्डारी भूमि से है, जिसे मुण्डा परिवार के पूर्वजों ने जंगल साफ कर कृषि के योग्य भूमि तैयार किया और उस भूमि को अपने पुरूष सदस्यों द्वारा जोत आबाद करता हो'।[169]

मुण्डारी खूँटकट्टीदार के पुरूष वंशज के उत्तराधिकारी भी मुंडारी खूँटकट्टीदार माने गये हैं अगर कि वे ऐसी जमीन के लगातार दखलकार रहे हैं, अथवा ऐसी जमीन पर उन्हें सजीव (जीवित) स्वत्व प्राप्त है

एस. सी. राय भी बताते हैं कि 'परंपरा के अनुसार *खूंटकट्टीदार* वह है जिसके पूर्वजों ने जंगल को साफ कर जमीन तैयार की थी वह जमीन पुरुष उत्तराधिकारियों में हस्तांतरित एवं वितरित होती रही'।[170]

ऐसा हक (अधिकार) जमीन के सिर्फ उस भाग पर होगा जो खूंटकट्टीदार या उसके पुरुष वंशज के दखल में लगातार रहा हो। *मुंडारी खूंटकट्टीदार* न रैयत है और न जमींदार ही, बल्कि वह एक भूधारी (टेनेंट)[171] है, क्योंकि मुंडारी खूंटकट्टीदार रैयत[172] नहीं है, इसलिए वह लगान देने के लिए दायी नहीं है, वह सरकार को सिर्फ चंदा देता है। मुंडारी खूंटकट्टीदार अपने अधीनस्थ रैयत (प्रजा)

---

169. Mundari khunt - kattidar 'means a Mundari who has acquired a right to hold jungle land for the purpose of bringing suitable portions thereof under cultivation by himself or by male members of his family, and includes- (a) the heirs in the male line of any such Mundari, when they are in possession of such land or have any subsisting title thereto, and (b) as regards any portions of such land which have remained continuously in the possession of any such Mundari and his descendants in the male line, such descendants. जे रीड, द छोटानागपुर टेनेंसी एक्ट (कलकत्ता, 1910), प्रिफैक्टरी नोट।

170. एस. सी. राय, दी मुंडाज एंड देयर कंट्री, द सिटी बुक हाउस, कलकत्ता, 1912, पृ.33।

171. "Tenant means a person who holds land another person and is, or but for a special contract would be, liable to pay rent for that land to that person." पी टेटे, ए मिशनरी सोशल वर्कर इन इंडिया: फादर हॉफमैन,, पृ. 73।

172. "Raiyat means a person who has acquired a right to hold land for the purpose of cultivating it by himself or by the member of his family and includes the successors in interest of person who have such rights, but does not include a Mundari khuntkattidar" वही, पृ.74।

बैठा सकता है जिनसे उन्हें लगान पाने का हक होता है।[173] यद्यपि यह भूमि उसकी पैतृक नहीं होती है, वह उसकी स्वअर्जित भूमि होती है। इस प्रकार की भूमि पर अधिनियम 1908 ई. के पारित हो जाने के पश्चात उसका खूंटकट्टी अधिकार नहीं माना जाएगा। अधिनियम की यह धारा इस उद्देश्य से प्रभावी की गई थी, कि अपने से साफ की गई भूमि खूंटकट्टी के अंतर्गत नहीं मानी जाएगी, यदि वह खूंटकट्टी उत्तराधिकार से प्राप्त नहीं है।[174]

यदि इस प्रकार की खूँटकट्टी भूमि अधिनियम के लागू होने के 20 वर्ष पहले तैयार कर ली गई है, तो उसपर खूँटकट्टी के नियम के अनुसार लगान की वृद्धि नहीं की जा सकती।[175] प्रारम्भ में मुण्डारी खूँटकट्टी भूमि पर किसी प्रकार का कोई लगान नहीं लगाया गया था। मुण्डारी खूँटकट्टी गाँव के आन्तरिक मामलों को नियंत्रित करने का अधिकार जमीन्दार को नहीं था। गाँव पर अधिकार मुण्डा परिवार के पुरूष उत्तराधिकारी को ही था, जो एक *किलि* या *गोत्र* के थे। खूँटकट्टीदारी टेन्योर नहीं था और न ही वह रैयती अधिकार था। बल्कि इन दोंनो का मिला जुला रूप था। मुण्डारी खूँटकट्टी व्यवस्था में किसी प्रकार के हस्तांतरण की मान्यता नहीं है। भूमि केवल जोत आबाद करने के लिए दी जाती है जिसका सम्बध-केवल जीविकोपार्जन से है। भूमि के हस्तांतरण के लिए सभी भाईयों की सयुंक्त सहमति की आवश्यकता है। सभी पुरूष उत्तराधिकारी को समान अधिकार मुण्डारी खूँटकट्टी में प्राप्त है। मुण्डारी खूँटकट्टी के लगान की वृद्धि केवल धारा 19 में दिए गये शर्तों पर ही की जा सकती है।[176] छोटानागपुर में शांति व्यवस्था स्थापित करने के लिए आवश्यक था कि खूँटकट्टी भूमि की *पैमाइश* एवं *बंदोबस्ती* कर दी जाये। उनकी भूमि की माप कर रजिस्टर में उसके स्वामित्व को पंजीकृत कर देना भी आवश्यक था।

विभिन्न विवादों से बचने तथा आदिवासियों की भूमि को आरक्षित करने के लिए इसकी बिक्री या बंधकी या स्थानांतरण पर रोक लगा दी गई। इन परिस्थितियों में यदि जमीन पर लगान का बकाया है तथा जमीन के अतिरिक्त लगान की वसूली का अन्य कोई साधन नहीं है तो लगान को माफ कर देने

173. अल्बिनुस मिंज, पूर्वोद्धृत, पृ. 222।

174. जे. रीड- फाइनल रिपोर्ट ऑफ द सर्वे एंड सेटलमैंट ऑपरेशन इन द डिस्ट्रिक्ट ऑफ राँची, दी छोटानागपुर टेनैंसी एक्ट 1908, कलकत्ता, दी कैथोलिक औरफन प्रेस, कलकत्ता, 1910, पृ. 44, अनुच्छेद-98।

175. पुरूषोतम कुमार, हिस्ट्री एंड एडमिनिस्ट्रेशन ऑफ ट्राइब छोटानागपुर, आत्माराम एंड संस, नई दिल्ली, 1994, पृ.93।

176. छोटानागपुर एवं सन्थाल परगना काश्तकारी अधिनियम, पूर्वोद्धृत, पृ. 23।

का अधिकार उपायुक्त को प्राप्त था। इस प्रकार भूमि की बंधकी प्रतिबंधित थी। *भुगुत-बंधकी* की अनुमति थी, परन्तु यह *सात वर्षों* से अधिक के लिए नहीं होती थी।[177]

मुंडाओं के खूंटकट्टी प्रथा को संरक्षित करने के उद्देश्य से कुछ सुझाव तत्कालीन आयुक्त *मिस्टर लिस्टर* द्वारा दिया गया था जिसका उल्लेख करना आवश्यक है।

- *मुंडारी खूंटकट्टी भूमि या हक को नीलाम होने से रोका जाए।*
- *सभी प्रकार के बंधक, भुगुतबंधा और साहूकारों से इसे बचाने का प्रयास किया जाए।*
- *मुंडारी खूंटकट्टी के संबंध में स्थापित परंपरा का निर्वाह किया जाए और कुछ खास शर्तों तक हस्तांतरण मुंडाओं के बीच में ही करने की छूट दी जाए।*
- *उपायुक्त को हर प्रकार के अंतरण पर रोक लगाने की शक्ति रद्द की जाए।*
- *लगान वसूली को नियमित किया जाए।*
- *भू अभिलेखों को अंतिम रूप देते हुए उनके हक को कानूनी मान्यता दी जाए।*[178]

1902 ई. के सर्वे में मुण्डारी खूँटकट्टीदारों की संख्या एवं उनके द्वारा धारित भूमि का विवरण मिस्टर रीड ने राँची जिला के सर्वे रिपोर्ट 1910 ई. के अनुसूची में दी है जो इस प्रकार है:- तालिका 'क'

थाना का नाम	गाँवों की संख्या	क्षेत्रफल कृषि योग्य	एकड़ में गैर कृषि योग्य	मुंडारी खूंटकट्टीदारों की संख्या	मुंडारी खूंटकट्टी के अंदर रैयतों की संख्या
बुंडू	9	1610	3059	76	176
तमाड़	59	14543	17054	615	962
खूंटी	87	27984	17519	1909	1170
बानो	1	199	236	1	19
कुल	156	44336	47868	2601	2327

177. रिपोर्ट ऑन द एडमिनिस्ट्रेटिव ऑफ बंगाल (1876-77), बंगाल सेक्रेटेरिएट प्रेस, कलकत्ता, 1878, पृ.3-4।

178. अल्बिनुस मिंज, पूर्वोद्धृत, पृ.248।

तालिका 'ख'

थाना का नाम	मानकी को लगान मिलने वाले गाँवों की संख्या	पोहदार को लगान मिलने वाले गाँवों की संख्या	जागीरदारों को लगान मिलने वाले गाँवों की संख्या	अन्य को लगन मिलने वाले गाँवों की संख्या कुल
बुंडू	1	2	1	59
तमाड़	2	2	12	4359
खूंटी	56	16	3	1287
बानो	-	-	1	1
कुल	59	20	17	60156

तालिका 'क' एवं 'ख' से मुंडारी खूंटकट्टी गांव एवं खूंटकट्टीदारों की संख्या का सम्पूर्ण वर्णन प्राप्त होता है।

छोटानागपुर काश्तकारी अधिनियम 1908 का निर्माण छोटानागपुर के आदिवासी एवं मूलवासी समुदाय की भूमि सुरक्षा के लिए किया गया था यह आदिवासी मूलवासियों की भूमि का सुरक्षा कवच है। इसके कुछ प्रावधान अति महत्वपूर्ण है जिसके सबंध में जान लेना आवश्यक है।

धारा 21[179]: सरल शब्दों में यदि इस धारा की व्याख्या जाय तो धारा 21 में जमीन के उपयोग के संबंध में रैयत (भूमि धारण करने वाला) के अधिकार की बात कही गई है। इस धारा के अंतर्गत रैयत, कृषि भूमि की प्रकृति को नहीं बदल सकता और यदि वह ऐसा करता है तो उसे उक्त जमीन के अधिकार से वंचित किया जा सकता है।

179. दफा 21 जमीन के उपयोग के बाबत काएमी रैयतों के कानूनी अधिकार निम्न प्रकार हैं (1) जिस रैयत को किसी जमीन पर काएमी हक प्राप्त है वह जमीन का उपयोग - (a) स्थानीय रीत - दस्तूर या प्रचलन द्वारा अधिकृत प्रकार से कर सकता है, (b) स्थानीय रीत - दस्तूर या प्रवलन चाहे जो भी हों वह जमीन का उपयोग इस प्रकार कर सकता है जिससे जमीन के मूल्य को कोई भौतिक क्षति न पहुचे अथवा जिस प्रयोजन (उद्देश्य) के लिए टेनेन्सी का सृजन किया गया है। जमीन उस प्रयोजन के लिए अनुपयुक्त (अयोग्य) न हो जाए (2) अधिकार - अभिलेख (खतियान) में चाहे जो भी प्रविष्टि (इन्दराज) हो या जो भी प्रतिकूल रीत - दस्तूर हो, भूमि के निम्नांकित उपयोग को उसके मूल्य को क्षति पहुँचाना या भूमि को टेनेन्सी के प्रयोजन के अनुपयुक्त - (अयोग्य) बनाना नहीं माना गया है अर्थात एक काएमी रैयत को अपनी जमीन पर निम्नांकित उपयोग में लाने का अधिकार है (a) रैयत एवं उसके परिवार के घेरलू एवं कृषि (खेती बारी) कार्य के लिए ईट और खपड़ा बनाना, (b) पानी पीने, घेरलू कार्य, कृषि - कार्य एवं मछली पालन के प्रयोजन में जलापूति के लिए तालाब, कुआं, बांध, आहर, निर्माण करना, (c) रैयत एवं उसके परिवार के घेरलू (आवासीय), या कृषि कार्य, या व्यापार या कुटीर उद्योग के प्रयोजन के लिए भवन - निर्माण करना, (d) दफा 61 में वर्णित प्रकार के लगान देने वाला काएमी रैयत अपने होल्डिंग में यदि तालाब निर्माण करे तो तालाब की उपज पर जमीन्दार का हक 9/20 अंश और रैयत का हक 11/20 अंश होगा, अल्बिनुस मिंज, पूर्वोद्धृत, पृ.242।

धारा 46: अध्याय 8, पट्टा एवं होल्डिंग तथा टेन्योर का अन्तरण, यह अध्याय इस छोटानागपुर काश्तकारी अधिनियम 1908 का महत्वपूर्ण अध्याय है। इस अध्याय की धारा 46 के दो प्रमुख भाग है- पहले भाग में रैयतों द्वारा अपने अधिकार (हक) के अंतरण पर जो प्रतिबन्ध लगाए गये है उनके बाबत प्रावधान है जिनके अनुसार अंतरण करने पर ऐसा अंतरण जायज कहलाएगा। दूसरे भाग में कानूनी प्रावधानों का उल्लंघन करते हुए अंतरण करने पर उसके क्या परिणाम होंगे तथा नजायज ढंग से अंतरित की गई भूमि वापस पाने के क्या कानूनी प्रावधान है, के सम्बध प्रक्रिया निर्धारित की गई है। इस विषय पर कानूनी प्रावधनों की जानकारी लने के पहले '*अंतरण*' शब्द का अर्थ समझ लेना जरूरी है। *अंतरण* शब्द के अर्थ में जमीन की खरीद - बिक्री, दान, बन्धक, वसीयत, बदलेन आदि भी शामिल है।[180]

धारा 46 में कानूनी प्रावधान इस प्रकार हैं- रैयतों द्वारा उनके अधिकार (हक) के अंतरण पर प्रतिबन्ध -

1. किसी रैयत द्वारा अपने होल्डिंग अथवा किसी भाग के हक का
   (a) बंधक (पट्टा, लीज) द्वारा प्रत्यक्ष या अप्रत्यक्ष रूप से जिसकी पूरी संभावना 5 वर्षों से अधिक की अवधि के लिए हो सकती है अथवा बिक्री, दान या किसी अन्य प्रकार के ठीका या एकरारनामा के द्वारा अंतरण करना वैध नहीं होगा, किन्तु एक रैयत अपने होल्डिंग या उसके किसी भाग को *भुगुतबंधा* बंधक में लगा सकता है जो 7 वर्ष से अधिक की अवधि का नहीं होगा परन्तु एक आदिवासी काएमी रैयत अपने होल्डिंग या उसके किसी भाग पर के हक को दूसरे आदिवासी के पास उपायुक्त की पूर्व अनुमति प्राप्त कर बिक्री, दान, वसीयत या बदलेन द्वारा अंतरण (हस्तानान्तरण) कर सकता है। *बशर्ते खरीददार या ग्रहिता उसी थाने का निवासी हो जिस थाने में जमीन अवस्थित है।*[181]
   (b) एक हरिजन या पिछड़ी जाति का काएमी रैयत अपने होल्डिंग या उसके किसी भाग पर के हक को दूसरे हरिजन या पिछड़ी जाति

180. वही, पृ.248।

181. पिछले कुछ समय से यह धारा काफी सुर्खियों में रहा है। इस धारा के संदर्भ में कुछ तर्क दिए जा रहे है कि चूँकि 1908 ई में थानों की संख्या सीमित थी और इसका क्षेत्र व्यापक था। परंतु 1908 के उपरांत वर्तमान में अब थानों की संख्या अधिक हो गई है और उनका क्षेत्र सीमित हो गया है। इसलिए कोई आदिवासी अगर किसी दूसरे थाने क्षेत्र में पड़ने वाले भूमि का अंतरण चाहता है तो वह प्रायः कुछ अपवादों को छोड़कर ऐसा नहीं कर पाता है।

के सदस्य के पास उपायुक्त की पूर्व अनुमति प्राप्त कर अंतरित (हस्तानान्तरित) कर सकता है। बशर्ते क्रेता (खरीददार) उसी जिला का निवासी हो जिस जिला में जमीन अवस्थित है।

(c) एक काएमी रैयत जो आदिवासी (अनुसूचित जनजाति का सदस्य) है, उपायुक्त की पूर्व अनुमति प्राप्त कर किसी सहकारी बैंक, राष्ट्रीयकृत बैंक, भूमि विकास बैंक आदि को 15 वर्षों तक की अवधि के लिए अपनी भूमि के भूभाग को साधारण बंधक पर लगा सकता है।

(d) एक काएमी रैयत जो अनुसूचित जनजाति, अनुसूचित जाति या पिछडा वर्ग का सदस्य नहीं है वह उपायुक्त की बिना अनुमति के अपने होल्डिंग या उनके किसी भाग के हक को, बिक्री, दान, बदलेन, वसीयत, बंधक या अन्य प्रकार से दूसरे व्यक्ति के पास अंतरित (हस्तानान्तरित) कर सकता है।

2. ऊपर वर्णित दफा 46 (1) के उल्लंघन में किए गए अंतरण जमीन्दार पर बाध्यकारी (मान्य बन्धेय) होंगे।

3. ऊपर वर्णित दफा 46 (1) के उल्लंघन में किए गए अंतरण का न तो निबन्धन (रजिस्ट्री) होगा और न उसे किसी दीवानी, फौजदारी, राजस्व कोर्ट में जायज माना जाएगा।

3A. किसी अन्य प्रचलित नियमों में चाहे जो भी प्रावधान हो, किसी होल्डिंग अथवा उसके किसी भाग से संबंधित सभी दीवानी प्रकार के मामलों (मुकदमों) में जिसका एक पक्ष (पार्टी) अनुसुचित जनजाति (आदिवासी) का सदस्य हो और दूसरा पक्ष अनूसुचित जनजाति का सदस्य न हो तो उपायुक्त भी एक आवश्यक पक्ष होंगे।[182]

भूमिवापसी

4. ऊपर वर्णित दफा 46 (1) (a) के तहत यदि किसी रैयत ने अपने होल्डिंग या उसके किसी भाग का हित बंधक द्वारा अंतरित कर दिया हो, तो बंधक की अवधि के पूरे होने के तीन वर्षों के अंदर किसी भी समय रैयत के आवेदन करने पर उपायुक्त उन्हें(रैयत को) उसके होल्डिंग अथवा उसके भाग के दखल में रखेंगे एवं अंतरित जमीन का दखल रैयत को वापस दिला देंगे।[183]

182. अल्बिनुस मिंज, पूर्वोद्धृत, पृ.250।

183. छोटानागपुर एवं सन्थाल परगना काश्तकारी अधिनियम, पूर्वोद्धृत, पृ.169।

4A. (a) जहाँ दफा 46 (1) के परन्तुक 2 के क्लोज (a) का उल्लंघन करने के आधार पर अंतरण को, स्वेच्छा या काएमी रैयत के आवेदन करने पर, रदद करना हो तो उपायुक्त निर्धारितानुसार जाँच कर देखेंगे कि वास्तव में 46 (1) के परन्तुक 2 के क्लोज (a) का उल्लंघन किया गया है अथवा नहीं, परन्तु उपरोक्त उपधारा के तहत नजायज अंतरण की तिथि के 12 वर्षों के अन्दर आवेदन पत्र नहीं देने से उपायुक्त भूमि वापसी की कारवाई नहीं करेगें। इस उपधारा के क्लोज (a) एवं (b) के तहत आदेश पारित करने के पूर्व उपायुक्त दोनों पक्षों की सुनवाई करने के लिए पर्याप्त समय देंगे।

(b) इस उपधारा के क्लोज (a) में उल्लेखित जाँच करने पर यदि उपायुक्त यह पाते हैं कि दफा 46 (1) परन्तुक 2 के क्लोज (a) का उल्लंघन नहीं हुआ है तो ये आवेदन पत्र अस्वीकृत कर देगें और परिस्थिति के औचित्यानुसार विक्रेता द्वारा क्रेता को हर्जाना आवंटित करेंगे।

(c) किन्तु यदि इस उपधारा के क्लोज (a) में उल्लेखित जाँच करने पर उपायुक्त यह पाते हैं कि ऐसा अन्तरण दफा 46 (1) के परन्तुक 2 के क्लोज (a) का उल्लंघन करते हुए किया गया है तो उपायुक्त ऐसे अन्तरण को रद्द कर देंगे और क्रेता (खरीददार) को होल्डिंग या उसके भाग से निष्कासित कर देंगे और विक्रेता को इसके दखल में रख देगें अर्थात जमीन का दखल दिला देगें।[184]

5. 1 जनवरी 1903 के पहले रैयत के हक के अंतरण की वैधता को इस दफा के प्रावधान (मानभूम जिला क्षेत्र को छोड़कर) प्रभावित नहीं करेंगे अर्थात 1 जनवरी 1903 के पहले के अंतरण के मामलों पर इस दफा के प्रावधान लागू नहीं होगें।

सीएनटी एक्ट की धारा 71 ए के तहत अवैध तरीके से आदिवासियों की जमीन गैर आदिवासियों को हस्तांतरित किये जाने के मामलों में जमीन वापसी का प्रावधान है। इस धारा में दिए गए प्रावधानों को जानना आवश्यक प्रतीत होता है।

184. अल्बिनुस मिंज, वही, पृ.252।

धारा 71[185]: यह धारा विधि विरुद्ध बेदखल किये गए काश्तकार को कब्जे में प्रतिस्थापित करने की शक्ति के विषय में है। गैरकानूनी तरीके से किसी भूधारी को उसके होल्डिंग से निष्कासित करने पर उसे फिर से होल्डिंग का दखल दिलाने के संबंध में इस धारा में प्रावधान बनाए गए हैं। उपायुक्त को फिर से भूधारी को होल्डिंग का दखल दिलाने का अधिकार दिया गया है। जब किसी को भूधारी को धारा 68 का उल्लंघन करते हुए उसके होल्डिंग से निष्कासित किया जाए तो ऐसे निष्कासन के बाद 1 वर्ष के अंदर एक गैर काएमी रैयत को और यदि भूधारी काएमी रैयत हो, तो निष्कासन के 3 वर्षो के अंदर उपायुक्त को आवेदन पत्र देने पर संक्षिप्त जांच पड़ताल कर वे (उपायुक्त) उन्हें टेनेंसी का दखल पुनः दिला देंगे, अर्थात रैयत को टेनेंसी के दखल में फिर से रख देंगे या जमीन वापस लौटवा देंगे।

धारा 71 A[186] में आदिवासी भूधरियों की भूमि वापसी की बात कही गयी है। धारा 46 में आदिवासी काएमी रैयत द्वारा अपनी जमीन के नाजायज अंतरण को रद्द करने और जमीन के नाजायज खरीददार को निष्कासित करने तथा विक्रेता या उसके वारिश को जमीन पर फिर से दखल दिलाने के कानूनी प्रावधान है। धारा 71 ए में किसी भी श्रेणी के आदिवासी भूधारी द्वारा इस अधिनियम के प्रावधानों का उल्लंघन करते हुए या छल कपट से अंतरण की गई जमीन से नाजायज खरीदार को निष्कासित करने और विक्रेता या उसके वारिस को जमीन का फिर से दखल दिलाने के संबंध में कानून बनाए गए हैं। धारा 46 के अंतर्गत भूमि वापसी की कार्रवाई छोटानागपुर के गैर अनुसूचित क्षेत्र में की जाती है, और धारा 71A के तहत भूमि वापसी की कार्रवाई छोटानागपुर के अनुसूचित क्षेत्र (शेड्यूल्ड एरिया) में की जाती है। धारा 71 A के कानूनी

---

185. Power to replace in possession tenant unlawfully ejected. - If any tenant is ejected from his tenancy or any portion thereof in contravention of section 68 he may, within a period of one year (or, if he is an occupancy - raiyat three years) from the date of such ejectment, present to the Deputy Commissioner an application praying to be replaced in possession of such tenancy or portion; and the Deputy Commissioner may, if he thinks fit, after making a summary inquiry, replace him in possession in the prescribed manner, सतीश कुमार सिन्हा, पूर्वोद्धृत, पृ.62।

186. झारखंड की भूमि व्यवस्था के संदर्भ में सीएनटी एक्ट की यह एक महत्वपूर्ण धारा है। जिसके विषय में आये दिन कुछ खबरें निकल कर आती है। सीएनटी एक्ट की धारा 71(ए) में प्रावधान है कि इस भूखंड के बदले भू-स्वामी को एसएआर कोर्ट उचित मुआवजा देने का आदेश पारित कर सकता है। कोर्ट जमीन वापसी का आदेश भी दे सकता है। 1969 के संशोधन 71(1) में बिहार शिड्यूल एरिया रेग्यूलेशन के तहत आदिवासियों की भूमि वापसी के लिए एसएआर कोर्ट का प्रावधान किया गया। इसमें अनुसूचित जनजाति का कोई सदस्य आवेदन देकर अपनी जमीन वापसी की गुहार लगा सकता है।

प्रावधान इस प्रकार है- विधि विरुद्ध अंतरित आदिवासी की जमीन की वापसी की शक्ति। यदि किसी समय उपायुक्त को यह पता चले कि एक आदिवासी की जमीन का अंतरण धारा 46 या इस अधिनियम के प्रावधानों का उल्लंघन करते हुए अथवा छल प्रपंच के तरीके से किया गया है, तो क्रेता को कारण दर्शाने का पर्याप्त समय देकर तथा इस मामले की आवश्यक जांच पड़ताल के पश्चात क्रेता को बिना किसी प्रकार की क्षतिपूर्ति का भुगतान किए विक्रेता को या उसके उत्तराधिकारी को भूमि वापस कर देंगे और यदि विक्रेता या उसके उत्तराधिकारी नहीं मिले तो उपायुक्त गांव के किसी आदिवासी के साथ गांव के रीत दस्तूर के अनुसार बंदोबस्त कर देंगे।

किंतु यदि क्रेता ने जमीन के अंतरण की तिथि से 30 वर्ष की अवधि के अंदर जमीन पर कोई भवन या संरचना बना लिया हो और विक्रेता ऐसे भवन या संरचना का मूल्य देना नहीं चाहता हो तो उपायुक्त क्रेता को आदेश देंगे कि वे अपना भवन या संरचना 6 महीना के अंदर हटा लें। उपायुक्त 6 महीने की अवधि को बढ़ा (विस्तारित) सकते हैं। किंतु यह अवधि 2 वर्षों से अधिक नहीं हो सकती।

किंतु यदि उपायुक्त संतुष्ट हो जाए कि क्रेता ने होल्डिंग या उसके किसी भाग पर कोई ठोस भवन व संरचना जिसका ₹10000 से अधिक का लागत खर्च है तो इस अधिनियम के अन्य प्रावधानों के रहते हुए भी ऐसे नाजायज अंतरण को वे (उपायुक्त) विनियमित (जायज करार करना, वैधता प्रदान करना) करेंगे। बशर्ते कि क्रेता समान मूल्य की कोई दूसरी जमीन उसी क्षेत्र में विक्रेता को उसके पुनर्वास के लिए उपलब्ध करा देंगे।

परंतु यदि उपायुक्त संतुष्ट हो जाएँ कि विक्रेता ने जमीन पर प्रतिकूल स्वत्व हासिल कर लिया है और यह भी कि जमीन आदिवासी को लौटा ही दी जाए अथवा गांव के किसी आदिवासी के साथ बंदोबस्त कर दी जाए तो विक्रेता या उसके उत्तराधिकारी या किसी अन्य आदिवासी को (जैसी स्थिति हो) जमीन वापस या बंदोबस्त कर देंगे, इसके लिए वे एक रकम निर्धारित करेंगे। ऐसी रकम निर्धारित करने में वे निम्न बातों को ध्यान में रखेंगे या विचार करेंगे

(अ) कितनी रकम में जमीन बेची गई थी

(ब) जमीन का बाजार दर क्या है,

(स) जमीन पर क्रेता ने कोई सुधार कार्य किए हैं या नहीं।

उपरोक्त तथ्यों के आधार पर रकम निर्धारित करने के बाद उपायुक्त विक्रेता को आदेश देंगे कि वह इतनी रकम उनके कार्यालय में जमा कर दें।[187]

71 B के अंतर्गत धारा 46 अथवा इस अधिनियम के प्रावधानों का उल्लंघन करते हुए जमीन धारित करने वाले क्रेता को दंड या सजा देने का प्रावधान किया गया है, जो इस प्रकार है यदि किसी आदिवासी की जमीन धारा 46 अथवा इस अधिनियम के प्रावधानों के उल्लंघन करते हुए अथवा छल प्रपंच के तरीके से किया गया है, और जो व्यक्ति ऐसे नाजायज अंतरण की जानकारी रखते हुए जमीन धारित करता या खेती करता है, तो वह या तो 3 वर्षों के कारावास या ₹1000 के जुर्माना या दोनों प्रकार की सजा का भागी होगा। इस सजा के अतिरिक्त अपने अपराध में बने रहने के कारण प्रतिदिन (जितने दिनों तक वह इस अपराध में बना रहे) जुर्माना का भागी होगा जो प्रतिदिन ₹50 से अधिक नहीं होगा।[188]

छोटानागपुर कास्तकारी अधिनियम 1908 ई., की एक और धारा महत्वपूर्ण है। जिसका उल्लेख करना आवश्यक जान पड़ता है।

धारा 49[189]**:** धारा 49(1) के अनुसार धारा 46, 47 और 48 में अंतर्विष्ट किसी बात के होते हुए भी ऐसा कोई भी अधिभोगी रैयत या भुइँहरी कुटुंब का कोई सदस्य, जो धारा 48 में निर्दिष्ट हो, अपनी भूमि या उसके किसी भाग को निम्नलिखित प्रयोजन के लिए अंतरित) कर सकेगा।

(क) उद्योग
(ख) खनन

रशिम कात्यायन की किताब '*झारखंड लैंड मैन्युअल*' के अनुसार धारा 49 (2) में यह भी कहा गया है कि यदि ऐसा हुआ तो अंतरीति उस अंतरित भूमि को किसी ऐसे प्रयोजन के लिए इस्तेमाल नहीं कर सकेगा, सिवाय उस प्रयोजन के लिए, जिसके लिए अंतरण किया गया हो।

धारा 49 (3) में कहा गया है कि ऐसा प्रत्येक अंतरण रजिस्ट्रीकृत दस्तावेज द्वारा ही किया जाएगा और दस्तावेज की रजिस्ट्रीकृत तथा भूमि का अंतरित

---

187. अल्बिनुस मिंज, वही, पृ. 282।

188. वही, पृ. 282।

189. 1996 में सीएनटी एक्ट की धारा 49 में संशोधन कर उद्योग व खनन के लिए अनुसूचित जनजातियों की भूमि अधिग्रहण का प्रावधान किया गया था।

किए जाने के पूर्व दस्तावेज के बँधेजो और अंतरण पर उपायुक्त का लिखित सहमति अवश्य प्राप्त कर ली जाएगी।

धारा 49 (4) ऐसे किसी अंतरण पर सम्मति देने के पूर्व, उपायुक्त अपना यह समाधान कर लेगा कि अंतरण द्वारा भू - स्वामी को हुई किसी हानि (यदि कोई हो) के लिए उसे पर्याप्त प्रतिकर दे दिया गया है, और, जहां किसी जोत या भुधृति का केवल एक अंश ही अंतरित किया गया हो वहां, यदि वह उचित समझे तो, जोत या भूधृत्ति के लिए देय लगान को अंतरिती तथा मूल अभिधारी के बीच प्रभाजित कर सकेगा।

धारा 49 (5) राज्य सरकार, उस तारीख से, जिस तारीख को किसी ऐसे अधिभोगी रैयत की, जो अनुसूचित जनजाति का सदस्य हो, जोत या उसके भाग के अंतरण, के बारे में उपायुक्त द्वारा लिखित सम्मति दी जाय, बारह वर्ष की कालावधि के भीतर किसी भी समय या तो स्वप्रेरणा से या इस निमित्त किये गये आवेदन पर ऐसी लिखित सम्मति को उस दशा में अपास्त कर सकेगी और अंतरण को वातिल कर सकेगी जबकि विहित रीति से जांच करने के पश्चात् और मामले में संबद्ध पक्षकारों को सुनवाई का युक्तियुक्त अवसर देने के पश्चात् वह इस निष्कर्ष पर पहुंचे कि सम्मति उप - धारा (1) और (2) के उपबंधों के उल्लंघन में दुर्व्यपदेशन या कपट द्वारा अभिप्राप्त की गयी थी और उस दशा में जबकि ऐसी लिखित सम्मति के आधार पर कोई जोत या उसका भाग अंतरित कर दिया गया हो। उपायुक्त धारा 46 की उप - धारा 4 (क) के खंड (ग) के अधीन आगे आवश्यक कार्रवाई करने के लिए निर्देश दे सकेगा।[190]

इन भूमि संबंधी समस्याओं के निवारण हेतू स्पष्ट धाराओं के होने के बावजूद जमीन की नाजायज खरीद बिकी जारी रही, इस कारण 1908 ई. के बाद भी भूमि संबंधी समस्याए पूरी तरह समाप्त नहीं हुई। क्योंकि इन सभी समस्याओं के पूर्ण समाधान न होने के कारण 1914 ई. में टाना भगत आदोलन शुरू हुआ जिसके मूल में भूमि संबंधी समस्या वर्तमान थी।

अल्बिनुस मिंज अपनी पुस्तक *'झारखंड विरासत'* में भूमि के नाजायज अंतरण का कुछ उदाहरण भी प्रस्तुत करते है। भूमि के नाजायज अंतरण अर्थात गलत तरीके से खरीद बिक्री के कुछ उदाहरण इस प्रकार है

1. *उपायुक्त की अनुमति के बिना जमीन बेचना या खरीदना,*
2. *गैरआदिवासियों के पास जमीन बेचना या दान करना*

190. रशिम कात्यायन, पूर्वोद्धृत, पृ.118।

3. *बिना रजिस्ट्री के जमीन की खरीद - बिक्री करना*
4. *सादे कागज पर लिखा पढ़ी कर जमीन बेचना या खरीदना*
5. *जमीन की मौखिक खरीद - बिक्री करना*
6. *साठ-गांठ कर बनावटी दीवानी (टाईटल सूट) द्वारा जमीन का हक छोड़ना या गलत सुलहनामा द्वारा जमीन का हक छोड़ना*
7. *आदिवासी महिला से विवाह कर उसके नाम पर गैरआदिवासियों द्वारा जमीन खरीदना*
8. *छल प्रपंच एंव अन्य विधियों द्वारा जमीन का अंतरण करना।*[191]

इस प्रकार के अनेक उदाहरण हैं जिसके द्वारा आदिवासियों की भूमि का अंतरण हो रहा है एवं सीएनटी एक्ट 1908 ई. का उल्लंघन हो रहा है।

आदिवासियों की भूमि के सुरक्षा कवच सीएनटी एक्ट 1908 में कई संशोधन भी किये गए थे। वास्तव में इससे आदिवासी एवं मूलवासी समुदाय को कोई विशेष लाभ नहीं हुए थे। इसके विपरीत गैर जनजातीय दबाव में किये गए संशोधन बाहरी आबादी को यहाँ बसाने में लाभदायक सिद्ध हुए। साथ ही यहाँ के मूलवासियों का विस्थापन बढ़ता चला गया। 1908 से 1947 ई. के बीच जो संशोधन किए गए उनकी संक्षिप्त जानकारी निम्न है-

1. द बिहार एंड उड़ीसा पब्लिक डिमांड्स रिकवरी 1914 (बी&ओ एक्ट 4, 1914)।
2. द डेभोल्यूशन (हस्तांतरण) एक्ट 1920 (38,1920)।
3. द छोटानागपुर टेनेंसी (एमेंडमेंट) (संशोधन) एक्ट 1920 (बी&एक्ट 6, 1920)।
4. द छोटानागपुर टेनेंसी (एमेंडमेंट) (संशोधन) एक्ट 1923 (बी&ओ एक्ट 5, 1923)।
5. द छोटानागपुर टेनेंसी एक्ट (एमेंडमेंट) (संशोधन) एक्ट 1929 (बी &ओ एक्ट 3, 1929)।
6. द गवर्नमेंट ऑफ इंडिया (अडेप्शन ऑफ इंडियन लॉस) आर्डर, 1937।
7. द छोटानागपुर टेनेंसी (एमेंडमेंट) एक्ट 1938 (बिहार एक्ट 2, 1938)।
8. छोटानागपुर टेनेंसी (एमेंडमेंट) एक्ट 1940 (बिहार एक्ट 3, 1940)।
9. द छोटानागपुर टेनेंसी (एमेंडमेंट) एक्ट 1947 (बिहार एक्ट 25, 1947)।

---

191. अल्बिनुस मिंज, पूर्वोद्धृत, पृ. 253।

1947 ई. तक भारत की स्वाधीनता से पूर्व जमीन्दारी व्यवस्था के अन्तर्गत अनुसूचित जनजाति सदस्यों की भूमि का अन्तरण किये जाने का कोई प्रावधान नहीं था, लेकिन इसके विपरीत भूमि का अंतरण होता चला गया। छोटानागपुर काश्तकारी अधिनियम 1908 ई.के प्रावधानों द्वारा जनजातिय भूमि को कुछ शर्त्तों के साथ ही दूसरे जनजातिय लोगों या सरकारी कार्यो के लिए भूमि की अन्तरण की व्यवस्था की गई थी, लेकिन बाद में चलकर इस कानून का दुरुपयोग कर भूमि का अंतरण किया जाने लगा। इसके लिए सबसे सरल एंव सहज उपाय यह था कि जमीन्दार, खरीदार एंव रैयत आपस में मिलकर एक हो जाते थे एंव अनुसूचित जनजाति का सदस्य अपनी भूमि जमीन्दार को इस्तीफा कर दिया करता था, और जमीन्दार बड़ी सावधानी से उसे दूसरे व्यक्ति के साथ बन्दोबस्त कर दिया करता था। कभी-कभी जमीन्दार रैयत के बाहर जाने की स्थिति का लाभ उठाते हुए उसके रैयती होल्डिंग पर प्रवेश कर जाता था और पुनः उसे दूसरे रैयत के साथ उस भूमि का बन्दोबस्त कर दिया करता था। इस तरह से बड़ी चालाकी से कानून का उलंघन कर भूमि के अतंरण का कार्य चल रहा था। इसके अतिरिक्त एक और विधि भी थी जिसके आधार पर जनजातिय भूमि गैर आदिवासी के पास चली जाती थी वह था, लगान के बकाया रहने पर होल्डिंग को निलाम कर दिया जाता था।[192] सीएनटी एक्ट में बहुत से छिद्र करके इसकी मूल भावना को कमजोर कर दिया गया है। छोटानागपुर काश्तकारी अधिनियम 1908 ई.को यथावत बनाए रखा नहीं जा सका। आवश्यकता एंव सुविधानुसार इस अधिनियम में व्यापक परिवर्तन किए गए पर ऐसा प्रतित होता है कि इन संशोधनों से आदिवासियों को कोई विशेष लाभ प्राप्त नहीं हुआ।

सीएनटी एक्ट को झारखंड के आदिवासी एवं मूलवासियों का सुरक्षा कवच माना जाता है। यह एक ऐसा कानून है जो रैयतों की भूमि की सुरक्षा के साथ ही आदिवासियों की संस्कृति, भाषा, परंपरा, रूढ़ि एवं सबसे प्रमुख उनकी स्वायत्तता को बनाये रखने में उनकी सहायता करती है। भले ही दूसरों के लिए सीएनटी एक्ट एक कानून हो और भूमि को वह एक संपत्ति मात्र समझता हो पर एक आदिवासी के लिए यह भूमि उनकी संपत्ति के साथ उसके अस्तित्व का एक प्रमुख भाग है। जिसके बिना आदिवासी जीवन अधूरा है। सीएनटी एक्ट छोटानागपुर के वीर शहीदों के बलिदान का परिणाम है जिसके विषय मे जानकारी रखना अत्यंत आवश्यक है। आज जब सीएनटी एक्ट के 100 वर्ष से

---

192. छोटानागपुर एवं सन्थाल परगना काश्तकारी अधिनियम, पूर्वोद्धृत, पृ. 61।

ऊपर हो गए है। कई लोग इसके संबंध में अलग अलग विचार रखते है। एक वर्ग यह मानता है कि यह अंग्रेजी कानून है। इस कानून के कारण आदिवासी एवं यहाँ के बाशिंदों का सम्पूर्ण विकास नहीं हो पा रहा है इसलिए इस कानून को पूर्णतः समाप्त कर नया भूमि कानून लाने की आवश्यकता है। इसलिए आये दिन इस कानून में संशोधन एवं इसकी मूल भावना के खिलाफ कार्य करने के प्रयास किये जाते है। दूसरा वर्ग है जो सीएनटी एक्ट में किसी चुनिंदा धारा में किसी प्रकार के संशोधन या नए भूमि कानून के खिलाफ है। सर्वप्रथम यह याद रखने की आवश्यकता है कि भूमि आदिवासियों की रीढ़ है। भूमि के बिना आदिवासी अस्तित्वविहीन है। जिन लोगों को छोटानागपुर के इतिहास की सम्पूर्ण जानकारी नहीं है वे ही इस कानून के संबंध में भ्रामक बातें करते है। सीएनटी एक्ट में कई ऐसे प्रावधान है जो आदिवासी एवं मूलवासी समुदाय को अपने अधिकारों से जोड़े रखता है। यदि कल्पना करें कि यह कानून न होता तो अधिकांश आदिवासी अपनी भूमि से कब के विस्थापित हो चुके होते और उनका अस्तित्व समाप्त हो गया होता। यहाँ पर यह भी विचारणीय है कि इस कानून के होते भी आदिवासी भूमि गैर आदिवासियों को प्राप्त हो जा रही है। ऐसा क्यों हो रहा है ऐसा इसलिए हो रहा है कि इस कानून में कई ऐसे छिद्र कर दिए गए है जो इसकी मूल भावना के खिलाफ है साथ ही इस कानून का पालन करवाने की जिम्मेदारी जिनकी है, उनकी निष्क्रियता के कारण छल, प्रपंच, लालच, डरा धमकाकर एवं एक्ट की गलत व्याख्या कर भूमि का हेर फेर धड़ल्ले से किया जा रहा है। वास्तव में इतिहास की सही जानकारी के अभाव का यह परिणाम है कि बहुत से लोगों को इस एक्ट की उत्पत्ति एवं इसके पीछे के शोषण की वास्तविक गाथा की जानकारी नहीं है। यदि 100 वर्ष के बाद इस सीएनटी एक्ट का मूल्यांकन होना चाहिए तो इस बात का मूल्यांकन किया जाना चाहिए कि इस कानून को कमजोर करने के तत्व कहाँ कहाँ है। यदि किसी धारा में बदलाव की आवश्यकता है तो इससे भविष्य में इस कानून के सुरक्षित रहने की कितनी संभावना है उदाहरण के लिए धारा 46 थाना की बाध्यता, वर्तमान में थानों की संख्या बढ़ चुकी है और इनका दायरा आज से 100 वर्ष पहले की अपेक्षा कम हो गया है। इस तरह के कुछ सूक्ष्म बिंदुओं पर गहनता से विचार कर उपाय किया जा सकता है। कुछ प्रश्नों पर चिंतन मनन आवश्यक है। क्या आज इस कानून में बदलाव की आवश्यकता है यदि है तो भविष्य में यह आदिवासी भूमि सुरक्षा कवच को क्या और अधिक मजबूत करेगा इसकी क्या गारंटी है? यदि किसी सूक्ष्म संशोधन की आवश्यकता है तो

क्या इसमें कोई बाहरी दबाव है एवं इस कानून के बने रहने या नहीं बने रहने से किसे फायदा और किसे नुकसान होगा। इन प्रश्नों पर बारीकी से मंथन की आवश्यकता है। आज सीएनटी एक्ट कह रहा है मुझे नई पीढ़ी को राह दिखाना है यह तभी सम्भव है जब मेरे अस्तित्व को मेरे मूल भावना के साथ रहने दिया जाय। मेरी मूल आत्मा इसके अस्तित्व के साथ जुड़ी है। मुझे भूल मत जाना मेरे अंदर इतिहास है, बलिदान है, संघर्ष है, इसलिए मैं आदिवासी मूलवासी भूमि का सुरक्षा कवच हूँ, मैं सीएनटी एक्ट 1908 हूँ।

तृतीय अध्याय

टाना भगत आन्दोलन और राजस्व की समस्या

भारतीय इतिहास में *टाना भगत आंदोलन* 1914 ई. का एक महत्वपूर्ण स्थान है। भारत की स्वतंत्रता से पूर्व छोटानागपुर की धरती पर बिरसा के उलगुलान के उपरांत यह *आदिवासियों* का व्यापक आंदोलन रहा था, जिसका प्रारंभिक क्षेत्र सीमित था, लेकिन कालांतर में इस आंदोलन की दशा और दिशा *भारतीय स्वतंत्रता संग्राम* के साथ जुड़ गई। यह आंदोलन जनजातियों के प्रमुख समस्या भू समस्या के साथ शुरू हुई और धीरे-धीरे इस आन्दोलन के उदेश्य और इसके लक्ष्य के स्वरुप में व्यापक परिवर्तन आ गए, चूँकि कालांतर में टाना भगत, *अखिल भारतीय कांग्रेस पार्टी* द्वारा चलाए जा रहे स्वतंत्रता संग्राम से मुख्य रुप से जुड़ गए थे।[193]

टाना भगतों का आंदोलन कोई एक त्वरित प्रतिक्रिया नहीं थी, बल्कि इसके पीछे सदियों से चली आ रही शोषण की प्रवृति इसका मुख्य कारण थी। टाना भगत आंदोलन से पूर्व के छोटानागपुर के इतिहास पर दृष्टि डाला जाए, तो हम पाते हैं कि नागवंशी राजा *दुर्जनशाल* के बाद से ही जनजातियों के पारंपरिक भूमि व्यवस्था में परिवर्तन होते गए। छोटानागपूर के राजा मुगलिया दरबार की शान-शौकत की तर्ज पर अपना राजदरबार सजाने के लिए प्रतिदिन महत्वकांक्षी होते जा रहे थे। इस महत्वकांक्षा का ही परिणाम था कि बिहार एवं मध्य प्रदेशों से राजपुतों, ब्राह्मणों, कायस्थों आदि दरबारियों को बुलाकर छोटानागपुर क्षेत्र में बसाया गया और इनके खर्च को संभालने के लिए इनकी सेवा के बदले में

193. उमेश कुमार वर्मा, झारखंड के जनजातीय आंदोलन, सुबोध ग्रंथमाला, राँची, 2009,पृ.319।

इन्हें गाँव की जमींदारी या जागीरें प्रदान की गई। अनुदान में दिए गए इन गाँवों पर राजा का नाम का अधिकार होता था।[194] 1765 ई. में अंग्रेजों द्‌वारा *उड़ीसा, बंगाल और बिहार* की दीवानी प्राप्त कर लेने के बाद जनजातिय भूमि व्यवस्था में और जटिलता आती गई। जमींदारी, सूदखोरी और नये भूमि कानून से मुक्ति पाना अब जनजातियों का प्रमुख लक्ष्य बन गया। इसी के परिणामस्वरुप एक नया धार्मिक आन्दोलन उराँवों[195] द्‌वारा प्रारम्भ किया गया, जिसे *कुड़ुख धर्म* या *कुड़खों का धर्म*[196] कहा गया, इस नये मत के प्रचारक द्‌वारा अपने अनुयायियों को यह बताने का प्रयास किया गया कि उरॉवों के सर्वाच्च देवता *धर्मेश*[197] की उपासना करने से वे अपनी वर्तमान गिरी हुई अवस्था से उपर उठ सकते हैं। उन्होंने अपने अनुयायियों को यह भी बताने का प्रयास किया कि आज उनकी जो गिरी हुई अवस्था है, इसके लिए वे पुराने देवता ही जिम्मेदार हैं जो अब बिल्कुल शक्तिहीन हो चुके थे। इसलिए उन पुराने देवताओं या बोंगाओं या आत्माओं को उराँव क्षेत्र से निष्कासित भी कर देना चाहिए।[198]

वास्तव में ये टाना भगत अपने पड़ोस के हिन्दुओं और ईसाईयों के उच्च स्तर के जीवन शैली से प्रभावित हुए थे और अपने हीन एवं क्षीण जीवन स्तर से बाहर निकलना चाहते थे[199] परिस्थिति केवल यही तक सीमित नहीं थी। उस समय भूमि संबंधी समस्या, नये भूमि कानून एवं राजस्व की समस्या भी एक बड़ी समस्या थी और ये उराँव ये समझ नहीं पा रहे थे कि इन समस्याओं का निदान कैसे हो।

---

194. आर. गुहा, ए रूल ऑफ प्रॉपर्टी फ़ॉर बंगाल, मार्टिन एंड कंपनी ओसलो, 1963, पृ.83।

195. झारखंड की दूसरी बड़ी आदिवासी आबादी उरांवों की है जो झारखंड की कुल जनसंख्या का लगभग 18.14% है। यह भारत की चौथी सर्वाधिक जनसंख्या वाली जनजाति है। यह पूर्वी भारत के विस्तृत क्षेत्र में फैले हुए हैं जिनमें से अधिकांश झारखंड के छोटा नागपुर पठार पर केंद्रित है। ये झारखंड के बाहर असम, पश्चिम बंगाल, उड़ीसा, मध्य प्रदेश और उत्तर प्रदेश मे निवास करते हैं। उरांव अपने को कुरूख कहते हैं। उरांव शब्द गैर आदिवासियों द्‌वारा दिया गया है। उरांव जनजाति का संबंध द्रविड़ प्रजाति समूह से है। उनकी त्वचा का रंग गहरा भूरा, बाल काले, आंखें काली, नाक चौड़ी, सिर लंबा तथा कद छोटा होता है।

196. Accordingly they named their new reformed faith- the "kurukh Dharam" or the real religion of the kurukhs or Oraons. They also call their religion the 'Bhakt' or 'Bhakti' religion (Literally, religion of love or devotion). From the frequent use of the word "tano" and "tana" ("pull" and "pulling") in their hymns, they came to be called "Tanas" or "Tana Bhagats" by their neighbours, एस. सी. राय, ओराँव रिलिजन एंड कस्टम, राँची, 1928, पृ.341।

197. उरांवों के सर्वोच्च देवता धर्मेश है -जिन्हें जीवन तथा प्रकाश देने में सूर्य के समकक्ष माना जाता है।

198. रेखा ओ धान, द प्रोब्लेम्स ऑफ द टाना भगतस ऑफ राँची डिस्ट्रिक्ट, बुलेटिन ऑफ दी बिहार ट्राइबल रिसर्च इंस्टीट्यूट, पृ.152-160।

199. बी.विरोत्तम, झारखंड: इतिहास एवं संस्कृति, बिहार हिंदी ग्रंथ अकादमी, पटना, 2004, पृ.351।

वैसे इस आंदोलन से पूर्व भी विभिन्न जनजातियों द्वारा अपने भूमि संबंधी समस्या को लेकर कई आंदोलन एवं विद्रोह किए गए और परिणामस्वरुप बिरसा आंदोलन के बाद 1908 ई. में *छोटानागपुर काश्तकारी कानून* (बंगाल अधिनियम VI 1908) को पारित कर छोटानागपुर के जनजातियों को कुछ राहत देने का प्रयास अंग्रेज प्रशासकों द्वारा किया गया। लेकिन फिर भी जनजातियों के सम्पूर्ण समस्या का समाधान संभव न हो सका। टाना भगत आंदोलन की विशेषता यह रही थी कि इस आंदोलन के मूल में न केवल सामाजिक बल्कि धार्मिक एवं आर्थिक समस्या भी मुख्य केन्द्र बिन्दु में थी। ये उराँव अपनी सामाजिक, आर्थिक एवं धार्मिक स्थिति से संतुष्ट न थे, और इसलिए उन्होंने *धर्मेस* (उरांवों के सर्वोच्च देवता) को छोड़कर बाकी सभी देवताओं को निष्कासित कर देने का आहवान किया।[200] ये जमींदार, सूदखोर एवं अंग्रेज प्रशासकों की नीति से असंतुष्ट थे। उन्होंने *बेगारी* में काम न करने का अह्वान किया। जिससे वे स्थानीय राजा जमींदारों एवं प्रशासको के निशाने पर आ गए।

वस्तुतः इस आन्दोलन का प्रारंभ धार्मिक सामाजिक एवं आर्थिक उद्देश्यों की पूर्ति को लेकर हुआ था, लेकिन समय के बढ़ने के साथ इस आंदोलन के स्वरुप में भी परिवर्तन होते गए और अततः भारत की आज़ादी, वर्ष 1947 ई. तक इस आदोलन का स्वरुप राजनीतिक हो गया।

1912 ई. एवं 1913 ई. के आसपास *विशुनपुर* एवं इसके आसपास के उरांवों को मजदूरी के लिए *नेतरहाट* ले जाया जा रहा था। *नेतरहाट* पलामू जिला का एक सुंदर एवं प्राकृतिक मनोरम दृश्य प्रस्तुत करने वाला एक छोटा सा जगह था। जिसकी समुद्र तल से उँचाई 3500 फीट है। इस जगह को अंग्रेज गवर्नर के ग्रीष्मकालिन आरामगाह के रुप में चुना गया था। इस जगह पर गवर्नर के लिए आवास का निर्माण किया जाना तय किया गया। इस जगह पर पहुँचने के लिए एक पहाड़ को पार करना पड़ता अत: पहाड़ पर सड़क बनाने एवं नेतरहाट में सरकारी बंगले के निर्माण के लिए बड़ी संख्या में उरॉवों को *बेगारी*[201] में काम पर लगाया गया। अंग्रेज एवं जमीदारों के सॉठ - गांठ से इन उराँवों के साथ अमानवीय व्यवहार किया जा रहा था। कृषि कार्यो के दिनों में उरॉव बड़ी संख्या में अपने खेतों में व्यस्त रहते थे। लेकिन फिर भी अंग्रेजों को इन उराँवों से कोई सहानुभूति नहीं थी। उस समय स्थानीय पुलिस सामान्य अभ्यास के

200. वही।

201. 'बेगारी' से तात्पर्य था मुफ्त में काम करवाने की परंपरा।

लिए *डालटनगंज* शहर जाया करती थी और उराँव लोगों को उनके सामान ढोकर पैदल ही सात मील दूर *डालटनगंज* की दुर्गम पैदल यात्रा करनी पड़ती थी। इससे उरांवों को कष्ट झेलना पड़ रहा था। उराँव विभिन्न सरकारी कानून एवं नियमों से अनभिज्ञ थे तथा न्याय पाने के लिए जो कोर्ट स्थापित किए गए थे। ये भी उनकी पहुँच से काफी दूर थे, कारण यह था कि ये कोर्ट काफी महंगे थे। जिसका खर्च उराँव नहीं उठा सकते थे। साथ ही ये इनके निवास स्थल से काफी दूर थे। इन अशिक्षित उरांवों के इसी मजबूरी का लाभ उठाकर स्थानीय पुलिस, जमींदार एवं ठेकेदार इनका शोषण कर रहे थे।[202]

टाना भगत आंदोलन के जनक *जतरा* का जन्म विशुनपुर प्रखण्ड के *चिंगरी* (नवाटोली) में आखिल माह की अष्टमी तिथि को सन 1888 ई. में हुआ था। इनकी माता का नाम *लिबरी* तथा पिता का नाम *कोडल उरॉव* था। इनका बाल्यकाल साधारण परवरिश में बिता था। जतरा भगत की पत्नी का नाम *बंधनी* था। इनके चार पुत्र थे *बुधु, बंधु, सुधू* और *देशा*। इनकी दो पुत्री थी -*बिरसो* और *बुधनी*। जतरा जब 25 वर्ष के थे तब मत्ति झाड़फूंक (तंत्र - मंत्र) की विद्या सीखने के लिए *तुरिया टोप्पो* के यहाँ जाने लगे। इसी समय में एक दिन वह एक वृक्ष पर चिड़िया का अण्डा उतारने के लिए चढ़े तो वह अण्डा नीचे गिरकर फूट गया। उसमें से जो तरल पदार्थ गिरा उसको देखकर जतरा भगत को लगा कि यह उसने क्या किया, यह तो उसके द्वारा जीवहत्या है। उसी दिन से उसने प्रण किया कि वह जीवहत्या नहीं करेगा, इसके बाद अप्रैल माह 1914 ई. में एक दिन जब जतरा मति ओझा का गुण सीखने के लिए जा रहा था तो *हेसराग* के निकट *गुरदाकोना* पोखरा में नहाने के समय जतरा को आत्मबोध हुआ और जब वे पानी से बाहर निकले तब उनका चेहरा दमक उठा और उन्होंने कहना शुरु किया -

टाना बाबा भुतनी के टाना / टाना टन टाना
कासा पीतर मना दोना पतरी खाना,
मांस मदिरा मना, दारु मना
टाना बाबा टाना[203]

---

202. फिलिप एक्का, ट्राइबल मूवमेंट-ए स्टडी इन सोशल चेंज, टी.आ.डी. सी. जशपुर, 2003, पृ.221।

203. विजययाणी पांडेय, (संपादक:सुधीर पाल) झारखंड इनसाइक्लोपीडिया, हुलगुलानो की प्रतिध्वनियां, वाणी प्रकाशन, नई दिल्ली, 2008, पृ. 215।

जतरा ने घोषणा की कि *धर्मेश* ने उसे उराँवों को मंत्र सिखाने के लिए भेजा है। उनका मंत्र था - *टाना बाबा टाना, टानटोन नाना।* अर्थात- *हे भगवान हमें अपनी ओर खींचो और अनहित को टुकड़े - टुकड़े कर दो।*[204]

1914 ई. में इस संवेदनशील युवक ने यह घोषणा की उसे उराँवों के सर्वोच्च देवता *धर्मेश* से यह आज्ञा मिली है कि अब उरॉव भूत - प्रेत में विश्वास करना, उनकी उपासना करना छोड़ दे, जानवरों की बलि देना बंद कर दे, वह मांस - मदिरा का परित्याग कर दे, खेतों में हल चलाना बंद कर दे क्योंकि इससे गाय बैलों को केवल तकलीफ होती है और अकाल एवं गरीबी से भी छुटकारा नहीं मिल पाता है।[205] पारंपरिक नृत्य बंद कर दे एवं आभूषण पहनना एवं शरीर में *गोदवाना* (पारपरिक चिन्ह)[206] बन्द कर दें। युवा जतरा ने लोगों से यह भी कहा कि धर्मेश नहीं चाहते है कि उरॉव जमीदारों, अन्य धर्मावलंबियों तथा गैर जनजातियों के यहाँ कुली, मजदूरी, बैठ, बेगारी या उनके खेतों में हल जोते। जतरा ने यह घोषणा की कि धर्मेश ने उसे उरांवों का नेतृत्व सौपा है और उन्हें समझाया कि धर्मेश कि अराधना करें। इसके बाद जतरा के कई अनुयायी बन गए जिनको जतरा ने प्रेरणादायक गीत एवं मंत्रों को सिखाना शुरु किया, जिससे वे दुष्ट भूत प्रेतों को अपने बीच से दूर कर सके। बहुत कम समय में ही जतरा के कई अनुयायी बन गए। अब उराँव लोगो के बीच जतरा एक पैगम्बर के रुप में विख्यात हो गए। जो अपने उराँव भाई - बहनों को उनकी शोचनीय एवं गिरी हुई अवस्था से उपर उठाने का प्रयास करने लगे। शायद यह कहा जा सकता है कि जतरा ने उराँवों के मन में उरॉवों के सम्मान एवं धर्म की श्रेष्ठता को स्थापित करने की जो भावना थी उसे जतरा ने पूर्ण करने का प्रयास किया था और इस में वह काफी हद तक सफल भी हुआ।[207]

जिस समय जतरा उराँव को यह आत्मबोध हुआ उस समय जतरा मति ओझा का गुण सीख रहे थे। तंत्र मंत्र सीखने के क्रम में ही जतरा को अचानक आत्मज्ञान हुआ और जतरा को यह बात विचलित करने लगी कि यदि तंत्र मंत्र के द्वारा बड़ी बीमारियाँ ठीक हो सकती है, तो क्यों न इसके द्वारा उराँव

204. एस. सी. राय, ओराँव रिलीजन एंड कस्टम, पूर्वोद्धृत, पृ.341।

205. बी. विरोत्तम, पूर्वोद्धृत, पृ.347।

206. झारखंडी संस्कृति का एक अन्य स्वरूप गोदना प्रथा है गोदना का अर्थ शरीर पर निशान बनाने से है। इस संबंध में एक मान्यता थी कि मृत्यु के बाद गहने साथ नहीं जा सकते गोदना गहना ना तो चोरी किया जा सकता है और ना ही उतरवा कर रखा जा सकता है गुदना गहना उसकी अपनी संपत्ति है जो शरीर के नष्ट हो जाने पर उसके साथ ही समाप्त हो जाएगी।

207. रविन्द्र कुमार भगत, टाना आंदोलन के जनक जतरा, राँची एक्सप्रेस, 2 अक्टूबर, 1988।

समाज के अन्दर एवं बाहर जो अत्याचार एवं बुराईयां है उसको सही किया जाए। उस समय उराँव समाज अग्रेजी राज के अत्याचार से त्रस्त था, जमीदारों के यहाँ बेगारी करनी पड़ती थी। समाज में तरह - तरह के अंधविश्वास एवं कई प्रकार की सामाजिक कुरितिया उरॉव समाज को खोखला बना रही थी। अतः इस पीड़ित उराँव समाज को रास्ता दिखाने का संकल्प लेकर यह युवा जतरा उराँव अब जतरा भगत बन गया।[208]

इन सब घटनाक्रम के बाद जतरा के कई अनुयायी बन गए। जतरा ने इन्हें प्रेरणादायक दैवीय प्रार्थनाएँ सिखायी। प्रेतबाधा से मुक्ति के लिए मंत्र भी सिखाया एवं बीमारी से मुक्ति और दुष्ट आत्माओं की शक्ति को निष्क्रिय करने की विधि भी सिखायी। उसने कड़े शब्दों में यह चेतावनी दी कि यदि जो व्यक्ति उसकी बातों को मानने से इकार कर देगा उसके ऊपर शीघ्र विपत्ति आ जाएगी। उसने यह भी दावा किया कि सभी गैर जनजातिय लोग उराँव राजा द्वारा बेदखल कर दिए जाएंगे। जतरा ने एक नये *उराँव राज* की कामना की और स्वयं को उसका पहला उराँव राजा घोषित किया। उसने अपने अनुयायियों से अंग्रेज प्रशासक एवं पुलिस की आज्ञा को मानने से इंकार करने को कहा और साथ ही उराँवों को यह भी निर्देश दिया कि वे जमींदारों और गैर जनजातिय लोगों के यहाँ बैठ बेगारी से मना कर दे एवं उन्हें किसी प्रकार का राजस्व न चुकाए। यहीं से राजस्व की समस्या उत्पन्न हुई।

जतरा भगत ने जो इस आंदोलन के प्रणेता थे, उन्होंने एक नया आन्दोलन शुरु कर दिया था। अब यह आंदोलन समूचे उराँव क्षेत्र में आग की तरह फैलने लगा। उराँव लोगों ने जमींदार, सेठ, साहूकार एवं अन्य गैर जनजातियों के यहाँ काम करना बंद कर दिया। इन उराँवों ने राजस्व चुकाने से इंकार कर दिया। अपने अनुयायियों को भड़काने के अपराध में जतरा को उनके सात अनुयायी *गूंगा किण्डो, मगही तिर्की, लक्ष्मण तिर्की, सोमना कुजूर, मगही किन्डो, अंजू कछुआ और हलुमान किण्डो* के साथ गिरफ्तार कर गुमला के अनुमंडल पदाधिकारी की कचहरी में मुकदमा के लिए उपस्थित किया गया। 1916 ई. में जतरा भगत को एक वर्ष की सजा हुई और बाद में उसे इस शर्त पर छोड़ा गया कि वह अपने नये सिध्दान्तों का प्रचार-प्रसार नहीं करेगा और शांति बनाए रखने में अपना योगदान देगा।[209] कहा जाता है कि जेल से बाहर

---

208. बी. विरोत्तम, पूर्वोद्धृत, पृ.347।

209. फिलिप एक्का, पूर्वोद्धृत, पृ.223।

आने के दो वर्ष बाद उसकी मृत्यु हो गई। लेकिन जतरा ने जो आन्दोलन शुरु किया था वह तेजी से फैलने लगा। राँची जिले के अलग-अलग भागों में उसके किसी न किसी अनुयायी ने नेतृत्व संभाल लिया था। यह नया आन्दोलन तेजी से चारों ओर अग्रसर हुआ जिसके मार्ग को अवरुध्द करना कठिन हो गया था। 1916 ई॰ के अन्त तक यह आन्दोलन राँची जिला के दक्षिणी -पश्चिमी भागों में पश्चिमी और मध्य भागों को पार करता हुआ उत्तरी क्षेत्रों में फैल गया, विशेषकर *लोहरदगा, सिसई, लापुंग, बेड़ो, कुडू* और *मांडर* थाना तक यह फैल गया। उत्तर की ओर यह *पलामू जिला* तक फैल गया।[210]

जतरा भगत की ही समकालीन एक उराँव महिला जिसका नाम *देवमनियाँ* था। जो बतकुरी गाँव, घाघरा थाना, राँची जिला से सबंधित थी। किसी दिन स्नान के लिए गाँव के तालाब में गई। काफी समय बाद जब वह वापस घर नहीं आई तब उसके चिन्तित पति ने उसे ढुंढते हुए तालाब के तट पर अर्ध चेतन अवस्था में पाया। वह आत्मिक अनुभूति से विभोर होकर बार - बार इन शब्दों का उच्चारण कर रहीं थी- "बम - बम - बम" इस शब्द का प्रयोग प्रायः महादेव की उपासना के लिए किया जाता था। उसने विश्वास के साथ यह दावा किया कि उसे देवता के दर्शन प्राप्त हुए हैं। इस घटना के बाद उस महिला ने भक्ति के नये मार्ग का प्रचार करना शुरु किया जो कि वास्तविक रूप में जतरा भगत के मार्ग से बिल्कुल मिलता - जुलता था।[211] राँची जिले के कई भागों में इस आंदोलन के नेतृत्वकर्ता सामने आए जिन्होंने जतरा के बताए रास्ते पर चलने का आहवान किया। इन्होंने जमींदारों एवं साहूकारों के यहाँ बैठ बेगारी से मना कर दिया एवं लोगों को राजस्व चूकाने से भी मना किया। जिससे ये सरकार के निशाने पर आ गए।

टाना भगतों ने राजा के समक्ष चार प्रस्ताव रखे थे

- *उन्हें स्वाशासन प्रदान किया जाए।*
- *राजा का पद समाप्त कर दिया जाए।*
- *समानता स्थापित हो।*
- *भूमि कर समाप्त किया जाए क्योंकि भूमि ईश्वर प्रदत्त है।*

210. रेखा ओ धान, पूर्वोद्धृत, पृ. 152-160।

211. एस. सी. राय, पूर्वोद्धृत, पृ.343।

इन सभी प्रस्तावों में चौथा प्रस्ताव विशेष रुप से महत्वपूर्ण है। टाना भगत आंन्दोलन के नेता जतरा भगत ने लोगों को आह्‌वान किया था कि उरॉव गैर जनजातियों के भूमि पर बैठ बेगारी न करे, उन्हें किसी प्रकार का राजस्व न चुकाए क्योंकि भूमि ईश्वर प्रदत्त है, जिसे उनके पूर्वजों ने दुर्गम जंगल एवं पहाड़ों को काट कर, तैयार किया था। इसलिए उन सभी भूमि पर उनका अधिकार था और वे उसके वास्तविक स्वामी थे। लेकिन ब्रिटिश राज्य प्रारंभ होने के बाद छोटानागपुर के शासक अंग्रेज बन गए थे। जिन्हें इन भोले-भाले टाना भगतों ने अपना शासक मानने एवं राजस्व चुकाने से इंकार कर दिया।

राजा ने भगतों के प्रस्तावों को मानने से इंकार कर दिया जिससे टकराव की स्थिति उत्पन्न हो गई।[212] छेछाड़ी घाटी[213] में इस आन्दोलन का प्रसार *सामरी पाठ* नामक स्थान से हुआ था जो कि धीरे - धीरे पूरे छेछाड़ी घाटी में फैल गया। *बहेराटोली* गाँव को छेछाड़ी घाटी के टाना भगतो का नया केन्द्र बनाया गया। इस गाँव के उत्तर में एक बड़ा सम्बल का पेड़ था जहाँ उन्होंने अपना मंडप बनाया। टाना भगतो ने प्रत्येक *वृहस्पतिवार* को एक जगह इकट्ठा होकर धार्मिक विधान संपन्न करने का दिन निश्चित किया था। इस दिन सभी स्नान करने के बाद इकट्ठा होते तथा धार्मिक विधान के साथ - साथ भूत - प्रेत को निकालने की धार्मिक विधि भी सम्पन्न करते थे। इन टाना भगतो का उद्देश्य एक उराँव राज्य स्थापित करने का था। अपने धार्मिक मंत्र एवं उच्चारण में वे *धर्मेश*, *बिरसा मुण्डा* एवं *कैसर विलियम* का नाम लेते थे, उनका मानना था कि *कैसर विलियम* जहाज से छेछाड़ी घाटी में उतरेंगे।[214] जब राजा ने इन

---

212. बी. विरोत्तम, पूर्वोद्धृत, पृ.348।

213. छेछाड़ी घाटी, पलामू प्रमंडल के महुआडांड़ अनुमंडल का क्षेत्र है। लातेहार जिला का यह भाग छेछाड़ी घाटी के नाम से भी जाना जाता है। इसकी भौगोलिक बनावट एक कटोरे या कुआँ के समान है अर्थात बीच में समतल और चारों ओर से पहाड़। ज्ञात हो कि छोटानागपुर की रानी कहे जानेवाली नेतरहाट इसी छेछाड़ी घाटी का एक भाग है। छेछाड़ी घाटी के नामकरण के संबंध में एक किवदंती है कि अंग्रेजी शासन काल के समय एक बार अंग्रेज अफसर अपने सैनिकों के साथ छेछाड़ी घाटी के दौरे पर निकले। कई गांवों के भ्रमण के बाद वे शाम के वक्त एक गाँव पहुंचे जहां एक बूढ़ी महिला अपने घर में लकड़ी के चूल्हे में आग जलाने का प्रयास कर रही थी। उस अंग्रेज अफसर ने अपनी भाषा में उस बूढ़ी महिला से पूछा कि 'इस गांव का नाम क्या है।' बूढ़ी महिला को उस अंग्रेज की भाषा समझ न आई और उसे लगा कि वह अंग्रेज उससे यह पूछ रहा है कि वह क्या कर रही है तब उस बूढ़ी महिला ने कुड़ुख भाषा में जवाब दिया चिच चरि हुज़ूर चिच चरि.............. अर्थात चरि(छोटी चरि लकड़ी) जला रही हूं हुजूर। उस अंग्रेज अफसर को लगा कि वह बूढ़ी महिला उस गांव का नाम बता रही है जिसके बारे वह पूछ रहा है। उस अंग्रेज अफसर ने अपने मुँह से उच्चारण में उस चिच चरि का सम्बोधन चे.. चारी के रूप में किया और बाद में यही चिच चरि, चे.. चारी होते हुए 'छेछाड़ी' हो गया।

214. पत्रिका 'छेछाड़ी घाटी की झांकी' से उद्धरित, 1991, जुबली समारोह।

भगतों की मांगों को मानने से इकार कर दिया तो उन्होंने राजा के गढ़ों को जलाना शुरु कर दिया। यह आन्दोलन वर्तमान *छत्तीसगढ़* के *सरगुजा* तक फैला। टाना भगतों ने एक विशाल रैली का आयोजन किया और राजा के गढ़ पर आक्रमण करने का निर्णय लिया। इसे रोकने के लिए सिपाही आगे आए। टाना भगतों का नेता उस समय *लाबो किसान* था। लाबों किसान ने लोगों को भरोसा दिलाया था, कि सिपाहियों की गोलियां उनका कुछ भी नुकसान नहीं करेगी लेकिन ऐसा नहीं हुआ और कई टाना भगत मारे गए। बाद में लाबो किसान को *अम्बिकापुर* के राजा ने गिरफ्तार कर लिया और उसको फांसी की सजा दी गई। इस तरह नेतृत्व के अभाव में यह आन्दोलन शिथिल पड़ता गया और टाना भगत आन्दोलन के स्वरुप में व्यापक परिवर्तन हो गया।[215]

टाना भगत आन्दोलन मुख्यतः तीन चरणों से होकर गुजरा था। आन्दोलन का पहला चरण 1914-1917 ई. तक माना जा सकता है यह *पहला चरण परिष्कार और परिहार* से सम्बध्द था अर्थात *पुराने भूत-प्रेतों एवं देवताओं को उरॉव क्षेत्र से निष्कासित कर दिया गया।*[216] विशेष कर उनका जिनके कारण उनकी स्थिति दयनीय हो गई थी। इसके साथ ही पुरानी प्रथाओं तथा व्यवहार प्रतिमानों का परित्याग कर दिया गया, जिसके कारण दूसरे लोगों की तुलना में उनकी सामाजिक परिस्थिति निम्नस्तरीय थी।[217]

टाना भगत आन्दोलन का दूसरा चरण 1917-1920 तक माना जा सकता है, इस आन्दोलन के *दूसरे चरण के अन्तर्गत नये टाना भगत अनुयायियों के लिए नये विश्वास के आधार पर आचरण संबंधी विशेष नियमों का निर्धारण किया गया।*[218] साथ ही नये धर्म का संगठन एवं इस नये मत को एक विशिष्ट स्वरुप प्रदान किया गया।

टाना भगत आन्दोलन का तीसरा चरण 1921 ई.से प्रारंभ होता है जब टाना भगत आन्दोलन का स्वरुप परिवर्तित हो गया और अब ये टाना *अखिल भारतीय कांग्रेस पार्टी के द्वारा चलाए जा रहे स्वतंत्रता संग्राम से जुड़ गए* और इस आन्दोलन के उद्देश्य में भी परिवर्तन आ गया।[219]

---

215. फिलिप एक्का, पूर्वोद्धृत, पृ.224।

216. वही।

217. उमेश कुमार वर्मा, पूर्वोद्धृत, पृ.315।

218. फिलिप एक्का, पूर्वोद्धृत, पृ.224।

219. वही, पृ.224।

टाना भगत आन्दोलन का पहला चरण *परिष्कार एवं परिहार* से संबंधित था। टाना भगतों द्वारा भूत - प्रेत एवं देवताओं को निष्कासित करने के लिए इनके द्वारा जो विधि या उपाय अपनाए गए वह प्रायः उसी प्रकार के होते थे जो एक उराँव मति (ओझा) के द्वारा अपनाए जाते थे ये उराँव मति नाच - गाकर उरांवों के सर्वोच्च देवता धर्मेश से दुष्ट आत्माओं को निकाल बाहर करने की प्रार्थना किया करते थे।[220] गाँव का एक युवक शाम के भोजन के बाद सभी टाना भगतों को गांव के बाहर खुली जगह पर एकत्रित करता और प्रेत आत्मा दूर करने की विधि शुरु की जाती। ये गाना गाते एवं विभिन्न प्रकार के बाबा से प्रार्थना किया करते। ये भगत गाना गाते एवं प्रार्थना करते जबतक कि उनमें से एक के ऊपर दुरात्मा का प्रवेश न हो जाए। ऐसी प्रार्थना सभा के समय सभी टाना भगत तालियाँ बजाते और कभी - कभी प्रार्थना करते हुए गोल - गोल घुमते भी थे। वे घुटने के बल झुकते थे, हाथ मिलाने की मुद्रा अपनाते थे तथा भूत - प्रेत आत्माओं को भाग जाने का आदेश देते थे। जिस व्यक्ति को वह दुरात्मा लग जाता वह दौड़ कर एक निश्चित जगह में चला जाता, तब सभी टाना भगत उसके पीछे जाते और उस व्यक्ति के चारों ओर गोल बनाकर प्रार्थना किया करते।[221] प्रायः ऐसे समय में उराँव लोगों के सर्वोच्च देवता धर्मेश से प्रार्थना की जाती थी, लेकिन साथ ही *सूर्य, चन्द्रमा, पृथ्वी और सितारों* का आह्वान किया जाता था। इन सब के साथ भगवान *बिरसा* एवं *जर्मन बाबा* का भी आहवान किया जाता था। कारण यह है कि भगवान बिरसा ने भी भूमि संबंधी समस्याओं के निदान के लिए आन्दोलन किया था तथा अपने अनुयायियों को अपने अधिकार प्राप्त करने के लिए उनका आह्वान किया था। दूसरा जर्मन बाबा का नाम इसलिए लिया गया होगा कि उस समय में प्रथम विश्व युध्द चल रहा था और जर्मनी, इंग्लैंड से युद्ध कर रहा था।[222] इन भोले - भाले टाना भगतों ने जर्मनी के प्रारम्भिक विजयों के विषय में सुन रखा था। इन्हें लगता था कि जर्मन बाबा से प्रार्थना करने पर ये उनको विजय अवश्य दिलाएंगे। छेछाड़ी घाटी के टाना भगतो को तो यह भी विश्वास था कि जर्मन सम्राट कैसर विलियम अपने जहाज से छेछाडी घाटी में उतरेंगे और उनकी समस्याओं का निदान करेंगें। इसलिए उनकी प्रार्थना में विभिन्न

220. रेखा ओ धान, पूर्वोद्धृत, पृ.152-160।

221. फिलिप एक्का, पूर्वोद्धृत, पृ. 225।

222. रेखा ओ धान, पूर्वोद्धृत, पृ. 152-160।

देवताओं के अतिरिक्त जर्मनों ओर हिन्दुओं के देवताओं के भी नाम लिए जाते थे। उनका विश्वास था कि ऐसा करने से वे जमींदार एवं साहूकारों के चुंगलों से निकल सकते थे। उनकी कुछ प्रार्थनाएं निम्न थी जिससे उनके उत्सुकता एवं भाव का पता चलता है -

टाना, बाबा, टाना, भूतानिके टाना,
टाना, बाबा, टाना, टन टोन टाना,
टाना, बाबा, टाना, कोना कुचि भूतानिके टाना
टाना, बाबा, टाना, लुकल छिपल भूतानिके टाना,
टाना, बाबा, टाना, गरहा डिपा भूतानिके टाना,
टाना, बाबा, टाना, फसल टंगल भूतानिके टाना,
टाना, बाबा, टाना, डइनी भूतानिके टाना,
चन्दरा बाबा, सूरज बाबा,
धरती बाबा, तारेगण बाबा,
नमसे अरजि मांगते है।[223]

इन भजनों का अनुवाद इस प्रकार है- खींचो (खींचना) पिता खींचो, भूतो को खींचो, खींचो पिता खींचो जोर से खींचो, खींचो पिता खींचो छिपे एवं कोने के भूतों को खींचो, खींचो पिता खींचो, खींचो पिता उन छिपे एवं अनदेखे भूतों को, खींचो पिता खींचो, खींचो उन भूतो को जो खाई एवं छोटी पहाड़ी में है, खीचों पिता खींचो, खींचों उन भूतों को जिनकी मृत्यु हिंसा से एवं अपवित्र कारणों से हुई, खींचो पिता खींचो, छुपी डाइन को खींचो, आपके नाम से ये प्रार्थना मांगते है।

अपने भजन में ये टाना भगत जर्मन बाबा का नाम लेते जिनका नाम उस समय उसकी शक्ति के कारण प्रचलित था। साथ ही साथ ये टाना भगत शक्तिशाली मशीनों विशेषकर *'स्टीम बोट' 'रेलवे इंजन' 'मोटर कार'* और *'साइकिल'* आदि का नाम लेकर उनसे शक्ति माँगते थे। इनका मानना था कि इन शक्तिशाली मशीनों की शक्ति द्वारा उनके धरती पर जो बुरी शक्तियों है वो दूर हो जाएगी इसका नाम लेकर ये भजन गाया करते थे-

---

223. एस. सी. राय, ए न्यू रिलीजियस मूवमेंट अमंग द उराँवस, मेन इन इंडिया, वॉल्यूम I, नं. 4, राँची 1921, पृ.273।

टाना, बाबा, टाना, अग्नि बोट के टाना,
टाना, बाबा, टाना, साइकिल के टाना,
टाना, बाबा, टाना।

टाना भगत अपनी प्रार्थनाओं में इन शक्तियों से अपने यहाँ के दुष्ट शक्तियों को दूर करने के लिए प्रार्थना किया करते थे। जब वे इस प्रकार की प्रार्थनाओं को करते तब ताली बजाकर अपने पैरों को उठाते लेकिन किसी प्रकार के वाद्य यंत्रों का इस्तेमाल नहीं करते थे।[224] अपनी प्रार्थनाओं के क्रम में ये टाना भगत अन्य शक्तियों का भी आहवान करते थे। जैसे -

'बम गोला मदद दे',
'तार (टेलिग्राफ) मदद दे'
'जर्मन राज मदद दे'।[225]

टाना भगत आन्दोलन की पहली सूचना जून 1915 ई. में छोटानागपुर की राजधानी रांची पहुंची। जब इन टाना भगत प्रभावित क्षेत्रों के बच्चे विद्यालय पहुंचने लगे। इन टाना भगत प्रभावित क्षेत्रों के अभिभावकों ने पत्रों के माध्यम से यह जानकारी दी कि पूरा का पूरा गांव उरांवों की पुरानी मान्यता एव रीत - रिवाजों को छोडकर नये धर्म को अपना चुका है। उनका कहना था कि उन्होंने अपना पालतू मूर्गा - मुर्गी एवं सूवरों को या तो मार दिया या फिर उन्हें बेच दिया। साथ ही इन टाना भगत प्रभावित क्षेत्रों में यह चर्चा का विषय था कि इन टाना भगतो की रात्रिबेला की सभा में इस नये पंत ने सरकार और अन्य गैर जनजातियों को अंतिम चेतावनी दी थी। इन सारी घटनाओं के कारण राँची में पुलिस एवं प्रशासन हरकत में आ गई। अनेक गैर उराँव क्षेत्रों में जहाँ गैर उराँव थे वे भयभीत थे। वहाँ पर पुलिस भेजे गए तब स्थिति नियंत्रण में आई। यह आन्दोलन स्वतः तीव्रता से पूर्व भागों से दक्षिण के उराँव क्षेत्रों में फैल गई। गाँव के गाँव इस नये मत को अपनाने लगे। इन टाना भगतों के द्वारा पहले से एक भविष्यवाणी की गई कि एक दिन अर्थात दिवाली (हिन्दुओं का पर्व जिसे छोटानागपुर में सोहराई के नाम से जाना जाता था) जो कि अक्टूबर महिने के अन्त में था। संभावना व्यक्त किया गया कि उस दिन सभी गैर जनजातियों का सर्वनाश किया जाएगा। लेकिन पुलिस बड़ी तीव्रता से इन प्रभावित क्षेत्रों में

224. एस सी राय, पूर्वोद्धृत, पृ.350।
225. ओ सेवरिन, द भगत मूवमेंट इन छोटानागपुर, इंडियन एकेडमी कुरसिओंग, 1917, पृ.3-4।

भेजी गई जैसे गुमला एवं लोहरदगा में। यूरोपीय मिशनरी एवं अन्य गैर उराँवों को अपने स्थान पर पुलिस सुरक्षा दी गई।[226] बहुत बड़ी संख्या में टाना भगतों ने जमींदारों को लगान देना बंद कर दिया और साथ ही भूमि पर हल चलाना भी छोड़ दिया। *एस. सी. राय* ने अपनी पुस्तक *'उराँव रिलिजन एण्ड कस्टम'* में बतलाया है कि रात्रिबला में टाना भगत अनुयायी बड़ी संख्या में जगह - जगह एकत्रित होने लगे और सूर्योदय होने तक भूत प्रेतों को निकाल बाहर करने का अभियान चलाने लगे। इन सभी कार्यों से जमींदार आतंकित हो उठे। टाना भगतों ने जमीदारों को सभी प्रकार के *राजस्व* चुकाने से इंकार कर दिया और उनके खेतों में जुताई कार्य बंद कर दिया। इसलिए स्थानीय जमींदार और साहूकार टाना भगतों के संभावित विद्रोह से आतंकित हो उठे और उन्होंने टाना भगतों की शिकायत पुलिस से कर दी। पुलिस पदाधिकारी इन टाना भगतों के भजनो एवं प्रार्थनाओं को नहीं समझते थे और न ही इन्होंने इन टाना भगतों के कर्मकाण्डों को भी कभी देखा था। इसलिए पुलिस इन टाना भगतों को विद्रोही समझने लगे और इनकी सभाओं को गैरकानूनी घोषित किया गया और इनकी सभाओं पर प्रतिबंध लगाया गया।[227] बहुत से टाना भगतों पर शांति भंग करने के नाम पर मुकदमे लगाए गए। आन्दोलन के प्रसार को रोकने के लिए ये सभी उपाय किए जा रहे थे। यह आन्दोलन धीरे - धीरे स्वयं कमजोर होता गया क्योंकि टाना भगतों का यह नया धर्म भी भूमि - संबंधी अधिकारों की रक्षा करने में अक्षम सिध्द हुआ था।[228]

1915 ई. के आस - पास टाना भगत आन्दोलन का पहला चरण अपने चरमोत्कर्ष पर था। टाना भगतों का उद्देश्य राजनीतिक लक्ष्य प्राप्त करना हो चुका था *'उराँव राज्य सिर्फ उराँव के लिए अन्यत्र को यहाँ से बाहर निकालो'* यह नारा टाना भगतों का नारा था। इन सारे घटनाक्रमों पर विशेष नजर रखी जा रही थी। टाना भगत आन्दोलन के नेता अपने भक्तों को यह आश्वासन देते कि जिस तरह से पूर्व में जनजातियों के समस्या का समाधान करने के लिए *बिरसा* जैसे अवतार का आगमन हुआ जो भूमि - संबंधी अधिकार प्राप्त करने के लिए लड़ते रहे। उसी तरह जर्मनी के *कैसर विलियम* जैसे वीर योध्दा की तरह ही उनकी समस्याओं के समाधान के लिए शक्तिशाली व्यक्ति का आगमन

226. फिलिप एक्का, पूर्वोद्धृत, पृ.228।

227. एस. सी. राय, ओराँव, पूर्वोद्धृत, पृ.344।

228. उमेश कुमार वर्मा, पूर्वोद्धृत, पृ.318।

होगा। इसी कामना के साथ पलामू क्षेत्र के *महुआडांड़* में टाना भगतों ने अपने उध्दारक की आस में अपने - अपने घरों की छतों पर मिट्टी के जो खपडे लगे थे उन्हें जगह - जगह पर से हटा दिया ताकि जो आत्माएं उनके उध्दार के लिए उनके घर आने वाली थी ये आसानी से घरों में प्रवेश कर सके। इतना ही नहीं, कहा यह भी जाता है कि कुछ टाना भगतों ने अपने उध्दारक की आस मे अपने घर एवं आस - पास के कुत्तों को भी मार दिया ताकि उनके भौंकने से आत्मा वापस न चली जाए। इससे यह पता चलता है कि टाना भगत अपने उध्दारक के प्रति पूर्ण आस्था रखते थे।[229]

दूसरा चरण आचरण संबंधी विशेष नियमों का निर्धारण और नये धर्म का संगठन और उसे निश्चित रुप देना था। उराँव क्षेत्रों में पुलिस प्रशासन के हस्तक्षेप के बाद शांति आ गई। उराँव राज की आकांक्षा अधूरी रह गई। बहुत से टाना भगत नेपथ्य में चले गए। टाना भगत नेताओं ने अपने नये मत को बनाए रखने के लिए आचरण संबंधी विशेष नियमों का निर्धारण किया ताकि अपने इस नये मत का संगठन करके इसे निश्चित रूप दिया जा सके।[230] उनका विश्वास था कि उनकी स्थिति तभी सुधर सकती थी, जब वे ईश्वर से सही तादात्म्य स्थापित करते। इसके लिए उन्होंने कुछ कर्मकाण्डों का अविष्कार किया और एक निश्चित आचारसंहिता तैयार की। उनका कहना था कि सही कर्मकाण्ड यही हो सकता था जो ईश्वर से सही संबंध स्थापित कर सके। इसके लिए अपवित्र वस्तुओं का परित्याग कर शुध्द जीवनयापन आवश्यक था। तब ही ईश्वर से सही संपर्क स्थापित किया जा सकता था और सारे दुखों से मुक्ति मिल सकती थी।[231] टाना भगतों के नये नियम, प्रश्नोत्तर रूप में उनके भजन एवं गाने *कुँड़ुख़ भाषा*[232] में होते थे। उन्हें विश्वास था कि ये भजन दिव्य रुप से ईश्वरीय प्रेरणा का प्रतिफल थे। ये भजन जीवन के विषय में आत्माओं की पूजा के संबंध में, शराब सेवन निषेध के संबंध में, पारंपरिक नृत्य एवं वैवाहिक रीति - रिवाज, पुरखों को चढावा चढ़ाने के संबंध में आत्मा में विश्वास से संबंधित होते थे।[233]

---

229. फिलिप एक्का, पूर्वोद्धृत, पृ.230।

230. फिलिप एक्का, पूर्वोद्धृत, 233।

231. वी. विरोत्तम, पूर्वोद्धृत, पृ.351।

232. कुँड़ुख़ भाषा, द्रविड़ परिवार की भाषा है जिसके अंतर्गत कुँड़ुख़, माल्टो, कोरबा भाषा शामिल है।

233. फिलिप एक्का, वही।

टाना भगतों की आचारसंहिता उराँव भगतों की आचार संहिता से मिलती जुलती है। टाना भगत कर्मकाण्डों के माध्यम से धर्मेश से तादात्मय स्थापित करता है, इसलिए वह शुध्द जीवन अपनाता और धर्मेश के प्रति समर्पित रहता है। ईश्वर की कृपा प्राप्ति के लिए पूजन से पहले स्वयं शुध्द होना आवश्यक है। मांस भक्षण का परित्याग इसलिए आवश्यक है कि जीव ईश्वर की देन है, अतः पूजा से पूर्व स्नान आवश्यक है। पूजन से पहले भोजन करना निषेध है।[234] पारंपरिक उराँव व्यवस्था के अन्तर्गत प्रत्येक धार्मिक समारोह में बलि और हड़िया[235] का चढ़ाया जाना आवश्यक था, लेकिन टाना भगतों ने यह सब बंद कर दिया। वे अपने देवकुरी में फूल मिष्टान चढाने लगा और अगरबत्ती अथवा घी का दिया जलाने लगा। उसके लिए धर्म केवल भय के कारण देवताओं को संतुष्ट करने की प्रक्रिया ही नहीं है परंतु यह धर्म प्रेम, पूजा और श्रध्दा पर आधारित है। टाना भगतों के लिए अपने पूर्वजों की आत्मा के अतिरिक्त सभी आत्मा दुरात्मा है, और इसलिए उनका परित्याग किया जाना चाहिए। वह केवल सर्वोच्च देवता धर्मेश में विश्वास करता है और उनकी दी गई अनंत शक्ति का उपयोग स्वजनों की भलाई के लिए करता है। टाना भगत मदिरा का सेवन न तो स्वयं करता है न मदिरा सेवन करने वालों के साथ बैठता है। वह स्वपाकी होता है और दूसरों के द्वारा पकाये गए अन्न से परहेज करता है।[236] इस तरह से टाना भगतों की आचारसंहिता भी उराँव भगतों की आचार संहिता से बहुत अलग नहीं है। उन्होंने गुरुवार का दिन विश्राम एवं प्रार्थना का दिन निश्चित किया। इस दिन वे एक साथ इकट्ठा होकर भजन एवं गानों के माध्यमों से धर्मेश की उपासना करते थे। यह वास्तव में वैसा ही था जैसा कि ईसाई अनुयायी रविवार के दिन गिरजाघरों में ईश्वर की उपासना करते थे।[237]

---

234. वी. विरोत्तम, वही।

235. हड़िया एक पेय पदार्थ है। हड़िया की उत्पत्ति कहां से हुई इसका उत्तर सृष्टि कथा से प्राप्त होता है। सृष्टि कथा में अग्नि वर्षा वृत्तांत के अनुसार प्रथम मानव जाति एवं सिंगबोंगा के बीच एक संवाद है जिसमें इलि अर्थात हड़िया की चर्चा की गई है। सृष्टि की एक अन्य कथा अनुसार धर्मेश ने प्रथम मानव जाति को खेती बाड़ी की सुरक्षा के लिए डंडा कट्टा का बलिदान चढ़ाने और बलिदान के दौरान तर्पण अर्पित करने के लिए हड़िया की आवश्यकता बताई थी, आदिवासी कथाओं के अनुसार आदिम पुरखों ने जबसे ईश्वर को पूजा बलिदान चढ़ाना शुरू किया तब से वे अपने धार्मिक अनुष्ठान में हड़िया का तर्पण या चढ़ावा चढ़ाते आ रहे हैं। वे सर्वोच्च ईश्वर के लिए निर्मल जल का तर्पण चढ़ाते हैं लेकिन अन्य बोंगाओ के.. लिए हड़िया का तर्पण चढ़ाते हैं। वास्तव में हड़िया का यह शुद्ध प्रयोग आदिवासी परंपरा एवं उनके सांस्कृतिक पक्ष का उत्तम उदाहरण प्रस्तुत करता है।

236. रेखा ओ धान, पूर्वोद्धृत, पृ. 152-160।

237. फिलिप एक्का, पूर्वोद्धृत, पृ.235।

टाना भगतों ने *अखड़ा* में नृत्य, *जतराओं* में शिकार और *धुमकुड़िया* का भी परित्याग कर दिया। वे न तो रंगीन वस्त्र पहनते थे और न किसी प्रकार का आभूषण धारण करते थे। उन्होंने '*गोदना*' का भी परित्याग कर दिया। *डायनकुरी* और *बोंगाओं*[238] को बलि देना भी बंद कर दिया, चुंकि उनका मानना था कि ईश्वर का निवास तो हृदय में है।[239]

जब *महात्मा गाँधी* ने अंहिसा का आह्वान किया तब इन टाना भगतों ने सभी लाल रंग के खाद्य पदार्थों को खाने से इंकार कर दिया क्योंकि खून का रंग भी लाल होता है।[240] वे महात्मा गाँधी के अंहिंसा के सिध्दांत से इतने प्रभावित हुए कि उन्होंने पालतू बकरियों को जिसे कसाईखाना भेजना पड़ सकता था। इन बकरियों को अपने घर से ले जाकर जंगल में छोड़ना शुरु किया। उनका परित्याग किया गया पर इन टाना भगतों को नहीं पता था कि उनके जंगल में छोडे गए बकरियों को जंगली जानवर अपना शिकार बना रहे थे, साथ ही दूसरे अन्य लोग जंगलों से इन बकरियों को पकड़ कर कसाईखाना में बेचकर मुफ्त में मुनाफा कमा रहे थे। इसका परिणाम यह हुआ कि टाना भगतों को इनसे काफी आर्थिक क्षति उठानी पड़ी।

टाना भगत गाँव विशेषकर *विशुनपुर, लोहरदगा, घाघरा, मांडर, बेड़ो* और *सिसई* थाना के जो पुराने टाना भगत थे उन्होंने बिरसा और उनके कृत्यों के विषय में सुन रखा था। उनमें से कुछ लोगों ने 1900 ई. के बिरसा आंदोलन में भाग भी लिया था।[241] यह एक संभावना मानी जा सकती है कि टाना आंदोलन की शुरुआत के पीछे बिरसा आंदोलन की प्रेरणादायक भूमिका भी महत्वपूर्ण रही होगी।

जहाँ तक टाना भगत आन्दोलन के राजनीतिक पहलू की बात है तो टाना भगत समझने लगे थे कि धार्मिक आवेग के बल पर न तो आन्दोलन को लोकप्रिय बनाया जा सकता है और न ही इसे जीवित रखा जा सकता है इसके लिए एक राजनीतिक आधार की आवश्यकता थी। इस आन्दोलन के लोकप्रिय होने का अहम एवं अंतिम पहलू इस आन्दोलन का राजनीति से जुड़ना था। इस आन्दोलन की लोकप्रियता *भारतीय राष्ट्रीय कांग्रेस पार्टी* से जुड़ने से और अधिक

---

238. मान्यताओं के अनुसार स्थानीय देवता।

239. वी. विरोत्तम, पूर्वोद्धृत, पृ. 352।

240. आर. प्रसाद, महात्मा गांधी एंड बिहार, बॉम्बे, 1949, पृ.131।

241. "बंधु भगत जो कि भरनो के गुलाइच टोली, सिसई थाना के थे जिनके पास एक कॉपी बुक थी जिसमें लगभग 100 उरांवों के नाम थे जिन्होंने 1895 के बिरसा आंदोलन के लिए पैसे जुटाए थे", फिलिप एक्का, पूर्वोद्धृत, पृ. 238।

बढ़ी।[242] इन टाना भक्तों के कॉंग्रेस पार्टी से जुड़ने के प्रमाण के रुप में इन टाना भगतो के पास कांग्रेस पार्टी के सदस्यता कार्ड उपलब्ध थे। कुछ टानाओ के पास कुछ रसीद उपलब्ध थे। ये रसीद आर्थिक मदद के थे जिसे इन टाना भगतों ने आर्थिक मदद के रुप में *गाँधी मेमोरियल फंड* के लिए जुटाए थे।[243]

टाना भगतों ने राजनीतिक आवश्यकता के महत्व को देखते हुए महात्मा गाँधी के द्वारा प्रारंभ किए गए *सविनय अवज्ञा आन्दोलन* में भाग लिया। इन टाना भगतों ने *शिबु भगत*, कुडु थाना के नेतृत्व में पहली बार असहयोग आन्दोलन में भाग लिया था।[244] टाना भगतों ने यह पाया कि गांधी जी, जतरा भगत और बिरसा मुंडा के लक्ष्य एवं उद्देश्य में बहुत कम अंतर था। इतना ही नहीं कुछ टाना भगत विश्वास करते थे कि जतरा भगत का पुनर्जन्म गांधी जी के रूप में हुआ है। इस प्रकार टाना भगत आंदोलन जो एक आर्थिक एवं धार्मिक आंदोलन के रूप में शुरू हुआ था, अब इसका स्वरूप राजनीतिक आंदोलन में परिणत हो गया। साथ ही इसकी पहचान भारतीय स्वतंत्रता आंदोलन के साथ जुड़ गई।[245]

इन टाना भगतों के घरों की दिवारों पर कांग्रेस के झण्डे लगे थे साथ ही कुछ टाना भगतों के घरों की दिवारों पर भारतीय कांग्रेस पार्टी के प्रमुख नेताओं के छायाचित्र भी लगे थे, जैसे कि गाँधीजी, पण्डित नेहरु एवं डा॰ राजेन्द्र प्रसाद, जैसे महान स्वतंत्रता सेनानियों के चित्र इनके प्रेरणा स्रोत थे। कुछ टाना भगतों का विश्वास था कि जतरा भगत का पुर्नजन्म महात्मा गाँधी के रूप में हुआ था।[246] डॉ राजेंद्र प्रसाद जो भारतीय गणराज्य के प्रथम राष्ट्रपति थे। वे बड़ी सरलता से इन टाना भगतों से मिला करते थे और उनके भारतीय स्वतंत्रता संग्राम के प्रति दृढ़ निष्ठा की सराहना करते थे।[247]

टाना भगत असहयोग आन्दोलन के पूर्णतः समर्थक बन चुके थे उन्होंने अपनी जोती हुई भूमि के लिए किसी भी प्रकार के राजस्व को चुकाने से इंकार कर दिया। कांग्रेस पार्टी ने असहयोग आंदोलन के तहत किसी भी प्रकार के राजस्व को न देने का प्रस्ताव पारित किया था। इसके कारण चूँकि टाना भगतों ने अपनी भूमि पर किसी भी प्रकार के राजस्व को चुकाने से इंकार कर दिया तब अंग्रजी

242. वी. विरोत्तम, पूर्वोद्धृत, पृ.352।

243. फिलिप एक्का, पूर्वोद्धृत, पृ.238।

244. वी. विरोत्तम, पूर्वोद्धृत, पृ. 352।

245. रेखा ओ धान, पूर्वोद्धृत, पृ. 152-160।

246. वही।

247. फिलिप एक्का, पूर्वोद्धृत, पृ.239।

सरकार ने उनके भूमि पर राजस्व बकाया होने के कारण उनकी भूमि जब्त कर ली और बहुत से टाना भगतों को अपनी भूमि पर से स्वामित्व त्यागना पड़ा।[248]

टाना भगत कांग्रेस के वार्षिक अधिवेशनों में भी भाग लेने लगे। टाना भगतों के कई दल ने गया, *कलकत्ता, लाहौर* इत्यादि में होने वाले कांग्रेस के वार्षिक अधिवेशन में बढ़- चढ़कर हिस्सा लिया। इनकी संख्या लगभग चार से पाँच हज़ार तक थी। इनकी उपस्थिति ने किसी प्रकार की समस्या उत्पन्न नहीं की, क्योंकि वे अपने साथ भोजन के लिए चावल तथा पकाने के लिए बर्तन एवं साथ ही जलावन की लकड़ी एवं सभी आवश्यकता की चीज़ें अपने साथ लेते गए थे। साथ ही पेड़ के नीचे सोने के लिए उन्होंने अपना जगह तैयार किया था। उन्होंने सविनय अवज्ञा आंदोलन में भी बढ़-चढ़कर हिस्सा लिया था। इनमें से बहुत से टाना भगतों की मृत्यु जेल में ही हो गई, लेकिन इतना सबकुछ होने के बावजूद टाना भगत आतंकित करने वाले या बहकाने वाले के आगे नहीं झुके। साथ ही इन्होंने यह प्रमाणित कर दिया कि वे अनुशासनप्रिय थे, तथा कांग्रेस पार्टी के सच्चे भक्त भी थे। महात्मा गांधी का नाम एवं उनका काम इन टाना भगतों को अपनी ओर आकर्षित करता था।[249]

नीचे दिए गए तालिका के आंकड़े फिलिप एक्का की किताब ट्राइबल मूवमेंट-ए स्टडी इन सोशल चेंज पुस्तक से ली गयी है जिसमें टाना भगतों की कुल परिवार संख्या विभिन्न पुलिस थाना के अंतर्गत दिए गए है। साथ ही उन टाना भगतों के परिवार की कुल संख्या भी दी गयी है जिन्हें भूमि से बेदखल किया गया था।[250]

तालिका-1

1	2	3	4	5
सबडिवीजन का नाम	**क्रम संख्या**	**पुलिस थानों की संख्या**	**टाना भगत परिवारों की कुल संख्या**	**भूमि से बेदखल परिवारों की कुल संख्या**
गुमला	1	बसिया	52	2
	2	पालकोट	102	6

248. वही।

249. आर. प्रसाद, पूर्वोद्धृत, पृ.131।

250. Supplied by the office of the Special Officer for the welfare of the Tana Bhagats, Ranchi, Bihar, India, August, 1963, फिलिप एक्का, पूर्वोद्धृत।

1	2	3	4	5
सबडिवीजन का नाम	क्रम संख्या	पुलिस थानों की संख्या	टाना भगत परिवारों की कुल संख्या	भूमि से बेदखल परिवारों की कुल संख्या
	3	रायडीह	55	1
	4	चैनपुर	90	24
	5	गुमला	138	27
	6	बिशुनपुर	176	77
	7	सिसई	119	51
	8	घाघरा	149	121
सदर(राँची)	9	लापुंग	46	5
	10	बेड़ो	60	6
	11	लोहरदगा	188	51
	12	मांडर	140	111
	13	कूड़ु	126	61
	14	सदर	12	3
	15	बुढ़मू	30	10
खूंटी	16	कर्रा	49	4
	17	खूंटी	1	-
	18	तोरपा	21	-
सिमडेगा	19	सिमडेगा	25	-
	20	कुरडेग	3	-
		कुल	1582	560

कुछ इतिहासकारों का यह मानना है कि टाना भगतों का कांग्रेस द्वारा चलाये जा रहे स्वतंत्रता संग्राम में इनका सहयोग, इन टाना भगतों का ब्रिटिश विरोधी रुख भी एक कारण रहा था।[251] निश्चय ही टाना भगत यह आशा कर रहे थे कि उनके प्रयासों से विदेशी एवं बाहरी शोषकों को यहाँ से बाहर निकाला जा सकता

251. के. के. दत्ता, हिस्ट्री ऑफ फ्रीडम मूवमेंट इन बिहार, पटना, 1957, वॉल्यूम I, पृ.332-338, वॉल्यूम II, पृ. 8, 65, 121, वॉल्यूम III, पृ.211-212।

था। इसलिए जब ब्रिटिश गुलामी से भारत स्वतंत्र हुआ तब इन टाना भगतों ने स्वतंत्र भारत सरकार को राजस्व चुकाने से इंकार कर दिया।[252]

टाना भगतों को यह विश्वास था कि उनके प्रयासों के कारण ही विदेशी शासन को छोटानागपुर से समाप्त किया जा सकता था। इन टाना भगतों को यह लगता था कि उन्हें अधिकार है कि अब वे टाना भगतों के लिए स्वशासन की स्थापना कर सकते थे, साथ ही इन भगतों को सरकार से यह आशा थी कि सरकार उन्हें उनकी भूमि जो स्वतंत्रता संग्राम के समय जब्त कर ली गई थी वो वापस कर दी जाएगी। साथ ही उन्हें यह भी भरोसा था कि उनकी भूमि पर अब उन्हें किसी प्रकार का राजस्व चुकाना नहीं पड़ेगा। ब्रिटिश शासन की समाप्ति के बाद टाना भगतों को विश्वास था कि उनकी भूमि जो स्वतंत्रता आन्दोलन के समय जब्त की गई थी उन्हें वापस मिल जाएगी और भूमि पर किसी प्रकार का राजस्व चुकाना नहीं पड़ेगा पर बिहार सरकार ने टाना भगतों को उनकी जोती हुई भूमि पर राजस्व चुकाने के लिए जोर डाला। बहुत से टाना भगत ब्रिटिश शासन के दौरान राजस्व न चुकाने के कारण अपनी भूमि से वंचित किए जा चुके थे। वे आशा करते थे कि बिहार सरकार उनकी जब्त की गई भूमि उन्हें वापस करेगी। सरकार ने भी इसके लिए महत्वपूर्ण प्रयास किए लेकिन जब्त की गई भूमि पर किसी और लोगों के अधिकार को समाप्त करना या उन्हें उस भूमि पर से हटाना इतना आसान नहीं था।[253]

स्वतंत्रता के बाद टाना भगतों ने बिहार की कांग्रेसी सरकार को उनके वायदों की याद दिलाई। सरकार ने भी अपने दायित्व को स्वीकार किया और 'टाना भगत रैयत एग्रीकल्चरल लैंड *रिस्टोरेशन एक्ट 1948' (बिहार एक्ट II ऑफ 1948)*[254] पारित किया।[255] टाना भगतों के भूमि वापसी के संदर्भ में यह महत्वपूर्ण एक्ट था। जिसकी एक अनुसूची का जिक्र अध्याय के के अंत में परिशिष्ट में किया गया है। यह एक आवेदन पत्र था। जिसमें उपायुक्त के समक्ष टाना भगतों को अपने जोत एवं उससे संबंधित कुछ जानकारी का विवरण देना था। इस कानून को तुरंत एवं प्रभावी बनाने के लिए एक विशेष अधिकारी की

---

252. फिलिप एक्का, पूर्वोद्धृत, पृ.241।

253. वही।

254. This act received the assent of the Governor-General on the 30th December, 1947 and published in Bihar Gazette (ex-ord) dated 23.1.1948।

255. बिहार सरकार, लॉ डिपार्टमेंट, द राँची डिस्ट्रिक्ट टाना भगत रैयतस एग्रीकल्चरल लैंड रिस्टोरेशन एक्ट 1947, पटना, 1960।

नियुक्ति की गई। जो इस समस्या का समाधान तुरंत एवं तेज़ी से कर सके, इस एक्ट की मुख्य बात थी।

1913-1942 के बीच जो टाना भगतों की भूमि राजस्व न चुकाने के कारण जब्त कर ली गयी थी उसे वापस प्राप्त करना। इन जब्त भूमि पर जिन लोगों का स्वामित्व था उनसे इस भूमि के लिए मूल्य देकर इस भूमि के वास्तविक स्वामी या उनके वंशजों को भूमि लौटाना रहा था। आगे चलकर इस एक्ट में कई संशोधन हुए और इसके वर्तमान भूमि धारक को वर्तमान बाज़ार मूल्य प्राप्त करने का अधिकार मिला। टाना भगतों को भूमि वापस प्राप्त होने लगी, जो टाना भगत इन मूल्यों को चुकाने में असमर्थ थे उनका मूल्य सरकार वहन करती थी।

टाना भगत आंदोलन जो वास्तव में सुधारवादी, शुद्ध, सरल, सादा जीवन, स्वालंबन तथा उन्नत चरित्र का घोतक था, इसके पीछे आध्यात्मिक दृष्टि रही थी। कालांतर में जनजातीय क्षेत्र का प्रखर स्वदेशी स्वालंबन एवं स्वधर्म के प्रतीक के रूप में अहिंसक सम्पूर्ण गांधीवादी जनांदोलन साबित हुआ। इस आंदोलन ने आदिवासी जीवन में भूमि तथा भूमि की महत्ता का एक रेखांकन कर दिया। आज भी टाना भगत भूमि वापसी के लिए प्रयासरत है उनके इतिहास के गौरवमयी भाग की महत्ता को उचित स्थान देते हुए उनके हक एवं अधिकारों को वापस दिलाने का सफल प्रयास करना आवश्यक है। वास्तव में टाना भगतों को उनके भूमि वापसी संबंधित समुचित क़ानूनी जानकारी उपलब्ध कर उनकी सहायता की जा सकती है। तथा दूसरी ओर सरकार से उनके भूमि वापसी संबंधी समस्याओं के त्वरित समाधान एवं टाना भगतों के अन्य समस्याओं का निदान करने का आग्रह कर वीर जतरा तथा उनके अनुयायियों को सच्ची श्रद्धांजलि दी जा सकती है।

चतुर्थ अध्याय

भारतीय वन अधिनियम 1927 और इसका छोटानागपुर के आदिवासियों पर प्रभाव

प्रकृति ने झारखंड को घने जंगलों से आच्छादित किया है, वैसे झारखंड का शाब्दिक अर्थ ही जंगलों या वनों का प्रदेश है। झारखंड के इस क्षेत्र की प्राकृतिक सुंदरता में यहाँ के जंगलों ने महत्ती भूमिका निभाई है एवं इसे अन्य प्रदेशों से बिल्कुल पृथक कर दिया है। साहित्य अकादमी पुरस्कार से सम्मानित *महाश्वेता देवी* ने अपनी पुस्तक '*जंगल के दावेदार*' में झारखंड के इस सुंदर प्राकृतिक वन एवं इससे जुड़े आदिवासी अधिकार को ध्यान में रखते हुए बिरसा मुंडा के जंगल पर दावेदारी को संपुष्ट करते हुए लिखती है 'इसीलिए तो बिरसा ने जंगल का अधिकार चाहा था! वह जंगलों को दिकू[256] लोगों के अधिकार से छीन लेगा। जंगल मुण्डा लोगों की माँ है और दिकू लोगों ने मुण्डा लोगों की जननी को अपवित्र कर रखा है। बिरसा ने उलगुलान की आग जलाकर माँ - जंगल को शुद्ध करना चाहा था'।[257] प्रकृति द्वारा झारखण्ड को एक बहुमूल्य उपहार प्राकृतिक वनों के रूप में मिला है। झारखण्ड की प्रकृति की सुन्दरता में वनों की भूमिका महत्वपूर्ण है। आरम्भ से ही आदिवासी समुदाय का वनों से अटूट नाता रहा है। आरम्भिक मानव विकास के क्रम से आदिवासी समुदाय वनों से निरंतर जुड़ा रहा है। प्राक ऐतिहासिक काल से लेकर ऐतिहासिक काल तक भारत में मानव सम्यता की दो धाराएँ निरंतर अस्तिव में रही। पहला, *नगर केन्द्रित* और *जाति आधारित* समाजिक व्यवस्था जो मुख्य रूप से संसाधनों पर व्यक्तिगत

---

256. दिकू शब्द से तात्पर्य है 'गैर आदिवासी' जिन्होंने आदिवासियों का शोषण किया था।

257. महाश्वेता देवी, जंगल के दावेदार, राधाकृष्ण पेपरबैक्स, 1998, पृ.10।

मालिकाना की व्यवस्था पर खड़ी थी और दूसरा, जो वन आधारित संसाधनों पर सामुदायिक हक की परम्परा पर जीवित रही। ऐतिहासिक काल में इन दोनों व्यवस्था में आपस में टकराव होती रही लेकिन साथ ही एक दुसरे से लेन-देन की पारस्परिक संबंध व्यवस्था भी बनी रही। अंग्रेजों की उपनिवेशवादी नीति ने जाति आधारित समुदायों पर व्यक्तिगत सम्पति को जंगल क्षेत्र में थोपने का प्रयास किया। उन्होने सामुदायिक हक पर आधारित समाज जिसे आम तौर पर आदिवासी समाज कहा जाता है, उसको नष्ट कर दिया। सामुदायिक सम्पदा को या तो व्यक्तिगत सम्पति में बदल डाला अथवा उनपर सामुदायिक स्वामित्व को समाप्त करके उसे सरकारी सम्पति बना दिया। इस प्रक्रिया में देश के अधिकांश जंगल को आदिवासी और उनके साथ जंगल में रहने वाले लोगों से छीनकर बाहर से थोपे गये जमींदार, ठेकेदार और जंगल विभाग को सौंप दिया गया। जंगलवासियों ने संसाधनों की इस लूट का लगातार विरोध करते हुए अंग्रेजी हुकूमत के खिलाफ विरोध करते रहे और हजारों की संख्या में जान गंवाते रहे।[258] आरंभ से ही जंगल आदिवासी समुदाय जीवन का अभिन्न अंग रहा है। यदि आदिवासी एवं जंगल इन दोनों को एक दूसरे से पृथक किया जाये तो दोनों एक दूसरे के बिना अस्तित्व विहीन होंगे।

राँची जिला गजेटियर के अनुसार 1902 से 1910 ई. के सर्वेक्षण रिकॉर्ड के अनुसार राँची जिला में 2281 वर्ग मील वन थे। 1948 में यह घट कर 1278 वर्ग मील रह गया। इस प्रकार यह स्पष्ट है कि लगभग 40 वर्षों में लगभग 1000 वर्ग मील वन काट डाले गए। इस प्रतिकूल परिस्थिति पर नियंत्रण पाने के लिए बिहार निजी वन कानून 1916 तथा 1948 के साथ ही छोटानागपुर निजी वन कानून 1939 वन कानून लागू किया गया।[259] झारखण्ड में वनों की कटाई का काम अधिकाधिक मात्रा में दो बार हुआ। पहली बार उस समय जंगलों को सर्वाधिक काट लिया गया जब इस जनशून्य इलाके में मानव का पहली बार प्रवेश हुआ। आदिवासियों का प्रवेश यहाँ सर्वप्रथम माना जाय तो यहाँ के जंगलों को काटकर बसने के लिए स्थान बनाना भी इन्ही लोगों के द्वारा सबसे पहले मानना होगा अगर झूम कृषि के लिए जंगल को साफ करना पड़ा होगा तो बाद में भी स्थायी कृषि क्षेत्र बनाने के लिए खूंटकट्टी की गयी। दूसरा जंगल का नाश अंग्रेजों के आने के बाद और अधिक होने लगा जब विकास के लिए

---

258. संजय बसु मल्लिक, जंगल की जंग, बिंदराई इंस्टीट्यूट, फ़ॉर रिसर्च एंड एक्शन, आई. डी. पब्लिशिंग, राँची, पृ.8।

259. श्याम कुमार, झारखंड: एक विस्तृत अध्ययन, सफल प्रकाशन, राँची, पृ.240।

रेलमार्ग में लकड़ी का उपयोग किया जाने लगा, खेती के लिए अतिरिक्त भूमि बढाने के लिए जंगल काटा जाने लगा।[260]

मुंडा समुदाय का खूंटकट्टी जंगल

छोटानागपुर प्रवेश के बाद मुण्डा परिवारों ने जंगल काट कर अपने लिए रहने योग्य भूमि साफ की और क्रमशः गाँव या हातु विकसित किया।[261] यह व्यवस्था खूंटकट्टी कहलाई और ऐसा करने वाला मुंडा खूंटकट्टीदार कहलाया। प्रत्येक आदिवासी समुदाय की तरह मुंडा समुदाय का जंगलों से गहरा नाता था। साल का वृक्ष जिस पर मुंडाओं के विश्वास के अनुसार, हातु-बोंगाओ[262] का निवास रहता है, अत्यंत पवित्र माना जाता है। इस सम्पूर्ण वृक्ष समूह या कुंज को 'सरना'[263] कहा जाता है। हॉफमैन के अनुसार इन वृक्षों पर एक क्षेत्रीय कल्याणकारी बोंगा का निवास होता है और वह तब तक निवास करता है जब तक एक वृक्ष भी खड़ा रहता है। हॉफमैन के अनुसार वृक्ष के नीचे चंडी बोंगा[264] का स्थान माना जाता है। सरना स्थल गाँव का पवित्रतम स्थान है।

---

260. राम कुमार तिवारी, झारखंड की रूपरेखा, शिवांगन पब्लिकेशन्स, राँची, 2006, पृ.317।

261. असुंता तिग्गा, मुंडाओं के संरक्षक फादर हॉफमैन, के. के. पब्लिकेशन्स, 2015, पृ.50।

262. संथाली, हो तथा मुंडारी (कोलेरिअन समूह) में हातु का अर्थ गाँव होता है एवं बोंगा का अर्थ देवता/प्रेतात्मा होता है इस प्रकार हातुबोंगा का अर्थ होगा 'गाँव के देवता' इन्हें देसउली भी कहा जाता है जो गांव की रक्षा में हमेशा सदैव तत्पर होते है।

263. मुंडाओं ने जंगलों को साफ करने के क्रम में वृक्षों के कुछ समूह को यथावत छोड़ दिया। मुंडा मान्यता के अनुसार इन वृक्ष कुंजो पर गांव के देवता का निवास होता है। इस प्रकार ये वृक्ष कुंज पवित्र माने गए जो सरना कहलाये।

    एस. सी. राय ने इस संबंध में अपनी पुस्तक 'मुंडाज एंड देयर कंट्री, पृ. 70 में कहा है- "One or more bits of jungles were specially reserved for the village Gods (Huto Bongako) and called sarna."

    साथ ही वहीं ए. वान एक्जम ने अपनी पुस्तक 'दी रिलीजियस सिस्टम ऑफ दी मुंडा ट्राइब, 1982, पृ.23 (फुटनोट) में कहा है "The Sarna is the sacred Grove of the Mundas. The word sarna is now a days after used to designate the ancestral religion of the mundas.............."

264. ए. भान एक्जम -"चण्डी बोंगा को सरना देवी भी कहा जाता है। यह बोंगा गांव के सरना कुंज में विशाल साल वृक्ष पर निवास करता है। शिकार के समय या जंगल में फंस जाने पर जंगली हिंसक पशुओं से चण्डी बोंगा ही मुण्डाओं की रक्षा करते हैं। सरना कुंज में विशाल साल वृक्ष की टहनी टूट कर यदि भूमि पर गिरती है तो छोटी टहनी को अतिरिक्त पाहन के कोई उसे न स्पर्श करेगा न हटायेगा। पाहन टूटी डाली को स्वयं हटाता है तथा चण्डी बोंगा को पूजा अर्पित करता है। चण्डी बोंगा मुख्यतः कल्याणकारी बोंगा है किन्तु रुष्ट होने पर मुण्डाओं को रोग - ग्रस्त कर देते हैं। अकल्याणकारी कार्यों को करने पर हुडिंग चण्डी कहलाता है जिसके विभिन्न नाम रूप हैं - कुलाओ चण्डी, कोरडिया चण्डी, अकुटी चण्डी, नाजोम चण्डी, कुदुरा चण्डी, महादेव चण्डी आदि", पूर्वोद्धृत, पृ.130।

प्रत्येक गाँव में एक सरना स्थल का होना आवश्यक है। अतः गाँव की संरचना का प्रारंभिक बिंदु धार्मिक विश्वास से प्रभावित था। जंगल की कटाई कर गाँव की धरती और उसकी सीमा निर्धारित करते समय ही गाँव के मध्य 'सरना कुंज' के लिए स्थान बना देना हॉफमैन के इस कथन की पुष्टि करता है। 1764 में जब अंग्रेजों को बिहार उड़ीसा एवं बंगाल का दीवानी अधिकार प्राप्त हुआ तब से छोटानागपुर की तकदीर भी बदल गई। छोटानागपुर के मुंडाओं ने अपने पुरखों की जमीन और जंगल को औपनिवेशिक सत्ता के हमले से बचाने के लिए लंबी लड़ाई लड़ी। इन सभी लड़ाईयों ने औपनिवेशिक सत्ता को समझौता करने के लिए बाध्य कर दिया। जिसके परिणामस्वरूप छोटानागपुर टेनेसी एक्ट 1908 के रूप में इन्हें शांत करने का प्रयास किया गया। इसके बावजूद इस अधिनियम ने आदिवासियों की जमीन पर न तो उनके अधिकार को बहाल किया और न उन्हें वह जंगल वापस किया गया जिसे राज्य ने उनसे छीन लिया था। राज्य ने अब सिर्फ और अधिक जमीन न छीनने का वादा किया। पर इस वादे के खिलाफ राज्य और कुछ व्यक्तियों ने कानून की कमजोरी का फायदा उठाकर उनका शोषण किया। जिस समस्या के समाधान के लिए अधिनियम लाया गया वह अब समस्याओं के समाधान के लिए नाकाफी साबित होने लगा। ऐसे ही समय में उनीसवीं सदी के मध्यांतर में कुछ ईसाई मिशनरियों और उदारवादी मानव विज्ञानियों के लगातार प्रोत्साहन पर राज्य ने मुंडाओं के 156 गांवों को मान्यता देने पर राजी हो गया इसका क्षेत्रफल मात्र 405 वर्ग किलोमीटर था, जबकि मुंडाओं के तीन हजार गाँव थे। यह जंगल और जीवन पर आदिवासियों को अधिकार देने का पितृसत्तात्मक जैसा व्यवहार था। इन गांवों को मुंडारी खूंटकट्टी गाँव और ग्रामीणों के अधिकार को मुंडारी खूंटकट्टी अधिकार कहा गया। इन गांवों को इन आधार पर मान्यता दी गई कि सर्वेक्षण और बंदोबस्ती के अभियान के दौरान यह पाया गया कि ये गांव अभी मुंडाओं के अधिकार में है। बचे हुए मुंडा गावों को इस आधार पर छोड़ दिया गया कि गांव की जमीन के कुछ हिस्सों पर गैर मुंडा लोगों ने अपना स्वामित्व कायम कर लिया है। मुंडाओं ने इसे अच्छा नहीं माना वास्तव में बहुत से मुंडा गांवों में से उन थोड़े से गांवों को इसलिए चुना गया था, कि वे इलाके बेहद पहाड़ी इलाके में थे और मुंडा देश के बंजर हिस्से में थे। साथ ही साथ वे तब राजसत्ता के लिए आर्थिक रूप से लाभप्रद नहीं थे।[265] अब मुंडा अपने ही देश

265. संजय बसु मल्लिक, पूर्वोद्धृत, पृ. 9।

में अल्पसंख्यक गिने जाने वाले थे। जिस जंगल और उसे काटकर तैयार की गई भूमि पर सदियों से उनका अधिकार चला आ रहा था अब वह रिकार्ड में सीमित हो चुका था। इससे मुंडा प्रदेश में असंतोष बढ़ना स्वाभाविक ही था।

सा्म्राज्यवादी इतिहासकार यह मानते हैं, कि यदि अंग्रेज़ नहीं आते तो मूल निवासियों या इंडिजेनस लोगों द्वारा जंगलों को बर्बाद कर दिया जाता, औपनिवेशिक शासन ने 'जंगलों के लिए होने वाले युद्ध' को ख़त्म कर दिया।[266] ब्रिटिश काल के प्रशासन से ही वनों के संरक्षण के लिए प्रशासनिक दृष्टि से उन्हें तीन श्रेणियों में विभाजित किया गया। 1950 में भारत की स्वतंत्रता के बाद भूमि सुधार कानून के अनुसार भारत के सभी व्यक्तिगत एवं जमींदारी जंगल सरकार द्वारा अधिगृहित कर ली गई। नयी परिस्थिति से सामना करने के लिए जंगल प्रशासन तत्पर हुआ और अब केवल दो प्रकार के जंगल हैं:-
सुरक्षित वन एवं आरक्षित वन

सुरक्षित वन: जलवायु की दृष्टि से ये सुरक्षित वन महत्वपूर्ण होते हैं। इसमें न तो लकड़ी काटी जाती है और न पशु चराए जाते हैं क्योंकि इन जंगलों को पूर्णतः सरकारी सम्पति माना जाता है।[267] संरक्षित जंगल वास्तव में गाँव के प्राकृतिक संसाधनों का हिस्सा था। चिरस्थायी बंदोबस्त की शुरूआत के बाद जमींदारों ने उन जंगलों पर कब्जा कर लिया और अपनी निजी सम्पति में बदल लिया। जमींदार तथा अन्य भू - स्वामियों ने खनन कार्य के लिए जंगल काटना शुरू किया। बीसवीं सदी के पूर्वाहन तक जंगलों की हालत इतनी खराब हो गयी थी कि केन्द्र और राज्य सरकार दोनों ने जंगलों के कटने और खत्म होने पर चिंता प्रकट की और मालिको से कहा कि वे स्वयं भारतीय वन अधिनियम के तहत उसे ग्राम वन घोषित करे जिसका प्रबंधन वन विभाग करेगा। जमींदारी उन्मूलन के बाद में निजी संरक्षित जंगल को सरकार ने अपने हाथों में ले लिया और उन्हें पुनः भारतीय वन अधिनियम 1927 द्वारा संरक्षित जंगल के रूप में अधिसूचित किया गया।[268]

---

266. साम्राज्यवादी इतिहासकार रिबेनट्रॉप ब्रिटिश हितों को ध्यान में रखकर उपरोक्त यह बात करते है, वहीं एक अन्य साम्राज्यवादी ब्रिटिश इतिहासकार स्टेबिंग मानते हैं कि अंग्रेजों ने जंगलों पर आधिपत्य कायम कर वहाँ होने वाले संघर्षों को ख़त्म कर दिया और भारत में कानून के शासन 'की स्थापना की थी। वास्तव में इन इतिहासकारों ने उपनिवेशवादी नीति का समर्थन करते हुए वन नीतियों का समर्थन किया था।

267. राम कुमार तिवारी, पूर्वोद्धृत, पृ. 319।

268. संजय बसु मल्लिक, पूर्वोद्धृत, पृ. 10।

आरक्षित वन[269]: आरक्षित वन वे जंगल है जिसमें मनुष्यों को अपने पशुओं को चराने तथा लकड़ी काटने की सुविधा दी जाती है किन्तु उन पर कड़ी निगरानी रखी जाती है, जिससे वनों को हानि न पहुँचे।[270] लकड़ी की जरूरतों को पूरा करने और उसे तथा अन्य उत्पादों को बेचकर लाभ कमाने के लिए इन वनों को सीधे सरकार के नियंत्रण में रखा गया। वन विभाग ने जंगल पर निर्भर कुछ लोगों को ऐसे जंगलों में बसने के लिए बाध्य कर दिया जिससे कि वे मजदूरों के रूप में विभाग का काम करें। ऐसी बंदोबस्ती को वन ग्राम कहा गया। सरकारी आंकड़े के अनुसार पुराने पलामू जिले में 14 और सिंहभूम जिले में 10 वनग्राम बसाये गये लेकिन इस बात की उपेक्षा की गई कि इन जंगलों में पहले से गांव बसे हुए थे। वनों के आरक्षण की घोषणा करने से पहले गांववालों को सूचित भी नहीं किया गया।[271] इससे यह साबित होता है कि आदिवासियों से सहमति लेना अथवा न लेना यह सरकार की इच्छा पर निर्भर था और संभवतः सरकार ने सहमति लेने का प्रयास भी नहीं किया।

अवर्गीकृत वन: इस प्रकार के वनों को स्वतंत्र वन भी कहते है। ये वन वे है जो सुरक्षित एवं आरक्षित वनों के अतिरिक्त होते है। इनमें लकड़ी काटने के लिए और पशुओं को चराने के लिए सरकार की ओर से कोई प्रतिबंध नहीं रहता है, लेकिन सरकार इसके लिए शुल्क लेती है।[272]

जलवायु के दृष्टिकोण से झारखण्ड में मुख्यतः तीन प्रकार के वन पाए जाते है जो इस प्रकार है-

शुष्क पतझड़ वन: शुष्क पतझड़ वन से तात्पर्य अल्प वर्षा वाले क्षेत्र के वनों से है। झारखंड में औसत वर्षा 1200 मि. मी. से कम होती है, इस प्रकार के वन हजारीबाग पठारी क्षेत्र के किनारे के भागों में पाए जाते है। कम वर्षा वाले शुष्क भागों में पाए जाने वाले शुष्क पतझड वनों में *शीशम, सेमर, पलाश, महुआ. खैर* आदि प्रमुख है। *पलामू जिले* के बहुत बड़े भाग में फैले हुए इस प्रकार के वनों में साल के वृक्ष बहुत अधिक संख्या में पाए जाते हैं।[273]

---

269. इस शब्द का प्रयोग सर्वप्रथम भारतीय वन अधिनियम 1927 में हुआ था।

270. राम कुमार तिवारी, पूर्वोद्धृत, पृ.319।

271. संजय बसु मल्लिक, पूर्वोद्धृत, पृ.10।

272. राम कुमार तिवारी, वही।

273. श्याम कुमार, पूर्वोद्धृत, पृ.238।

शुष्क प्रायद्वीपीय वन: झारखण्ड के मध्यवर्ती एव पश्चिमी भागों में ऐसे जंगलों का विस्तार है। जहाँ वर्षा की मात्रा दक्षिणी झारखण्ड की अपेक्षा कम, तो उत्तरी झारखण्ड की तुलना में अधिक है, अर्थात यहाँ की वर्षा मध्यम कोटि की है। इस प्रकार के वन विस्तृत पैमाने पर *हजारीबाग पठार* के निचले, *पलामू* और *पाठ क्षेत्र* में पाए जाते है।[274]

आद्र प्रायद्वीपीय वन: इस प्रकार के वन क्षेत्र दक्षिणी झारखण्ड में पूर्वी एव पश्चिमी सिंहभूम क्षेत्र में व्याप्त है, इसका कुछ विस्तार पूर्वी संथाल परगना क्षेत्र में भी है, आद्र प्रायद्वीपीय वन में पाए जाने वाले वृक्षों में प्रमुख रूप से *साल या सखुआ* के वृक्ष है। इन वनों के अंतर्गत *महुआ, जामून, कुसूम, पियार, गंभार, करंज, सेमल* आदि वृक्ष प्रमुख है।[275]

छोटानागपुर के वनों में जो प्रमुख वृक्ष पाए जाते हैं, इनमें *साल, शीशम, महुआ, पलाश, सेमल, अंजन, तून, कुसुम और लाह* के वृक्ष महत्वपूर्ण है। छोटानागपुर में रहने वाले आदिवासी वनों से प्राप्त होने वाले उत्पादों पर निर्भर थे। इनका बाहरी दुनिया से कोई विशेष मतलब नहीं था। वन से जो कुछ भी ये प्राप्त करते, वो ही उनकी मुख्य जीविका थी। लेकिन छोटानागपुर क्षेत्र में अंग्रेजों के प्रवेश के बाद परिस्थिति बदल गई, अंग्रेज वनों की महत्ता और इससे होने वाले लाभ को भली भांति समझाते थे। इसलिए उन्होंने वन अधिनियम द्वारा इन वनों को अपने अधिकार क्षेत्र में करने का प्रयोजन किया लेकिन इससे उन वन क्षेत्रों में रहने वाले या वन पर अपनी जीविका आश्रित रखने वाले जनजातियों पर इन कानूनों का व्यापक प्रभाव पड़ा। *ओ. मैले* ने *डिस्ट्रिट गैजेटियर* में वर्णन किया है कि “1866 ई. के बाद यहाँ एक भी गंभीर अकाल नहीं आया है क्योंकि जनसंख्या का अधिकांश भाग आदिवासियों का है और उनके भोज्य पदार्थो का अधिकांश हिस्सा वन उत्पादों पर मुख्य रूप से आधारित होता है।[276] इससे यह स्पष्ट होता है कि छोटानागपुर के आदिवासी वन्य उत्पादों पर अधिक निर्भर थे, और यह उनकी आजीविका का एक मुख्य स्रोत था।

झारखंड का साहित्यिक अर्थ *'जंगलों की भूमि'* से है। लेकिन इस जंगल प्रदेश से जंगल समाप्त होते जा रहे हैं। 1999 में प्रकाशित भारतीय वन सर्वेक्षण 'स्टेट ऑफ फारेस्ट रिपोर्ट' के अनुसार झारखंड में 22 लाख हेक्टेयर क्षेत्र में

274. श्याम कुमार, वही।

275. वही।

276. ओ मैले, द डिस्ट्रिक्ट गजेटियर ऑफ सिंहभूम, सरायकेला एंड खरसावां, 1910, पृ.120।

जंगल था। 1997 की रिपोर्ट के अनुसार यहाँ 26 लाख हेक्टेयर जंगल था। अर्थात 4800 हेक्टेयर जंगल समाप्त हो चुके हैं, इनमें से 1400 हेक्टेयर घने जंगल थे। इन जंगलों के कटने से इसका सबसे बुरा असर आदिवासियों और मूलवासियों पर पड़ा है।[277]

इन सारी समस्याओं का अन्वेषण करने के लिए हमें इतिहास के पिछले पन्नों को फिर से पलटने की आवश्यकता होगी आखिर में समस्या कहाँ से शुरू हुई? शुरूआत की कड़ी को ब्रिटिश काल में ढूढ़ा जा सकता है, जब झारखण्ड के घने जंगलों को औपनिवेशिक सरकार ने अपना विशेष आसियाना बना लिया था। अंग्रेजों ने लोगों को जंगल साफ कर के धान के खेत बनाने के लिए बाध्य कर दिया था। जहाँ भी संभव हो सका ऐसा किया गया और शेष जंगल को दोहन के लिए छोड़ दिया गया। गाँव के पास के जंगल के एक छोटे हिस्से को 'ग्राम वन' के रूप में चिन्हित किया गया साथ ही उन्हें जमींदारों की दया पर छोड़ दिया गया। इस प्रकार झारखण्ड के जंगलों पर से आदिवासियों के स्वामित्व और प्रबंधन के अधिकार से उन्हें बेदखल कर दिया गया। यहीं से इन आदिवासियों के परम्परागत वन अधिकारों का ह्रास होता चला गया।[278] औपनिवेशिक काल से पहले के दौर में जंगलों पर ग्रामीण समुदायों का नियंत्रण था और वे ही इसकी देखभाल करते थे। शासकों की माँगें बहुत कम थीं। इस दौर में शासकों ने कभी भी जंगलों में इस तरह हस्तक्षेप नहीं किया जैसा कि औपनिवेशिक दौर में हुआ।[279]

औपनिवेशिक वन नीतियाँ एवं छोटानागपुर पर इसका प्रभाव

अंग्रेजों के शासन से पूर्व विभिन्न जनजातियाँ जंगलों का उपयोग अपने स्थानीय रीति-रिवाजों के अनुसार किया करती थी। जब ब्रिटिशों ने पहली बार भारत को सैन्य लकड़ी की आपूर्ति के लिए देखा तब यह उपमहाद्वीप घने वन भूमि के लिए जाना जाता था।[280] 1855 में लार्ड डलहौजी जो उस समय मध्य

277. संजय बसु मल्लिक, पूर्वोद्धृत, पृ.7।

278. वही, पृ.8।

279. उपरोक्त विश्लेषण में रामचंद्र गुहा और माधव गाडगिल का मानना है कि अंग्रेजों के आगमन से पहले भारत में 'पारिस्थितिक - समानता' की स्थिति थी, रामचंद्र गुहा यह भी मानते है कि औपनिवेशिक दौर से पहले जंगलों के संसाधनों के उपयोग पर स्थानीय समुदायों का प्रथागत नियंत्रण था। लेकिन अंग्रेजों ने जंगलों के वाणिज्यीकरण और जंगलों की कटाई को बढ़ावा दिया, रामचंद्र गुहा एवं गाडगिल, यूज एंड अब्यूज ऑफ नेचर, ऑक्सफोर्ड, नई दिल्ली, गाडगिल (1985:1909-13), गुहा (1983ए:1882-96)।

280. वी. शिवा, स्टेयिंग अलाइव वीमेन इकोलॉजी एंड सरभाइभल इन इंडिया, नई दिल्ली, पृ.52।

भारत के गर्वनर थे। उन्होनें एक वन नीति की घोषणा की जिसके अन्तर्गत यह कहा गया कि राज्य के वन क्षेत्र में जो भी इमारती लकड़ी के पेड़ हैं, वे राज्य सरकार के हैं और उन पर किसी व्यक्ति का कोई अधिकार या दावा नहीं है। इस नीति को कार्यान्वित करने के लिए एक वन विभाग की स्थापना हुई। इस तरह से जंगल के वास्तविक राजा को जिसे पूर्व में जंगल संबंधी पूरी स्वतंत्रता थी वो अब समाप्त हो गई।[281]

1764 में जब अंग्रेजों को *बंगाल, बिहार एवं उड़ीसा* की *दीवानी* प्राप्त हुई, उससे पहले झारखंड का सम्पूर्ण क्षेत्र जंगलों से भरा था। भूमि और भूमि से होने वाले उत्पादन पर सामूहिक हक एवं नियंत्रण था। जंगल अर्थव्यवस्था का एक अभिन्न भाग था। जंगल बहुत घने थे और जंगल वनस्पतियों एवं अन्य वन्य उत्पादों तथा जीव जन्तुओं से भरे पड़े थे। अंग्रेजों की ईस्ट इंडिया कंपनी की नीति के तहत औपनिवेशिक ताकतों ने बंगाल वुडलैंड कहे जाने वाले क्षेत्र में प्रवेश किया। जिसे कि 19वीं शताब्दी के प्रारंभ में मुगल लोग 'बंगाल की वनभूमि' कह कर पुकारा करते थे। इस राजनितिक प्रवेश एवं नियंत्रण का उद्देश्य भूमि से राजस्व वसूल करना और जंगल से लकड़ियां लेना था। कंपनी द्वारा स्थायी बंदोबस्त लागू किया गया। इस स्थायी बंदोबस्त से आदिवासी का जंगल से संबंध भी बदल गया। आदिवासी भोजन, जलावन और चारा के लिए जंगल पर निर्भर रहे थे। कृषियोग्य भूमि के कम पड़ जाने पर वे झूम कृषि के लिए जंगल की भूमि का उपयोग करते रहे थे। स्थायी बंदोबस्त से जंगल की भूमि तथा उत्पाद के अतिरिक्त गाँव की गैरमजरूआ जमीन पर भी प्रतिबंध लग गया।[282] जनता विद्रोही हो गयी उसने विद्रोह करना शुरू कर दिया। विद्रोहियों को शांत किए बिना औपनिवेशिक नीति लागू करना संभव न था, इसलिए अंग्रेजों ने एक तीन सूत्री नीति अपनायी -

(क) प्रतिवादों का दमन,

(ख) झूम किसानों और शिकारी- संग्रहकर्ताओं को स्थिर खेती का आदि बनाना,

(ग) वनों का संरक्षण।[283]

281. नदीम हसनैन, जनजातीय भारत, जवाहर पब्लिशर्स एंड डिस्ट्रीब्यूटर्स, पृ.191।

282. बी. विरोत्तम, झारखंड: इतिहास एवं संस्कृति, बिहार हिंदी ग्रंथ अकादमी, पटना, 2003, पृ.135।

283. संजय बसु मल्लिक, पूर्वोद्धृत, पृ.24।

1865 ई. का पहला वन- कानून

यह कानून जंगल में रहने वाले जंगलवासियों द्वारा वनउत्पाद को एकत्र करने की छूट को नियमित करने का पहला प्रयास था। इस प्रकार स्थानीय लोगों के सामाजिक रूप से विनियमित आचरण को कानून द्वारा प्रतिबन्धित किया गया था।[284] यह आदिवासियों के वन संबंधी परंपरागत अधिकारों पर पहला हस्तक्षेप था। 1855-56 ई. के संथाल हूल के बाद औपनिवेशिक सरकार ने 1856 ई. में एक सरकारी आदेश जारी करके झारखंड के आदिवासियों को उनके जंगलों से बेदखल कर दिया। 1 मई 1865 ई. से लागू सरकार के वन अधिनियम 1865 ई. द्वारा इस प्रक्रिया को नियमित किया गया। इस कानून के द्वारा समाज के सभी समान संसाधनों को राज्य की सम्पति में बदल दिया गया और जनता को जंगल के स्वामित्व एवं प्रबंधन से वंचित कर दिया गया।[285] जबकि आदिवासी अपनी दिनचर्या के उपभोग के लिए जंगल पर बहुत अधिक आश्रित थे। लेकिन यह पहला कानून था जिसके द्वारा इन आदिवासियों के सामाजिक एवं आर्थिक जीवन पर पहला हस्तक्षेप किया गया था।

1878 का वन कानून

वनों पर सरकार द्वारा अपनी पकड़ मजबूत कर वनों पर अपनी सत्ता लागू करने वाला यह कानून भारत सरकार का वन क्षेत्र में उठाया गया दूसरा बड़ा कदम था। इस कानून के द्वारा जंगल में प्रवेश करने, वहाँ पशुओं को चराने आदि, कई कामों पर रोक लगा दी गई। कुछ कामो को अपराध की श्रेणी में रखा गया, जिसके लिए जुर्माना और कैद की सजा निश्चित की गई।[286] 1878 के भारतीय वन अधिनियम में राज्य द्वारा जंगलों को हड़पने की प्रक्रिया के संगठित रूप लेने के साथ भारतीय वन अधिनियम 1865 ई. के तहत वनों के सामुदायिक प्रबंधन की जगह राज्य प्रबंधन कायम करने का लक्ष्य पूरा हो गया। इस प्रकार औपनिवेशिक राज्य द्वारा वन के विशाल इलाकों को आरक्षित संरक्षित और निजी वनों की श्रेणियों के रूप में बाँटने से राज्य को भारी ताकत मिल गयी और दूसरी तरफ परिस्थिति की प्रणाली से जुड़े लोग (आदिवासी और वनों पर निर्भर अन्य जन) के अधिकार काफी हद तक कम हो गये।

---

284. नदीम हसनैन, पूर्वोद्धृत, पृ.191।

285. संजय बसु मल्लिक, वही।

286. के. शिवरामकृष्णन, मॉडर्न फॉरेसेट्स, ऑक्सफ़ोर्ड, नई दिल्ली, 1999, पृ.80।

इससे संसाधनों के इस्तेमाल का पारंपरिक स्वरूप बदल गया और लकड़ी एक महत्वपूर्ण पण्य (खरीदी - बेची जाने वाली वस्तु) बन गयी।[287]

उपनिवेशवाद की स्थापना के बाद परिस्थितियां बदल चुकी थी, जिसका वर्णन शिवरामकृष्णन करते है "उपनिवेशवाद ने सार्वजनिक और निजी भूभाग के बीच फर्क किया। पर्यावरण को सार्वजनिक क्षेत्र में रखा गया और कृषि को निजी क्षेत्र की गतिविधि बनाया गया। जमीनों और सामाजिक क्षेत्रों को बाँटना आधुनिक राज्य के गठन के प्रधान पहलू बन गये।[288] इस प्रक्रिया में आदिवासियों के लिए निर्दिष्ट निवास स्थल निर्धारित किये गये। इसके लिए न सिर्फ झूम खेती जैसी कृषि पद्धतियों पर रोक लगायी गयी बल्कि साथ ही उनके लिए एक निर्दिष्ट भूभाग नियत किया गया जिसे कबीलों की पिछड़ी खेती कहा गया।[289] 1870 का दशक आते - आते बंगाल वुडलैंड का दक्षिण - पश्चिम भाग उभरता हुआ आदिवासी हृदय स्थल - एक विशेष क्षेत्र का रूप लेने लगा। जहाँ नीति के दो तत्व एक जगह जाकर मिल जाते हैं। एक था वन भूमियों और बंजर भूमियों को क्रमशः मैदानों और बागों के एक व्यवस्थित भूभाग में तेजी से बदलना। दूसरा तत्व था वन संरक्षण की नीति।[290] इससे प्रतित होता है कि अंग्रेजों ने वन निवासियों के जीवन के हरेक पहलू में दखल देना शुरू किया जबकि इसके पूर्व सभी आदिवासी प्रत्येक मामले में स्वच्छन्द एवं स्वतंत्र थे।

1894 ई. की पहली वन नीति

इस वन नीति के अन्तर्गत पहली बार वन क्षेत्र एवं वन उत्पादों का दोहन करने वालों के लिए उनके अधिकारों, सुविधाओं और प्रतिबंधों की व्यवस्था की गई और उन्हें यह तर्क देकर न्यायसंगत ठहराया गया है, कि इनसे जनता को ही अधिक लाभ प्राप्त होगा और इसका आधारभूत सिद्धांत यह है कि व्यक्ति के अधिकार सीमित होने चाहिए। 1894 ई. के वन नीति के आधार पर वन अधिकारियों ने जनजातियों के अधिकारों को नियमित और सीमित करने के लिए सत्ता का इस्तेमाल किया।[291] 1893-94 ई. में ब्रिटिश प्रशासन ने ही मुंडा देश के गांवों के इर्द - गिर्द के जंगलों को अपने कब्जे में ले लिया था। और

287. वही, पृ.81।

288. वही, पृ.86।

289. नदीम हसनैन, पूर्वोद्धृत, पृ.191।

290. रामचंद्र गुहा एंड माधव गाडगिल, यूज एंड एब्यूज ऑफ नेचर, ऑक्सफोर्ड, नई दिल्ली, पृ.85।

291. नदीम हसनैन, पूर्वोद्धृत, पृ.191।

उनको इंडियन फॉरेस्ट ऐक्ट 1878 (7) के तहत संरक्षित जंगलों की श्रेणी में रख दिया था।[292] इस कानून के लागू होने से स्वयं बिरसा मुण्डा एवं उनके गाँव वाले प्रभावित हुए थे। स्वयं बिरसा मुण्डा एवं गाँव के कुछ लोग डिप्टी कमीश्नर के पास याचिका दाखिल करने चाईबासा गये, लेकिन इसका कोई नतीजा नहीं निकला।

भारतीय वन अधिनियम 1927

यह अधिनियम वन भूमि और वन उत्पादन पर जनता के अधिकारों को विनियमित करने का प्रयास था इसके अन्तर्गत जंगलों पर राजकीय नियंत्रण बढ़ाने के उद्देश्य से विस्तृत नियम कायदों की व्यवस्था की गई। वन संबंधी कानूनों को तोड़ना जुर्म घोषित किया गया और प्रत्येक अपराध के लिए दंड की व्यवस्था की गई। 1927 के वन अधिनियम[293] के द्वारा अत्यधिक शक्तिशाली प्रशासकीय वर्ग की स्थापना की गई। जिसमें भारतीय और राजकीय वन सेवा के अधिकारी, रेंजर्स, फारेस्टर्स और वनों के चौकीदार आदि शामिल किए गए। वन अधिनियम में प्रशासकों को ऐसे कानून बनाने का अधिकार दिया गया जो स्थायी प्रकृति के नहीं थे। इन अफसरों को कई कानूनी अधिकार भी प्राप्त थे।[294]

1927 ई. का वन अधिनियम आदिवासियों के परंपरागत वन अधिकारों पर सीधा हस्तक्षेप था। इस अधिनियम के द्वारा आदिवासियों के परंपरागत जीवन शैली पर भी व्यापक प्रभाव पड़ा। इन आदिवासियों के धार्मिक, आर्थिक एवं सामाजिक जीवन से इन वनों का गहरा नाता था, लेकिन 1927 ई. के कानून के द्वारा इनके सभी पहलूओं पर गहरा प्रभाव पड़ा। 1927 ई. के वन अधिनियम के द्वारा आदिवासियों के जीवन पर क्या प्रभाव पड़ा इसका विश्लेषण करने के लिए इस अधिनियम की संक्षिप्त जानकारी रखनी भी आवश्यक होगी।

---

292. के. एस. सिंह, द डस्ट स्टॉर्म एंड द हैंगिंग मिस्ट, कलकत्ता, 1966, पृ.37।

293. 1878 के वन अधिनियम ने वन पर ब्रिटिश स्वामित्व को स्थापित किया था। 1927 में इसकी जगह एक दूसरा अधिनियम लाया गया। वास्तव में, 1927 का वन अधिनियम 1878 के वन अधिनियम पर ही आधारित था।

294. नदीम हसनैन, वही।

भारतीय वन अधिनियम 1927 में 13 अध्याय है, जिसका संक्षिप्त विवरण इस प्रकार है-

अध्याय 1

1. *संक्षिप्त नाम एवं सीमाएँ*
2. *खण्ड व्याख्या*

अध्याय 2

3. *जंगलों को आरक्षित करने की शक्ति*
4. *राज्य सरकार द्वारा अधिसूचना*
5. *जंगल के अधिकारों की उपार्जन की पट्टी*
6. *जंगल के बंदोबस्त अधिकारी द्वारा घोषणा*
7. *वन बंदोबस्त अधिकारी से पूछताछ*
8. *वन बंदोबस्त अधिकारी की शक्तियाँ*
9. *अधिकारों का विलुप्त होना*
10. *स्थानांतरण खेती के अभ्यास से संबधित दावों के उपचार*
11. *भूमि पर प्राप्त की गई शक्ति जिसपर अधिकार का दावा किया गया है।*
12. *चराई के अधिकारों के लिए या वन उपज के दावों पर आदेश।*
13. *वन बदोबस्त अधिकारी द्वारा रिकार्ड किए जाने के लिए।*
14. *रिकार्ड जहाँ दावा माना गया हो।*
15. *मंजूर किये गए अधिकारों का प्रयोग।*
16. *अधिकारों का रूपान्तरण।*
17. *खंड 11, खंड 12, खंड 15 और खंड 16 के तहत पारित आदेश से अपील।*
18. *खंड 17 के तहत अपील।*
19. *रक्षक।*
20. *वन आरक्षित घोषित करने की अधिसूचना।*
21. *सी अधिसूचना के अनुवाद का प्रकाशन जंगल के आस - पास के क्षेत्र में।*
22. *खंड 15 या खंड 18 के अधिन किए गए व्यवस्था को संशोधित करने के लिए शक्ति।*

23. आरक्षित वन से प्राप्त कर लिया कोई अधिकार नहीं, सिवाय जैसा कि यहाँ प्रदान किया गया हो।
24. मंजूरी के बिना विमुख होने के लिए अधिकार नहीं।
25. आरक्षित वनों में रास्तों और जलमार्गों को रोकने के लिए शक्ति।
26. इस तरह के जंगलों में निषिद्ध अधिनियम।
27. सुरक्षित नहीं रहे वनों को आरक्षित घोषित करने की शक्ति।

अध्याय 3
गाँव के वनों के लिए

28. गाँव के जंगलों का गठन।

अध्याय 4
संरक्षित वन के लिए

29. संरक्षित वन
30. आरक्षित वनों के लिए अधिसूचना जारी करने की शक्ति
31. ऐसी अधिसूचना के अनुवाद का प्रकाशन क्षेत्र में
32. संरक्षित वनों के लिए नियम बनाने की शक्ति
33. धारा 30 के तहत या 32 के तहत अधिसूचना के उल्लंघन में कार्य करने पर दंड
34. निषेध करने के लिए कुछ भी नहीं कुछ मामलों को छोड़कर इस अध्याय में

अध्याय 5

35. विशेष प्रयोजन के लिए वनों का संरक्षण
36. वनों के प्रबंधन संभालने की शक्ति
37. वनों को जब्त करना कुछ मामलों में
38. स्वामियों की प्रार्थना पर वनों का संरक्षण

अध्याय 6
लकड़ी और अन्य वन उपज पर शुल्क

39. लकड़ी और अन्य वन उपज पर शुल्क लगाने की शक्ति
40. पैसे या रॉयल्टी खरीद करने के लिए लागू करने के लिए सीमा नहीं

अध्याय 7
पारागमन में नियंत्रित लकड़ी एवं अन्य वन उपज

41. *वन उपज के पारागमन को विनियमित करने के लिए नियम बनाने की शक्ति*

41क. केन्द्र सरकार की शक्ति वन आन्दोलन के लिए सीमा शुल्क सीमाओं के पार के रूप में

42. *नियमों के उल्लंघन के लिए जुर्माना धारा 41 के अधीन किए गए*

43. *गोदाम में वन उपज की क्षति के लिए सरकार और वन अधिकारी उत्तरदायी नहीं*

44. *गोदाम में दुर्घटना के मामलों में सहायता करने के लिए सभी व्यक्ति बाध्य*

अध्याय 8
ढेर और मानक लकड़ी का संग्रह

45. *लकड़ी के कुछ प्रकार सरकार की सम्पति समझा जा सकता है। शीर्षक को तदनुसार एकत्र किया जा सकता है।*

46. *ढेर लकड़ी के दावेदारों को नोटिस*

47. *दावे पर प्रक्रिया ऐसी लकड़ी को प्राथमिकता*

48. *लावारिस लकड़ी का निपटान*

49. *इस तरह की लकड़ी के नुकसान के लिए सरकार और वह अधिकारी उत्तरदायी नहीं*

50. *लकड़ी वितरित किए जाने से पहले दावेदार द्वारा उसके लिए भुगतान किया जाता है।*

51. *नियम बनाने के लिए और दंड निर्धारित करने के लिए शक्ति*

अध्याय 9
दंड और उपज

52. *अधिहरणीय संपत्ति का अभिग्रहण*

53. *धारा 52 के अधीन अभिगृहित संपत्ति को निर्मुक्त करने की शक्ति*

54. *तदुपरि प्रक्रिया*

55. *वन -उपज, औजार आदि कब अधिहरणीय होंगे*

56. *वन अपराध के लिए हुए विचारण की समाप्ति पर, उस वन उपज का व्ययन जिसके संबंध में यह अपराध हुआ*

57. जब अपराधी अज्ञात है, या पाया न जा सके, तब प्रक्रिया
58. धारा 52 के अधीन अभिगृहित विनश्वर संपति विषयक प्रक्रिया
59. धारा 55, धारा 56 या धारा 57 के अधीन आदेशों की अपील
60. संपति कब सरकार में निहित होगी
61. अभिगृहित संपत्ति को निर्मुक्त करने की शक्ति की व्यावृत्ति
62. दोषपूर्ण अभिग्रहण के लिए दंड
63. वृक्षों और इमारती लकड़ी पर चिन्हों के कुटकरण करने और उन्हें विरूपित करने और सीमा चिन्हों को बदलने के लिए शास्ति
64. वारंट के बिना गिरफ्तार करने की शक्ति
65. किसी गिरफ्तार व्यक्ति को बंध पत्र पर निर्मुक्त करने की शक्ति
66. अपराधों का किया जाना निवारित करने की शक्ति
67. अपराधों का संक्षिप्ततः विचरण करने की शक्ति
68. अपराधों का शमन करने की शक्ति
69. यह उपधारणा कि वन उपज -सरकार की है

अध्याय 10
पशु अतिचार

70. पशु अतिचार अधिनियम 1871 का लागू होना
71. उस नियम के अधीन नियत जुर्माने को बदलने की शक्ति

अध्याय 11
वन अधिकारियों के संबंध में

72. राज्य सरकार वन अधिकारियों में कतिपय शक्तियां विनिहित कर सकेंगी
73. वन अधिकारियों को लोक सेवक समझा जाएगा
74. सद्भावपूर्वक किये गए कार्यों के लिए परित्राण
75. वन अधिकारी व्यापार नहीं करेंगे

अध्याय 12
समनुषांगि नियम

76. नियम बनाने की अतिरिक्त शक्तियां
77. नियमों के भंग के लिए शस्तियाँ
78. नियमों को कब विधि का बल प्राप्त होता है

अध्याय 13
विविध

79\. *वन अधिकारियों और पुलिस अधिकारियों को सहायता देने के लिए आबद्ध व्यक्ति*

80\. *उन वनों का प्रबंध जो सरकार और अन्य व्यक्तियों की संयुक्त संपत्ति है*

81\. *ऐसी सेवा करने में असफलता जिसके लिए सरकारी वन में की उपज के किसी अंश का उपभोग किया जाता है*

82\. *सरकार को शोध्य धन की वसूली*

83\. *ऐसे धन के लिए वन उपज पर धारणाधिकार*

84\. *इस अधिनियम के अधीन अपेक्षाकृत भूमि के बाबत यह समझा जाना कि उसकी आवश्यकता भूमि अर्जन अधिनियम, 1894 के अधीन लोक प्रयोजन के लिए है*

85\. *बंधपत्र के अधीन शोध्य शस्तियों की वसूली*

85क. केंद्रीय सरकार के अधिकारों के लिए व्याकृति

86\. *निरसन*[295]

1927 का वन अधिनियम शासक वर्ग के लाभ को ध्यान में रखकर तैयार किया गया था, परन्तु इस अधिनियम ने आदिवासियों के पारंपरिक जीवन पर सीधा हस्तक्षेप किया था, इसकी कुछ धाराओं का व्यापक नकारात्मक प्रभाव पड़ा था, जिसकी चर्चा आगे की गई है।

1927 के भारतीय वन अधिनियम के द्वारा छोटानागपुर में रहने वाले जनजातियों पर इसका व्यापक प्रभाव पड़ा। इस अधिनियम के अनुसार कोई भी व्यक्ति केवल इसलिए कि वह वहां पुश्तों से रह रहा है, वन - भूमि पर अपने निजी स्वामित्व का दावा नहीं कर सकता।[296] लेकिन छोटानागपुर के जनजातियों के संदर्भ में यह अधिनियम उनके परम्परागत अधिकार पर सीधा हस्तक्षेप था उदाहरणस्वरूप प्रत्येक मुण्डा परिवार ने भूमि और वनों में से अपने अनुकूल कुछ स्थान घेरकर वृक्षों को काट गिराया था और इस प्रकार रहने तथा कुछ खेती के लिए भूमि साफ की थी। प्रत्येक परिवार जो अपने ज्येष्ठतम सदस्य के आदेशानुसार काम करता था, खूँट कहलाता था और मुखिया सहित परिवार

---

[295]. Legislative.gov.in> files pdf से लिये गए मुख्य अंश।

[296]. नदीम हसनैन, पूर्वोद्धृत, पृ.201।

के सभी पुरुष सदस्य खूंटकट्टीदार कहलाते थे तथा वे गाँव की चल - अचल सम्पत्ति के प्राकृतिक स्वामी थे।[297] यहाँ मुण्डा खूंटकट्टीदार के संबंध में स्पष्ट है कि उसने वनों को साफ अपने लिए कृषि योग्य भूमि तैयार किया था, और वह सभी चल - अचल सम्पति का प्राकृतिक स्वामी था। फा. हॉफमैन जिन्होंने मुण्डाओं के बीच रहकर उनको और करीब से जानने का प्रयास किया था, वे भी अपनी किताब 'इनसाइक्लोपिडिया मुण्डारिका' में कहते हैं कि 'खूंटकट्टीदार' मूल वंश के पुरूष सदस्य होते थे।[298] मूल वंश वह होता था, जिसने सबसे पहले जंगल काट कर जमीन तैयार किया था। इसलिए जब 1927 ई. का वन अधिनियम यह कहता कि कोई भी व्यक्ति केवल इसलिए कि वह वहाँ पुश्तों से रह रहा है, वन भूमि पर अपने निजी स्वामित्व का दावा नहीं कर सकता है, यह सीधे - सीधे मुण्डा खूंटकट्टीदारों के परम्परागत अधिकारों पर हस्तक्षेप था, और उनके अधिकारों को चुनौती देने वाला था। जबकि 1908 ई. के सीएनटी एक्ट के अध्याय 2, धारा 7 एवं 8 में 'खूंटकट्टीदार' की परिभाषा दी गई है एवं स्पष्ट रूप से यह खूंटकट्टीदारों की भूमि पर अधिकार की व्याख्या करती है।

भारतीय वन अधिनियम की धारा -3 के अनुसार वह वन के किसी उत्पादन पर अपने हक का दावा भी नहीं कर सकता। सरकार किसी भी वन या बेकार भूमि का गठन कर सकती है क्योंकि वह उसकी सम्पत्ति होती है अथवा उस पर उसका सम्पत्ति जैसा अधिकार होता है। वही स्थिति वन के समस्त या आंशिक उत्पादनों के बारे में है, क्योंकि सरकार का उस पर संरक्षित वन जैसे स्वामित्व का अधिकार होता है। यह धारा यह मानकर चलती है कि वन भूमि राज्य की सम्पत्ति है, हालांकि जनजातियाँ उस पर रहती भी हैं।[299] लेकिन यह धारा छोटानागपुर में रहने वाली जनजातियों विशेषकर मुण्डा, उरांव एवं अन्य जनजाति समूह के धार्मिक, सामाजिक एवं आर्थिक क्रियाकलापों पर सीधा हस्तक्षेप था, क्योंकि छोटानागपुर प्रवेश के बाद मुण्डाओं ने जंगल काट अपने - अपने लिए रहने योग्य भूमि साफ की, और क्रमशः गाँव या हातु विकसित किया। जंगल साफ करने के क्रम में वृक्षों के कुछ समूह को वैसे ही रहने दिया गया। मुण्डा मान्यता के अनुसार इन वृक्ष - कुंजों पर गांव के देवता "हातु - बोंगाको" या "देसउली" का निवास होता है, जो गांव की रक्षा में सदैव तत्पर रहते

297. असुंता तिग्गा, पूर्वोद्धृत, पृ.96।

298. जे. बी. हॉफमैन- "The Khuntkattidars are the descendants in the male of the original founders of the village." एनसाइक्लोपीडिया मुंडारिका, पूर्वोद्धृत, पृ.2389।

299. नदीम हसनैन, पूर्वोद्धृत, पृ.201।

हैं, और किसी भी महामारी या अन्य रोग को गांव की सीमा में प्रवेश नहीं करने देते। इस प्रकार ये वृक्ष - कुंज पवित्र माने गए, जो सरना कहलाए। एस. सी. राय ने भी इन पवित्र कुंजो को 'सरना' नाम से पहचाना है। जहाँ गाँव के देवता निवास करते हैं।[300] *फा. हॉफमैन* ने जिन्होंने *इनसाइक्लोपिडिया मुण्डारिका* की रचना की थी उन्होने भी *'सरना'* की व्याख्या करते हुए कहा है कि वह पवित्र वृक्ष - कुंज जहाँ क्षेत्रीय भूत का निवास होता है[301] 'सरना' मुण्डाओं का पवित्र कुंज है। 'सरना' शब्द इन दिनों मुण्डाओं के पारम्परिक धर्म को अभिज्ञापित करता है।[302] मुण्डा धर्म की सम्पूर्ण परिस्थितियाँ वनीय - जीवन तथा वनीय उत्पादनों से आबद्ध हैं। धार्मिक क्रियाओं के विधि - विधानों में मुख्यतः उन्हीं सामग्रियों का प्रयोग होता है जो वनों के वृक्षों से या वन काट कर साफ की गई भूमि से उत्पन्न होते हैं।[303] यहाँ ध्यान देने योग्य बात है कि धार्मिक क्रियाकलापों में मुख्य रूप से वनों के वृक्षों से या वन काट कर तैयार की गई भूमि से उत्पन्न सामग्री से ही धार्मिक विधि विधान सम्पन्न किए जाते हैं। ऐसी स्थिति में भारतीय वन अधिनियम की धारा -3 मुण्डाओं के धार्मिक विधि को पूर्ण रूप से प्रतिबंध कर देने जैसा था, इसलिए यह अधिनियम आदिवासियों के परम्परागत अधिकारों पर सीधा हस्तक्षेप कर रहा था।

वन अधिनियम की धारा -4 के अनुसार सामान्य भूमि को वन भूमि के रूप में अधिग्रहित किया जा सकता है। वन बंदोबस्त अधिकारी यह घोषित कर सकता है कि अमुक भूमि वन - भूमि है और उसे संरक्षित वन के रूप में जाना जाये। इस प्रकार की सूचना के प्रकाशन का यह उद्देश्य भी है कि यदि किसी व्यक्ति का उस भूमि या उसके किसी भाग पर कोई दावा हो तो वह उसे अपनी वैयक्तिक संपत्ति का दावा कर सकता है।[304] इस अधिनियम की धारा -4 के अनुसार छोटानागपुर के कई गाँवों को सुरक्षित वनों में शामिल कर लिया गया, इन गाँवों में अभी भी कहीं - कहीं लोग रहा करते हैं। सुरक्षित वनों के अन्दर कहीं - कहीं ससानदीरी (मृतक की याद में गाँव की सीमा पर जो पत्थर गाड़े

---

300. एस.सी. राय, पूर्वोद्धृत, पृ.70।

301. जे. बी. हॉफमैन, पूर्वोद्धृत, खंड xiii, पृ.3816।

302. ए.वान.एक्सम, दी रिलिजियस सिस्टम ऑफ दी मुंडा ट्राइब, संत अगस्तीन-1, 1982, पृ.23(फुटनोट)।

303. असुंता तिग्गा, पूर्वोद्धृत, पृ.51।

304. नदीम हसनैन, पूर्वोद्धृत, पृ.202।

जाते हैं) जो अतीत से वहाँ गाँव होने की पुख्ता गवाही देते हैं।[305] आदिवासी समाज में अपनी परम्परा के अनुसार वे मुर्दे को अपनी ही जमीन में गाड़ते थे, लेकिन जब अधिनियम लागू हुआ तब ससानदीरी भी सुरक्षित वन में शामिल कर लिए गए। यह इस अधिनियम का जनजातिय परम्परागत व्यवस्था पर हस्तक्षेप था। इस प्रकार की भूमि को हासिल करने का प्रयास किया गया। सिंहभूम क्षेत्र में जब झारखण्ड आन्दोलन की शुरूआत हुई, उस समय यह एक मुद्दा भी झारखण्ड आन्दोलन के मुद्दे के साथ जुड़ा था।

धारा -5 उन सभी दावों पर प्रतिबन्ध लगाता है, जो सरकारी गजट में प्रकाशित नोटिस के तीन महीना के बाद किये जायेंगे। जहाँ निजी संपत्ति के अधिकार का दावा होगा वहाँ सरकार सार्वजनिक उपयोग के लिए 1894 के भूमि अधिग्रहण अधिनियम का इस्तेमाल कर सकती है।[306] यहाँ विडंबना यह है कि जब जंगल में रहने वाले भोले - भाले निरक्षर आदिवासी अपने निजी सम्पत्ति के अवधारणा से ही अंजान है, तो वे कैसे संपत्ति संबंधी अधिकारों का दावा करने की मांग करेंगे। इसके अतिरिक्त वन अधिनियम की धारा -5 केवल व्यक्तिगत संपत्ति के दावे की अधिसूचना के लिए निर्देश देती है न कि जनजातियों के सामूहिक अथवा सामुदायिक अधिकारों के बारे में।

वन अधिनियम की धारा -6 से लेकर 16 तक पशु चराने, जल संसाधनों का उपयोग करने, झूम कृषि वन की वस्तुओं के उपयोग आदि से संबंधित उनके आंशिक अधिकारों के दावे के उल्लेख किए गए हैं। किन अधिकारों का कितनी मात्रा में उपयोग करना है, यह वन बंदोबस्त अधिकारी के स्वविवेक पर छोड़ दिया गया है।

छोटानागपुर की जनजातियों का भूमि से विशेष लगाव रहा है साथ ही वनों से प्राप्त वन्य उत्पाद उनके दैनिक जीवन के उपभोग के प्रमुख साधन रहे हैं। इसलिए जब कई विद्रोहों के बाद छोटानागपुर के जनजातियों के भूमि के रक्षार्थ सीएनटी एक्ट 1908 लागू किया गया, तब उसमें आदिवासियों के परम्परागत रीति - रिवाजों को भी महत्व दिया गया, जैसे अध्याय 4 दफा 21 के तहत स्थानीय रीत दस्तूर या प्रचलन चाहे जो भी हो वह जमीन का उपयोग इस प्रकार कर सकता है जिससे जमीन के मूल्य को कोई भौतिक क्षति न पहुँचे।[307]

---

305. अल्बिनुस मिंज, झारखंड विरासत, जोशी प्रिंट्स एंड बाइंडर पत्थलकुदवा, नया टोली चौक, राँची, 1994, पृ.535।

306. नदीम हसनैन, वही।

307. अल्बिनुस मिंज, पूर्वोद्धृत, पृ.230।

चूँकि आदिवासियों का भूमि से विशेष जुड़ाव रहा है, लेकिन इस वन अधिनियम ने पशु चराने, जल संसाधनों का उपयोग करने झूम कृषि करने एवं वन से प्राप्त सामग्रियों का उपयोग करने की मनाही ने इन्हें वन एवं भूमि दोनों से बेदखल कर दिया। कम से कम छोटानागपुर के जनजातियों के रीति - रिवाज को ध्यान में रखकर ही सीएनटी एक्ट 1908 के अध्याय 11 दफा 76 में स्थानीय रीत - दस्तूर एवं प्रथा को बहुत ही महत्व दिया गया है, यहाँ तक कि यह स्पष्ट कानून पर भी अभिभावी होता है, इसलिए इसे एक्ट के कई दफाओं में अंकित किया गया है। दफा 76 में रीत - दस्तूर एवं प्रथा के बने रहने के प्रावधान इस प्रकार है - रीत - दस्तूर (कस्टम) एवं संविदा का बचाया जाना जो रीत - दस्तूर या प्रथा इस अधिनियम के विपरीत नहीं हो, अथवा जिसे प्रत्यक्ष या अप्रत्यक्ष रूप से विलोपित या संशोधित नहीं किया गया हो वह रीत - दस्तूर या प्रथा इस अधिनियम से प्रभावित नहीं होगा।[308]

अब यहाँ यह उल्लेखनीय तथ्य है कि एक ओर सीएनटी एक्ट में स्थानीय रीति - रिवाज का ध्यान रखने का प्रयास किया गया है वहीं दूसरी ओर 1927 ई. का वन अधिनियम इसकी ओर कोई विशेष ध्यान नहीं देता है। साथ ही यह अधिनियम वन अधिकारियों को इन जनजातियों के साथ कैसा व्यवहार करना है इसका अधिकार भी देता है। उदाहरण के लिए भारतीय वन अधिनियम की धारा 64 में कहा गया है कि कोई भी वन अधिकारी बिना वारन्ट के किसी भी ऐसे व्यक्ति को गिरफ्तार कर सकता है जिस पर वन कानून तोड़ने के जुर्म का तर्कसंगत सन्देह हो और वह जुर्म एक महिने या उससे ज्यादा अवधि की सजा के लायक हो।[309]

धारा 68 जुर्म के श्मन संबंधी अधिकार के विषय में है। धारा 70 में बताया गया है कि 1871 का पशुओं के अतिचार संबंधी अधिकार संबंधी कानून लागू रहेगा और वह प्रशासन को अतिचारी पशुओं को पकड़ने और जब्त करने का अधिकार देता है।

1927 ई. के वन अधिनियम के द्वारा वन अधिकारियों की शक्ति को काफी बढ़ा दिया गया इसके तहत वन विभाग के रेंजर और चौकीदार जो हमेशा आदिवासियों के सम्पर्क में आते हैं। अपने अधिकारों का दुरूपयोग कर कुछ कर्मचारी इनका शोषण करते हैं भले ही मामला कितना छोटा ही क्यों न हो

308. वही, पृ.289।

309. नदीम हसनैन, पूर्वोद्धृत, पृ.192।

ये कर्मचारी उन्हें परेशान करते हैं। साथ ही इस अधिनियम की धारा 74 इन जैसे लोगों को बचाने का भी काम भी करती है। धारा 74 में कहा गया है कि सरकारी नौकर पर कोई भी मुकदमा उसके उस कार्य के लिए नहीं चल सकता जो उसने सद्भावना के साथ किया हो।[310] इससे यह स्पष्ट है कि शायद ही वन के कर्मचारियों ने इस धारा का दुरूपयोग न किया हो और शायद ही किसी जनजातिय को इसकी वजह से असुविधा न उठानी पड़ी हो।

गाडगिल और गुहा ने अपनी पुस्तक 'यूज एण्ड एब्यूज ऑफ नेचर' में वनों का प्रत्यक्ष नियंत्रण सरकार द्वारा लेने का वर्णन किया है। वनों को संरक्षित करके राज्य द्वारा वनों पर पाबंदी लगा दी गई। अब तक वनों पर आदिवासियों का सामुदायिक नियंत्रण था, पर अब इन अधिनियमों द्वारा यह समाप्त हो चुका था, साथ ही वन पर आश्रित रहने वाले आदिवासी अब अपने पारंपरिक वन अधिकारों से वंचित किए जा रहे थे। अधिकतर जंगल सभी उम्र के पेड़ वाले, विविधतापूर्ण और प्राकृतिक रूप से पुनर्जात वनों से बदल कर सरलीकृत, एक उम्र के एकल वृक्ष वनों में बदल गये जिनमें साल, सागवान और देवदार प्रमुख थे।[311]

19वीं सदी के अंत तक झारखंड में अंग्रेजों ने दो महत्वपूर्ण कार्य पूरे किए। पहला -प्रतिवादों का दमन करना और दूसरा आदिवासियों को स्थिर खेती में लाना। इस उपलब्धि के बाद अंग्रेजों ने खुद को लोगों के संरक्षक के रूप में स्थापित करने और लोगों को अलग अलग करने की नीति अपनायी, जो काश्तकारी अधिनियमों और प्रशासनिक नीतियों में प्रतिबिंबित थी। 1908 ई. में छोटानागपुर काश्तकारी अधिनियम बनाये गए। साथ ही आदिवासी प्रबल इलाकों कों आंशिक रूप से अलग किये गए इलाकों की श्रेणी में रखा और उसकी एक सरल प्रशासनिक व्यवस्था बनायी गई। उस क्षेत्र को राज्य के प्रत्यक्ष नियंत्रण में रखने और आदिवासियों के बढ़ते हुए उपनिवेश विरोधी आंदोलन से दूर रखने के लिए यह जरूरी था, क्योंकि कोयले के बाद इस क्षेत्र में लोहा, मैगनीज, बॉक्साइट आदि के विशाल भंडारों की मौजूदगी का पता लगने से यह क्षेत्र उपनिवेश का सर्वाधिक लाभप्रद इलाका बन गया।[312]

---

310. वही।

311. सराह जुविट, यूरोपस अदर्स? फोर्सेटी पॉलिसी एंड प्रैक्टिसेस इन कोलोनियल एंड पोस्ट कोलोनियल इंडिया-कोरब्रिज, स्टुअर्ट एट ऑल (2004) पृ.62।

312. संजय बसु मल्लिक, पूर्वोद्धृत, पृ.26।

अंग्रेजों की नीति में परस्पर विरोधी तत्व थे। एक तरफ अंग्रेज शासन के अधिपत्य का पहलू है और दूसरी तरफ जंगली और असभ्य किन्तु उदात्त आदिवासियों की रक्षा करने की पितृसत्तात्मक इच्छा।[313] अंग्रेज एक असंभव लक्ष्य को पाने की कोशिश करते थे। वे एक तरफ जंगलों से आदिवासियों को बेदखल करके जंगलों का संरक्षण करना चाहते थे, और दूसरी तरफ वनों से उनके सहजीवी संबंध को काटकर उनकी आदिवासी पहचान कायम रखने का वादा करते थे।[314]

वन आदिवासियों के जीवन का एक प्रमुख आधार रहा है। झारखण्ड क्षेत्र का अधिकांश भाग पठारी है। यहाँ की भूमि असमतल, असिंचित होने के कारण केवल कृषि पर ही निर्भर रहना संभव नहीं है। आदिवासी जीवन की आवश्यकता बहुत थोड़ी हैं, लेकिन उन आवश्यकताओं को पूरा करने के लिए जंगल का अस्तित्व और उस पर उनका अधिकार बहुत जरूरी है, और यह सब अंग्रेजों के इस क्षेत्र में आने के बाद से समाप्त होती चली गयी।[315] वर्त्तमान समस्या यह है कि आज भी कई आदिवासी आजादी के पूर्व एवं आजादी के बाद के बने विभिन्न वन अधिनियमों के उल्लंघन के मामले में दोषी पाए जाने पर जेल में बंद हैं। जिनमें कई निर्दोष होने के बावजूद जेल में है या फिर उनपर मुकदमा चल रहा है।

आदिवासियों ने जब छोटानागपुर क्षेत्र में प्रवेश किया तो यह क्षेत्र अभेद्य जंगलों से आच्छादित था, जंगली जानवरों से भरे इस क्षेत्र में इससे पहले किसी ने यहाँ प्रवेश करने का साहस नहीं दिखाया था। उन्होने जंगल साफ कर कृषि योग्य भूमि बनाई। उस समय जंगल और लकड़ियों का कोई आर्थिक मूल्य भी नहीं था। जिसमें जितना सार्मथ्य था, उसने उतनी जमीन बनाई और जितनी जरूरत होती, उतनी लकड़ी जंगल से काट लेते। लेकिन चूँकि उनकी आवश्यकताए ही बेहद सीमित थी, इसलिए उससे जंगल को कोई विशेष नुकसान नहीं पहुँचता था। लेकिन अंग्रेजों के आने के बाद परिस्थितियाँ बदल गई, इस क्षेत्र में भी बड़े पैमाने पर जंगल काटे गए और जंगल की लकड़ियों की माँग भी बढ़ी। परिणामस्वरूप जंगल पर अधिकार को लेकर विवाद शुरू हो गया और यह विवाद आदिवासियों के अधिकार की समाप्ति के साथ समाप्त हुआ।[316]

313. सराह जुविट, पूर्वोद्धृत, पृ.64।

314. संजय बसु मल्लिक, वही।

315. विनोद कुमार, आदिवासी संघर्षगाथा, प्रकाशन संस्थान, नई दिल्ली, 2005, पृ.61।

316. वही, पृ.62।

इसके परिणाम स्वरूप असंतोष उत्पन्न हुआ और झारखण्ड के अलग-अलग क्षेत्रों में यह असंतोष विद्रोह के रूप में उभर कर सामने आया लेकिन अंग्रेजी सत्ता के आगे यह विद्रोह अधिक दिनों तक टिक नहीं सका।

ग्रामीणों को आरक्षित वनों से उनके जीवन यापन की आवश्यकताओं को लेने से मना किया गया। संरक्षित क्षेत्रों से उन्हें दंड के रूप में बाहरी समझ कर उनके जीवन भत्ता से अधिक दंड स्वरूप लिया गया।[317] जंगल पर अधिकार को लेकर यदि विभिन्न चरणों की बात करें, तो अंग्रेजो के आने के वक्त और 1902-08 के पहले सेटलमेण्ट तक तीन तरह के जंगल थे। पहला- मुण्डा राज के ये खूंटकट्टीदार गाँव, जहाँ गाँवों के दायरे में पड़ने वाले जंगल पर ग्रामीणों का एकाधिकार था। वे किसी प्रकार का बाह्य हस्तक्षेप बर्दाश्त नहीं करते थे। साथ ही वहाँ के जगलों पर उनका पूरा अधिकार था। दूसरे प्रकार के जंगल वे थे, जहाँ कालान्तर में जमींदार जंगल की लकड़ियां काटकर बेचने का अधिकार प्राप्त कर चुके थे। लेकिन वे भी ग्रामीणों को अपनी आवश्यकताओं के लिए जंगल से लकडी काटकर ले जाने से नहीं रोकते थे। तीसरी तरह के जंगल ऐसे थे, जहाँ कोर्ट की मदद या ताकत से जमींदार जंगल पर पूरा अधिकार कायम करने में सफल हो गये थे। वहाँ से वे पेड़ काटकर ले जाने नहीं देते हालाँकि ऐसे जंगल क्षेत्रफल में कम और छोटे थे। इस दृष्टि से जंगल को दो श्रेणियों में विभाजित किया गया था। प्रथम श्रेणी *'रखावत जंगल'* था, इसपर जमींदारों का पूरा अधिकार था, और दूसरा *'कटावत जंगल'*, जिसमें ग्रामीण जंगल पर अपने अधिकार का पूरा उपयोग करते थे।[318]

1902-8 के पहले सर्वे सेटलमेण्ट के वक्त जंगल पर आदिवासियों के परम्परागत अधिकार निम्न रूप में चिहिन्त किये गये थे।

- *अपना घर बनाने के लिए या उसकी मरम्मत के लिए लकड़ी काटने का अधिकार, कृषि औजार, जैसे हल, बैलगाड़ी बनाने के लिए और जलावन के लिए लकड़ी काटने का अधिकार,*

---

317. गुहा बतलाते है कि औपनिवेशिक दौर से पहले जंगलों के संसाधनों के उपयोग पर स्थानीय समुदायों का प्रथागत नियंत्रण था। लेकिन अंग्रेजों ने जंगलों के वाणिज्यीकरण और जंगलों की कटाई को बढ़ावा दिया (गुहा 1989)। बड़ी नौकाओं के लिए लकड़ियों की ज़रूरत के कारण 1806 में मालाबार में अंग्रेजों ने जंगलों से लकड़ियों की कटाई शुरू की। रेलवे की ज़रूरतों को पूरा करने के लिए 1864 में वन विभाग की स्थापना की गयी। जर्मन विशेषज्ञ ब्रैडिस को वन विभाग का प्रमुख बनाया गया। इसका कारण यह था कि अंग्रेज अधिकारियों को वन प्रबंधन का कोई अनुभव नहीं था,(1989), रामचंद्र गुहा, द यूनिक वुड्स, इकोलॉजिकल चेंज एंड पेसेंट रेसिस्टेंट इन द हिमालय।

318. विनोद कुमार, पूर्वोद्धृत, पृ.62।

- *जंगल में मवेशी चराने का या घास काटने का अधिकार,*
- *महुआ और जंगल के अन्य फलदार वृक्षों से गिरने वाले फल - फूल को चुनने या तोड़ने का अधिकार।*

इन सभी अधिकारों को आदिवासी बिना कोई मूल्य चुकाये उपयोग करते थे। लेकिन साथ ही उन्हें जंगल की लकड़ियों को काटकर बेचने या जंगल उत्पादित वस्तुओं को जमा कर उसे बेचने का अधिकार नहीं था। इसका सीधा तात्पर्य यह था कि ये जंगल का उपयोग अपनी आवश्यकता के पूर्ति के लिए कर सकते थे। लेकिन उसका व्यवसायिक उपयोग नहीं कर सकते थे।[319]

इससे नियमित रूप से संरक्षित एवं सुरक्षित वनों के क्षेत्र से जुड़े लोगों की जीवनशैली में व्यवधान उत्पन्न हुआ, जो समुदाय पारंपरिक रूप से वन उपयोग से जुड़े थे। कई ग्रामीणों का यह जीवन यापन का मुख्य साधन था यह व्यवस्था अक्सर टूट चूकी थी। यहां बड़ी तेजी से मकान एवं उनमें रहने वाले साहूकार, शराब विक्रेता एवं अनुबंधित श्रमिक आदिवासी बहुल इलाकों में व्यापक हो चुके थे।[320]

केस स्टडी (1): - झारखण्ड के *महुआडांड़* क्षेत्र के हामी गाँव पंचायत के *श्री सुरेश कुजूर* जिनकी उम्र लगभग 76 वर्ष है वे बताते हैं कि स्वतंत्रता से पूर्व उनका गाँव जंगल के बीच में स्थित था। जहाँ पर वे बिल्कूल स्वतंत्रता पूर्वक अपने परम्परागत अधिकारों का उपयोग करते हुए वन उत्पाद का अपने नित्य दैनिक क्रिया क्रमों के उपयोग में किया करते थे लेकिन वन अधिनियम 1927 ई. के लागू होने के बाद श्री कुजूर और उनके पूर्वज अपने परम्परागत अधिकारों से दूर होते चले गए उनके गाँव संरक्षित जंगल घोषित कर दिए गए। जहाँ से वे लगभग कुछ भी प्राप्त कर अर्जन करने में असमर्थ थे। जो कृषि योग्य भूमि थी वो भी उनके अधिकार में न रहा। साथ ही भूमि पर एवं जगल पर अधिकार नहीं रहने के कारण वे सांस्कृतिक एवं धार्मिक रूप से अपने ईश्वर की उपासना करने एवं उनको बलिदान चढ़ाने में असर्मथ हो गए। उनका कहना था कि यह कहीं न कहीं उनकी मान्यता, संस्कृति एवं परंपरागत अधिकारों पर सीधा हस्तक्षेप था। जो की आदिवासी समुदाय के लिए चिंता का विषय है।

319. वही, पृ.63।

320. पी. प्रभु, सोशल फॉरेस्ट्री एन आदिवासी भियूपोइंट इन डब्लयू फ़र्नान्डिस एंड एस कुलकर्णी(eds) टूवर्डस ए न्यू फारेस्ट पॉलिसी, पीपल राइट्स एंड इन्वाइरनमेंटल नीड्स, नई दिल्ली, इंडियन सोशल इंस्टीट्यूट, 1983, पृ.133-144।

मुंडारी खूंटकट्टी ग्राम एवं वनों का प्रबंधन

अंग्रेजी शासन से पूर्व वन सामुदायिक संपत्ति थे और उन पर किसी व्यक्ति विशेष का दावा नहीं था। लोग अपनी आवश्यकता के लिए वनों में रहते व वहाँ जाते थे और प्राकृतिक विरासत के रूप में उनकी रक्षा करते थे।[321] *शरतचन्द्र राय* ने अपनी पुस्तक *"द मुंडास एंड देयर कंट्री"* में मुण्डा खूंटकट्टीदारों द्वारा किये गए वन प्रबंधन की परंपरागत व्यवस्था का वर्णन किया है - खूंटकट्टी समूह के प्रत्येक सदस्य को ग्राम वनों से अपनी जरूरतों के अनुसार घरेलू और कृषि कार्यों के लिए लकड़ी काटने का अधिकार है। सिर्फ *प्रजा होरोको* (अतिथि आबादकारों) को कुछ मामलों में इन प्रयोजनों के लिए खूंटकट्टीदारों से अनुमति लेनी होती है। हालांकि उनको भी पहले के जमाने में अनुमति लेने की जरूरत नहीं होती थी। वक्त के साथ जब खूंटकट्टी परिवारों की संख्या बढी और ग्रामवनों का दायरा घट गया, तब कुछ गांवों में पेड़ों को काटने और शाखाओं को काटने की पद्धति और समय से संबंधित नियम बढ़ गए। आम तौर पर वर्षाकाल प्रारंभ होने के पहले चैत या वैशाख (मार्च से मई) के महीने में कई गांवों से पहले से नियत किसी दिन गाँव का मुण्डा और पाहन ग्रामीणों को लेकर ग्रामवनों में जाते हैं, और ग्रामीण साल भर के लिए जरूरी ईंधन और लकड़ी जंगल के एक निर्दिष्ट भाग से काट लेते है और बाकी हिस्सों को छोड़ देते है। और इसी प्रकार हर अगले साल बारी - बारी से जंगल के दूसरे हिस्सों से लकड़ियाँ काटी जाती है और तब ग्रामीण अपनी - अपनी जरूरत के अनुसार कटी हुई लकड़ियों को ले जाते हैं। इस विवेकपूर्ण प्रक्रिया के फलस्वरूप जगलों का कभी भी विनाश नहीं होता है। जब तक लकड़ी काटने के लिए लोग जंगल के अंतिम भाग में पहुंचते थे, तब तक पहले काटा गया जंगल फिर से भरपूर जंगल के रूप में विकसित हो जाता था। आज भी मुण्डा इस पद्धति का अनुसरण करते हैं, खासकर भुइँहरी पट्टियों में जहाँ जंगल खूंटकट्टी पट्टियों की तुलना में कम होते हैं। लकड़ी काटने के इस आवर्ती रिवाज का प्रचलन राँची जिले में उराँव गावों में भी है और शायद उरांवों ने ही इसे चालू किया।[322] वास्तव में औपनिवेशिक शासन के पूर्व पूरे झारखण्ड में इसी तरह की पद्धति का प्रचलन था। अंग्रेज औपनिवेशिक प्रशासन ने जगलों में राज्य की मालिकाना और राज्य के प्रबंधन को लागू करके इस तरह की पद्धति को समाप्त कर दिया। भुइँहरी

321. नदीम हसनैन, पूर्वोद्धृत, पृ.197।

322. एस. सी. राय, द मुंडा एंड देयर कंट्री, द सिटी बुक हाउस, कलकत्ता, 1912, फुट नोट 2, पृ.70-71।

इलाकों में जमीदारों को जंगलों का संरक्षक बनाया गया और आरक्षित वनों के रूप में घोषित क्षेत्रों में जगलों का प्रबंधन वन विभाग करता था। सिर्फ मुण्डारी खूंटकट्टी इलाके इसके अपवाद है। जहाँ पुरानी पद्धति जारी रही। हालांकि ये घटते चले गए। ऐसा इसलिए हुआ कि चारों तरफ के जमींदारी गाँव में लोग तेजी से अपने जंगल खोते गए। वे मुंडारी खुंटकट्टी वनों पर अधिकाधिक निर्भर करने लगे। इसके अतिरिक्त जब एक वस्तु के रूप में लकड़ी की मांग बढ़ती गई तब ठेकेदार जहाँ तहाँ जगलों पर धावा बोलने लगे। कई गांवों के मुण्डाओं ने वन प्रबंधन के पुराने नियमों का उल्लंघन किया।[323]

ब्रिटिश वन नीति के आगमन से वन प्रबंधन प्रणाली को सबसे अधिक नुकसान हुआ। इससे कृषि स्थानांतरण हुआ। औपनिवेशिक वन अधिकारियों ने इसे सांघातिक प्रणाली के रूप में माना। संभवत यह दूसरे किसी अन्य अधिनियम के मुकाबले जंगलों के लिए विनाशकारी था।[324]

अंग्रेजों ने स्थायी बंदोबस्ती की व्यवस्था के अंतर्गत जमींदारी व्यवस्था लागू करने के साथ झारखण्ड में निजी सम्पत्ति की धारणा को थोपा। इसने जमीन के उपयोग की सामूहिक धारणा को नष्ट कर दिया। एक समय के बाद निजी सम्पत्ति के ढांचे ने सामूहिक स्वामित्व की मुंडा अवधारणा की जगह ले ली। अंग्रेज विधि - व्यवस्था ने सर्वे एवं सेटलमेंट की प्रक्रिया द्वारा लोगों को नये ढांचे को स्वीकार करने के लिए मजबूर किया। मुंडारी खूंटकट्टी जमीन का निजीकरण एक वास्तविकता बन गया। जिसके फलस्वरूप पुराना स्वामित्व का ढांचा और आर्थिक संबंध टूट गये और उसके फलस्वरूप सामाजिक सुसम्बद्धता भी टूट गई। कई गावों में गाँवो के मुण्डा और मानकियों ने जगलों को अपनी निजी सम्पति बना ली। दूसरे गावों में ग्रामवन रक्षा नियंत्रण और प्रबंधन के अभाव में खुले वन बन गये। जिनमें कोई भी कुछ भी कर सकता था। इन आतंरिक घटनाओं के फलस्वरूप दोनों घरेलू और व्यावसायिक प्रयोजनों के लिए अति दोहन के चलते जगलों की भारी अधोगत हुई। कुछ मुण्डारी खूटकट्टीदारों ने तो स्पष्ट रूप से अपने व्यावसायिक उपयोग के लिए अपने कब्जे में स्थित परती जमीनों पर भी जंगल उगाना शुरू कर दिया लेकिन ये बाते अधिकतर

323. संजय बसु मल्लिक, पूर्वोद्धृत, पृ.53।

324. ई. पी. स्टेबिंग, द फारेस्ट ऑफ इंडिया, वॉल्यूम-1, लंदन जे लेन, 1922, पृ.31।

किनारे के इलाको में हुई और भीतरी भागों में प्रबंधन की पारंपरिक पद्धति अभी भी लागू है।[325]

टी. एस. मैकपरसन के अनुसार खास पोरहेट में खूंटकट्टी अधिकारों के आरक्षण पर एक महान अतिक्रमण था.......जब जंगलों को आरक्षित किया गया उनका निष्कासन हुआ। उनके बीच (हो) प्रचलित पारंपरिक अधिकारों का उल्लंघन किया गया, जो शासकों को पसंद न था। राजस्व संग्रहकर्ताओं से उन्होंने पट्टा (लीज) प्राप्त किए और संयुक्त वन बंदोबस्त रिपोट के शब्दों में उनका विरोध था, कि अपने पूर्वजों के स्मारक पत्थर ही उनके वास्तविक पट्टे के प्रभाव थे।[326] जब वनों को आरक्षित किया गया तब खास - पोरहेट जहाँ 'हो' आबादी थी। उन्होंने इसे अपने पारंपरिक अधिकारों का उल्लंघन माना। उनके पूर्वजों के स्मारक जिसे *'पत्थलगड़ी'* कहा जाता है। ये ही उनके भूमि के वास्तविक पट्टे के सबूत थे जिसका वर्णन मैकपरसन कर रहे थे।

संभवत 1908 के बाद के 30 वर्षों में सरकार की वन नीति से त्रस्त होकर आदिवासियों ने वन उत्पादों का उपयोग करने के लिए अपराध करना शुरू किया और ऐसा इसलिए कि जैसे उनके पूर्वज अपने आवश्यकताओं के लिए उन्नीसवीं शताब्दी में स्वतंत्रतापूर्वक किया करते थे।[327] वन अधिकारों से वंचित किये जाने के पश्चात इन भोले भाले आदिवासियों से अनजाने में कई अपराध हुए भी होंगे, चूंकि जो आदिवासी सदियों से वनों पर अपने जीवकोपार्जन के लिए निर्भर है। अचानक से हुए इन बदलाव के लिए न ही वो तैयार थे और न ही कानून की उन्हें पूर्ण जानकारी ही थी।

छोटानागपुर और सन्थालपरगना के सुरक्षित एवं संरक्षित वनों में वन अपराध, 1911-12 से 1934-35 तक के आंकड़े निम्न है-

वर्ष	सिंहभूम		चाईबासा/कोल्हान		संथाल परगना		पलामू	
	कटाई	चराई	कटाई	चराई	कटाई	चराई	कटाई	चराई
1911-12	108	12	32	19	167	11	87	14
1912-13	33	5	105	28	127	10	62	15

325. संजय बसु मल्लिक, वही, पृ.54।

326. टी. एस. मैकपर्सन, फाइनल रिपोर्ट ऑन द ऑपरेशन ऑफ ए रेकॉर्ड ऑफ राइट्स इन परगना पोरहैट डिस्ट्रिक्ट, सिंहभूम(1905 - 07), बंगाल सेक्रेटिएट कलकत्ता (1908)।

327. स्टुअर्ट कोरब्रिज और सारह जेविट, झारखंड:इनभाइरमेंट डेवलपमेंट, एथनिसिटी, ऑक्सफोर्ड यूनिवर्सिटी प्रेस, न्यू दिल्ली, 2004, पृ.88।

वर्ष	सिंहभूम		चाईबासा/कोल्हान		संथाल परगना		पलामू	
	कटाई	चराई	कटाई	चराई	कटाई	चराई	कटाई	चराई
1913-14	30	2	104	24	112	5	52	20
1914-15	77	5	114	34	118	5	87	13
1915-16	49	1	136	31	68	70	14	-
1916-17	119	2	83	12	129	-	62	6
1917-18	98	12	97	4	77	-	62	12
1918-19	97	12	52	2	104	-	107	33
1919-20	86	13	31	3	113	8	64	11
1920-21	42	6	35	-	92	1	86	17
1921-22	94	11	51	1	158	21	113	51
1922-23	66	6	92	11	220	50	71	17
1923-24	70	8	77	14	166	43	55	14
1924-25	69	8	64	17	185	41	87	15
1925-26	54	17	68	13	192	35	96	19
1926-27	30	-	70	11	152	37	101	22
1927-28	82	2	77	1	94	45	110	12
1928-29	75	6	121	2	112	22	64	7
1929-30	116	5	125	-	217	23	78	4
1930-31	92	7	82	6	234	10	82	9
1931-32	104	11	89	6	224	19	36	8
1933-34	126	8	124	10	156	26	102	12
1934-35	101	7	106	12	172	13	82	10

(स्रोत:-उड़ीसा एवं बिहार सरकार, 1911-12 से 1934-35)

शायद 1908 के बाद के 30 वर्षों में सरकार की वन नीति से त्रस्त होकर आदिवासियों ने वन उत्पादों का उपयोग करने के लिए अपराध करना शुरू किया और ऐसा इसलिए कि जैसे उनके पूर्वज अपने आवश्यकताओं के लिए उन्नीसवीं शताब्दी में स्वतंत्रतापूर्वक किया करते थे।

छोटानागपुर के आदिवासियों के बीच वृक्ष के संबंध में कुछ परंपरागत नियम इस प्रकार थे-

- *सामान्यतः वृक्ष पर अधिकार उस व्यक्ति का माना जाता था जो उसे रोपता था, लेकिन इसका यह बिल्कुल मतलब नहीं था कि कोई रैयत अपनी जमीन को छोड़ कर दूसरे की जमीन पर पेड़ लगाए या जमींदार की जमीन पर वृक्ष लगाए। लेकिन यदि वह ऐसा करता था और एक समय विशेष के अंदर उसका विरोध नहीं किया जाता तो इसका अर्थ यह होता कि उसने वृक्ष लगाने की अनुमति प्राप्त कर ली है।*
- *जो वृक्ष स्वयं उग गये थे लेकिन सी.एन.टी. एक्ट लागू होने के समय वह जमीन यदि किसी रैयत की हो गयी हो तो वृक्ष पर रैयत का अधिकार माना गया।*
- *जंगल में उगने वाले वृक्ष और परती जमीन पर उगे पेड़ों पर जमींदारों का अधिकार माना गया। लेकिन यदि बेकार जमीन पर वृक्ष किसी ग्रामीण रैयत ने लगाया हो तो उस पेड पर उसका अधिकार माना गया।*
- *वृक्ष के मालिक को यह अधिकार दिया गया कि वह अपने वृक्ष पर लाह की वृक्ष खेती करें या कोई अन्य कार्य करें। जरूरत पड़ने पर वह उसे काट भी सकता था और इसके लिए उसे किसी की इजाजत की आवश्यकता नहीं थी।*
- *रैयत की भूमि पर लगे पेड़ के फलों पर पूरे समुदाय का अधिकार माना जाता था।*[328]

आदिवासियों के परम्परागत जीवन में वृक्षों का काफी अधिक महत्व था। जिसका उपयोग वे दैनिक नित्य कर्म में किया करते थे। इसका एक उदाहरण लातेहार जिला के महुआडाँड़ प्रखण्ड के आदिवासियों का लिया जा सकता है। प्रशनोत्तर एवं साक्षात्कार के माध्यम से वृक्षों के उपयोग के संबंध में जो आंकड़े उपलब्ध हुए है। वे निम्नलिखित हैं-

वृक्ष	ईंधन के रूप में	इमारती लकड़ी के रूप में	फर्नीचर के रूप में	हल की लकड़ी के रूप में	भोज्य पदार्थ के रुप में	तेल के रूप में	औषधि के रूप में	धार्मिक कार्यों के लिए	जानवरों के लिए चारा के रूप में
बबूल	√	√							
बेर	√	√	√		√		√		√

328. विनोद कुमार, पूर्वोद्धृत, पृ.67।

वृक्ष	ईंधन के रूप में	इमारती लकड़ी के रूप में	फर्नीचर के रूप में	हल की लकड़ी के रूप में	भोज्य पदार्थ के रुप में	तेल के रूप में	औषधि के रूप में	धार्मिक कार्यों के लिए	जानवरों के लिए चारा के रूप में
बेल	√								
भेलवा	√	√							
डहु	√	√	√		√			√	√
धौंटा	√	√	√	√					√
डूमर	√	√			√			√	
यूकोलिप्ट्स	√	√	√			√			
फुटकल	√				√				√
गमहार	√	√	√						
कटहल		√	√		√		√		√
जामुन	√	√	√	√	√				√
जिरहुल	√				√				
कचनार	√				√		√		√
करम		√						√	√
करंज	√					√	√		
करौंदा	√	√			√				√
केंद	√	√	√	√	√		√		√
कोयनार	√				√				√
कुसुम	√	√	√	√	√	√			√
महुआ	√	√	√		√	√	√	√	√
आम	√	√	√		√				√
नीम	√	√	√		√	√	√	√	√
पीपल	√				√			√	√
पियर	√	√	√		√				√
पुटुस	√								
साल	√	√	√	√	√	√	√	√	√
सेम्बल	√	√	√		√				√
इमली	√				√		√		√

वृक्ष	ईंधन के रूप में	इमारती लकड़ी के रूप में	फर्नीचर के रूप में	हल की लकड़ी के रूप में	भोज्य पदार्थ के रुप में	तेल के रूप में	औषधि के रूप में	धार्मिक कार्यों के लिए	जानवरों के लिए चारा के रूप में
टीक	√	√							
सिंद्वैर	√						√		
अमरूद	√				√		√		√
नाशपती	√				√				√
चीड़	√						√		

अंग्रेजी शासन से पूर्व वन सामुदायिक संपत्ति थे, और उन पर किसी व्यक्ति विषेष का दावा नहीं था। लोग अपनी आवश्यकता के लिए वनों में रहते व वहाँ जाते थे और प्राकृतिक विरासत के रूप में उनकी रक्षा करते थे। *एस सी राय* ने अपनी पुस्तक *"मुण्डा और उनका देश"* में मुण्डा खुंटकट्टीदारों द्वारा किये गए वन प्रबंधन की परंपरागत व्यवस्था का वर्णन किया है - खूंटकट्टी समूह के प्रत्येक सदस्य को ग्राम वनों से अपनी जरूरतों के अनुसार घरेलू और कृषि कार्यों के लिए लकड़ी काटने का अधिकार है। सिर्फ प्रजा होरोको (अतिथि आबादकारों) को कुछ मामलों में इन प्रयोजनों के लिए खुंटकट्टीदारों से अनुमति लेनी होती है, हालांकि उनको भी पहले के जमाने में अनुमति लेने की जरूरत नहीं होती थी। वक्त के साथ जब खूंटकट्टी परिवारों की संख्या बढ़ी और ग्रामवनों का दायरा घट गया, तब कुछ गांवों में पेड़ों को काटने और शाखाओं को काटने की पद्धति और समय से संबंधित नियम बढ़ गए। आम तौर पर वर्षाकाल प्रारंभ होने के पहले चैत या वैषाख (मार्च से मई) के महीने में कई गांवों से पहले से नियत किसी दिन गांव का मुण्डा और पाहन ग्रामीणों को लेकर ग्रामवनों में जाते हैं और ग्रामीण साल भर के लिए जरूरी ईंधन और लकड़ी जंगल के एक निर्दिष्ट भाग से काट लेते हैं और बाकी हिस्सों को छोड़ देते हैं। और इसी प्रकार हर अगले साल बारी-बारी से जंगल के दूसरे हिस्सों से लकड़ियाँ काटी जाती हैं और तब ग्रामीण अपनी-अपनी जरूरत के अनुसार कटी हुई लकड़ियों को ले जाते हैं। इस विवेकपूर्ण प्रक्रिया के फलस्वरूप जंगलों का कभी भी विनाश नहीं होता है। जब तक लकड़ी काटने के लिए लोग जंगल के अंतिम भाग में पहुँचते थे, तब तक पहले काटा गया जंगल फिर से भरपूर जंगल के रूप में विकसित हो जाता था। आज भी मुण्डा इस पद्धति का

अनुसरण करते हैं, खासकर भुंइहरी पट्टियों में जहाँ जंगल खुंटकट्टी पट्टियों की तुलना में कम होते हैं। लकड़ी काटने के इस आवर्ती रिवाज का प्रचलन राँची जिले में उरांव गांवों में भी है और शायद उरांवों ने इसे चालू किया। वास्तव में औपनिवेशिक शासन के पूर्व पूरे झारखण्ड में इसी तरह की पद्धति का प्रचलन था अंग्रेज औपनिवेशिक प्रशासन ने जंगलों में राज्य की मालिकाना और राज्य के प्रबंधन को लागू करके इस तरह की पद्धति को समाप्त कर दिया। भुईंहरी इलाकों में जमींदारों को जंगलों का संरक्षक बनाया गया और आरक्षित वनों के रूप में घोषित क्षेत्रों में जंगलों का प्रबंधन वन विभाग करता था। सिर्फ मुण्डारी खुंटकट्टी इलाके इसके अपवाद हैं, जहाँ पुरानी पद्धति जारी रही हालांकि ये घटते चले गए। ऐसा हुआ कि चारो तरफ के जमींदारी गाँव में लोग तेजी से अपने जंगल खोते गए वे मुंडारी खुँटकट्टी वनों पर अधिकाधिक निर्भर करने लगे इसके अतिरिक्त जब एक वस्तु के रूप में लकड़ी की माँग बढ़ती गई, तब ठेकेदार जहाँ तहाँ जंगलों पर धावा बोलने लगे। कई गांवों के मुण्डाओं ने वन प्रबंधन के पुराने नियमों का उल्लंघन किया।

वृक्षों का आदिवासियों के जीवन में कितना महत्वपूर्ण स्थान है, इसका अंदाजा इसी बात से लगाया जा सकता है कि झारखंड के लातेहार जिले के महुआडांड़ अनुमंडल के अधिकतर गांवों का नाम वृक्षों पर आधारित है जैसे बरटोली, आवराटोली, अम्बवाटोली, साले, धौंटाटोली, डुम्बरडीह, बहेराटोली, दौना इत्यादि। महुआडाँड़ का नाम भी महुआ वृक्षों की बहुलता के कारण यह नाम पड़ा।[329]

अंग्रेजों ने लगान वसूली के लिए छोटानागपुर क्षेत्र में जमींदारी प्रथा को शक्तिशाली बनाया। जिन गाँवों से जमींदारों को लगान वसूल करना था, उन गांवों पर जमीदारों का अधिकार भी बढा और तब जमीदारों ने जंगल पर अपनी पकड़ मजबूत करनी शुरू की। वे आदिवासियों से जंगल से लकड़ी कटवाकर उसका व्यवसायिक उपयोग किया करते थे। उन्होने ठेकेदारों को लीज पर जंगल बेचना शुरू किया और बड़ी संख्या में जगलों के बहुमुल्य वृक्ष काटे जाने लगे। उनके पीछे कानून और अदालतों की ताकत होती थी। कुछ इलाको में जमींदारों

329. महुआडांड़ के कुछ प्रमुख गाँव जिनका नामकरण पेड़, फल, वनस्पतियों के आधार पर हुआ है, जो आदिवासियों के प्रकृति के साथ बेहतर तादाम्य को दिखलाता है। उदाहरण के लिए बहेरा टोली (बहेरा का पेड़) एक प्रकार का फल,... तुंदटोली(तुंद का पेड़), बेलटोली(फल), डुम्बरडीह(फल), महुआडांड़(महुआ का पेड़), पकरीपाठ (पीपल का पेड़), बांस करचा(पेड़), आंवरा टोली(आँवला का पेड़), बर टोली(बैर का पेड़), जामडीह (जामुन का पेड़), सेम्बरबुढनी(सेम्बल का पेड़)।

ने ग्रामीणों से कुछ टैक्स लेकर उन्हें भी इस बात की छुट दी कि ये सप्ताहिक बाजारों में जंगल से लकड़ी काटकर ले जाये और बेचे। जंगल के इस विनाश की तरफ सबसे पहले अंग्रेज कमिश्नर मि. हीट का ध्यान गया। 1883 ई. में उन्होंने इस बात की चर्चा करते हुए कहा - वनों की इस अधाधुंध कटाई से न सिर्फ छोटानागपुर को बल्कि इस प्लेटू के नीचे से जुड़े बंगाल को भी अपूरणीय क्षति हो रही है। 1885 में एक अन्य अंग्रेज अधिकारी ने उच्चाधिकारियों को भेजी अपनी रिपोर्ट में कहा कि हजारीबाग और राँची जिलों में अब तुलनात्मक दृष्टि से कम घने जंगल रह गये है। उसी के आसपास सर्वे डिपार्टमेण्ट द्वारा दिए गये एक आंकड़े के अनुसार उन जिलों में करीब 32 फीसदी जंगल अब भी बचे हुए हैं। लेकिन 18 वीं सदी के अन्त तक कुल 12 फीसदी जंगल कट गये।[330]

जे.रीड महोदय जो 1902-08 तक रॉची जिले के सेटलमेण्ट अधिकारी थे। उन्होंने अपनी रिपोर्ट में बताया है कि जंगल की कटाई के तीन प्रमुख कारण रहे थे पहला महत्वपूर्ण कारण उन्होंने कृषि भूमि तैयार करने के लिए जंगल की कटाई बताया। राँची जिला के *माण्डर, ओरमांझी, सिल्ली, बेड़ो और लापुंग थानों* के तहत पड़ने वाले 14 गाँवों के सर्वे के आधार पर उन्होंने अपनी रिपोर्ट में कहा कि उन गांवों में पिछले पच्चीस वर्षों में 11 से 12 फीसदी जंगल की कटाई हुई है। दूसरा प्रमुख कारण जमीदारों द्वारा जंगल के पेड़ों की ठेकेदारों की बिक्री था, लेकिन इस बात के कोई आंकड़े उपलब्ध नहीं थे। तीसरा कारण था वनकट्टी सिस्टम जिसके तहत जमींदार प्रत्येक ग्रामीण परिवार से कुछ आना से लेकर 1 रूपया तक टैक्स के रूप में वसूल करते थे और उन्हें यह छूट देते थे कि वे जंगल से लकड़ी काटकर साप्ताहिक हाट - बाजारों में बेच सकते थे।"[331] *मि. रीड* की बातों पर विचार करने से ऐसा लगता है कि जो ग्रामीण घरेलू जरूरतों की पूर्ति के लिए लकड़ी काटते उनसे जंगल को कोई विशेष नुकसान नहीं होता था। लेकिन दूसरे ही कारणों से जंगल समाप्त हो रहे थे। मि.रीड ने यह सुझाव दिया था कि वनों पर सरकारी नियंत्रण आवश्यक है।

मि. रीड ने जो सुझाव दिया उसमें उन्होंने यह भी कहा कि उन्हें यह आशंका थी कि यदि वनों का अधिकार एवं प्रबंधन सरकार ने अपने हाथों में ले लिया और इसके लिए बनाये गए कानूनों को लागू करने की कोशिश की तो 19 वीं शताब्दी में हुए विद्रोह जैसी स्थिति उत्पन्न हो सकती है। इसलिए उनका

---

330. विनोद कुमार, पूर्वोद्धृत, पृ.64।

331. जे. रीड, फाइनल रिपोर्ट ऑन द सर्वे एंड सेटलमेंट ऑपरेशनस इन द डिस्ट्रिक्ट ऑफ राँची, कलकत्ता: गवर्नमेंट ऑफ बंगाल प्रेस (1912)।

सुझाव था कि सरकार सम्पूर्ण वन क्षेत्र का प्रबंधन अपने हाथ में न लेकर पाँच से छः सघन वन क्षेत्र ब्लॉकों का प्रबंधन अपने हाथ में ले। उन वन क्षेत्रों में मूलवासियों के जंगल संबंधी परम्परागत अधिकारों का पूर्ण निषेध आवश्यक होगा। इसलिए उन रिजर्व वन क्षेत्रों के अलावा ग्रामीणों के लिए जंगल का कुछ हिस्सा छोड़ दिया जाना चाहिए, जहाँ से वे अपने परम्परागत अधिकारों का उपयोग करते हुए घरेलू जरूरत के लिए लकड़ी ले सके और जहाँ से अपने पशुओं को चरा सकें।[332] *मि. रीड* ने अपने सुझाव में जिन इलाकों के जंगल को रिजर्व फारेस्ट या संरक्षित वन में बदलने की सिफारिश की थी। उनमें ये क्षेत्र शामिल थे- *राँची, अनगड़ा, सिल्ली, कुरडेग, लोहरदगा और कुचडेगा थानों* के जंगल, चूंकि उन जंगलों का आर्थिक मूल्य उस वक्त बहुत कम था, इसलिए उनके अधिग्रहण में सरकार को कोई विशेष खर्च भी नहीं उठाना पड़ेगा, जबकि यदि उन जंगलों का प्रबंधन और सुरक्षा सरकार करे तो अगले दस - पन्द्रह वर्षों से सरकार उनसे लाभ कमा सकेगी। उन जंगलों के वृक्षों को ठेकेदारों, व्यावसायिक कंपनियों और ग्रामीणों को बेच सकेगी। रिजर्व वनक्षेत्र के बाद जो जंगल बचते है, उन्हें ग्रामीण इलाकों के बीच बाँट देने की सलाह उन्होंने दी। लेकिन साथ ही उन जंगलों को जमीदारों के हाँथ में रखने का सुझाव दिया। उनकी धारणा थी कि ज़मींदार अपने अधिकार क्षेत्र में पड़ने वाले जंगल की रक्षा करेंगे। यदि उन्होंने अपने फायदे क लिए जंगल से लकड़ियां काटकर बेच भी दे तो उसकी भरपाई उस इलाके में फिर से जंगल लगाकर करेंगे और यदि उन्होंने वैसा नहीं भी किया तो जंगल स्वतः अपनी स्वाभाविक प्रक्रिया से स्वयं उगेंगें। साथ ही *मि. रीड* का विचार था कि जंगल को ज़मींदारों के अधिकार क्षेत्र में रहने दिया जाय, जहाँ ग्रामीण अपने परंपरागत अधिकारों का उपयोग कर सकेंगे। उनका ये भी विचार था कि वनों को बचाने के लिए और वृक्षों की कटाई पर रोक लगाने के लिए कुछ नियम कानून और उनको तोड़ने पर जुर्माने की व्यवस्था होनी चाहिए।[333] *मि. रीड* ने जो सुझाव दिए थे वो स्पष्ट थे कि वनों को बचाने के नाम पर आदिवासियों से वनों के अधिकार छीन लिए गए थे, लेकिन उसके बाद वनों का और तेजी से विनाश हुआ और इस तरह जंगल पर अदिवासियों मूलवासियों का अधिकार समाप्त हो गया।

332. वही।

333. जे रीड, वही।

वनों पर आदिवासियों के परम्परागत अधिकारों के समाप्त होने पर चिंता व्यक्त करते हुए *मि. गुहा* बताते है कि "परिणामस्वरूप जो सहजीवी रिशता पहाड़ के लोगों और उनके जगलों के बीच था वह समाप्त हो गया वे प्रकृति से दूर होते गए।"[334] वन अधिनियमों के माध्यम से आदिवासियों का जंगल पर से उनके अधिकार छीन लिए गए और आदिवासी जंगल से गुम होने लगे और जंगल से मामूली जरूरतों को पूरा करने के लिए प्रवेश करने पर कानून के द्वारा ग्रामीणों को प्रताड़ित जाने लगा।

विभिन्न वन अधिनियम द्वारा जंगल पर नियंत्रण बढ़ा दिया गया। छोटानागपुर इलाके में विभिन्न विद्रोहों के कारण खूंटकट्टी जंगल को मान्यता दी गयी थी। इसका अर्थ कि इन पर आदिवासियों का अधिकार मान लिया गया था। जंगल पर नियंत्रण, उसका उपयोग एवं उसकी समृद्धि उनको ही हाथों में थी। पिछले कुछ वर्ष में इस स्थिति में परिवर्तन आया है सरकारी वन में कमी आती गयी। जंगल माफिया तत्व खूंटकट्टी जंगलों को नुकसान पहुंचाने लगे। आज ऐसे कई उदाहरण है जहाँ जंगल उजड़ चुके है और जंगल सिर्फ वहीं बचे है जहाँ आदिवासी डटे हुए है।

एक और बात जिस पर चिंतन करने की आवश्यकता है, वह यह है कि विभिन्न माध्यमों से यह बात सामने आई है कि उर्वरक भूमि की मात्रा घट रही है। इसका कारण बताया जा रहा है कि जंगल जैसे - जैसे काटे गए एवं वनरोपण के नाम पर व्यावसायिक वृक्षों का रोपण किया गया उससे यहाँ की जमीन की उर्वराशक्ति प्रभावित हुई तथा उत्पादन कम होने लगा। कई लोग बताते है कि जगलों की अंधाधुध कटाई के कारण पठारी इलाकों की भूमि बड़े पैमाने पर बंजर बन रहें है।

वास्तव में जब जंगलों पर आदिवासियों का पूर्ण अधिकार था तब वन सुरक्षित थे भूमि उर्वर थी एवं सीमित अर्थ में इसका उपयोग होता था, लेकिन वनों को संरक्षित कर देने के उपरांत इसका व्यवसायीकरण कर दिया गया और वन तेजी से समाप्त होते गए।

श्री बी. के. रॉयवर्मन जिनकी अध्यक्षता में 1980 में वन नीति को पुनः परिष्कृत करने के उद्देश्य से एक समीति बनाई गई थी उन्होंने अपनी जो रिर्पोट दी उसमें उन्होंने जनजातियों के जीवन में वनों के महत्व पर जोर दिया उन्होने बताया कि निःशुल्क ईंधन, चारा और घर बनाने के लिए लकड़ी के अलावा

---

[334]. रामचंद्र गुहा, पूर्वोद्धृत(1989)।

जनजातिय लोग अपनी आय का एक तिहाई हिस्सा जंगल की वस्तुओं से ही प्राप्त करते हैं।

अंग्रेजी शासन से पूर्व वन सामुदायिक सम्पत्ति थे और उन पर किसी व्यक्ति विशेष का दावा नहीं था। लोग अपनी जरूरत के लिए वनों का उपयोग करते और वन को प्राकृतिक विरासत मानकर उसकी रक्षा करते जनजातियों के लिए वन उनका जीवनदाता था। वनों के साथ उनके प्रतीकात्मक संबंधों ने ही उनकी स्वतंत्रता या उन्मुक्तता की नींव रखी थी। पूरे दूनिया से अलग रहने के बावजूद वे स्वतंत्र जीवन यापन कर रहे थे पर अंग्रेजों के लिए वन बहुमूल्य थे। अधिनियम बनाकर औपनिवेशिक सरकार ने वन सम्पदा पर कब्जा कर लिया इस प्राकृतिक सम्पदा का विदोहन करना शुरू कर दिया। वनों में निवास करने वाली जनजातियाँ अपनी ही भूमि पर बाहरी हो गये, क्योंकि वन सरकार की सम्पत्ति हो गयी थी।[335]

देशज लोगों का अपनी जमीन के साथ एक विशेष संबंध होता है उनके लिए जमीन सिर्फ उपज लेने के काम आने वाली वस्तु ही नहीं बल्कि आध्यात्मिक स्रोत भी है। परंपरागत भूमि उनके लिए पूर्वजों की समाधि, वंश गोत्र का मूल स्थल तथा उनकी धार्मिक पद्धति के अंतर्गत आवश्यक अन्य पवित्र कृत्यों के रूप में महत्वपूर्ण सांकेतिक तथा भावनात्मक अर्थ रखती है। यही कारण है कि भूमि और रक्त उनके लिए एक जैसा है जैसा कि एक आदिम जनजाति के मुखिया ने कहा मेरी जमीन मेरी रीढ़ की हड्डी है..... मैं स्वयं को सुखी समझता हूँ, स्वयं पर गर्व करता हूँ और मुझे अपने रंग पर जरा भी शर्मिंदगी नहीं है क्योंकि मेरे पास अभी तक जमीन है। मैं नाच सकता हूँ और गा सकता हूँ, जैसा कि मेरे पुरखों ने किया था मेरी जमीन मेरी नींव है मैं तभी तक खड़ा रह सकता हूँ, जी सकता हूँ, काम कर सकता हूँ। जब तक मेरे पैरों के नीचे कोई सख्त एवं मजबूत चीज हो। जमीन के बिना हम संसार के निकृष्ट लोग होंगे क्योंकि आपने हमारी रीढ़ की हड्डी ही तोड़ दी है, हम लोगों की कला, इतिहास और नींव ही छीन ली है, आपने हमारा सब कुछ छीन लिया है।[336]

1927 का वन अधिनियम आदिवासी जीवन शैली एवं उनके परंपरागत अधिकारों पर सीधा हस्तक्षेप था। यूं तो इस कानून के पूर्व ही विभिन्न वन कानूनों द्वारा आदिवासी जीवन को प्रभावित कर नियमित करने का प्रयास

335. नदीम हसनैन, वही, पृ.197।

336. सिनेरिया ऑफ सेवन परमेंट, सीनेमार्ट फाउंडेशन, (1983) नई दिल्ली, पृ.44-118।

किया गया था। जिसका विरोध मुंडा सरदार एवं बाद में चलकर बिरसा मुंडा ने भी किया था। 1927 का वन अधिनियम पूरी तरह से आदिवासी संस्कृति एवं जंगलों पर उनके अधिकारों पर दखल था। आरम्भ से ही आदिवासी समुदाय जंगल के निकट रहा है। पर अब ऐसी परिस्थिति उत्पन्न कर दी गई थी जो एक प्रकार से उन्हें उनकी संस्कृति से उनका संबंध विच्छेद कर रही थी। आदिवासी जीवन में जन्म से लेकर मृत्यु तक प्रत्येक संस्कार के पीछे प्रकृति एवं जंगल से प्राप्त उत्पादों का महत्व अधिक था, एवं इसका उपयोग आवश्यक था। इसके बिना उनके सारे अनुष्ठान कार्य अधूरे थे, पर इस अधिनियम ने पूर्व के सभी कानूनों से आगे बढ़कर आदिवासी एवं जंगल के बीचों बीच एक लंबी रेखा खींच दी। जिसका आदिवासी जीवन पर गहरा प्रभाव पड़ा। इस अधिनियम के लागू होने के बाद से आदिवासी जंगल से दूर होता गया और महत्वपूर्ण बात यह होती गई, कि जंगल कम होते गए। अब जंगल का पूर्ण व्यवसायिकरण हो गया और जंगल काटना एवं इसका समाप्त होते जाना आम बात हो गया। अब तो जंगल वहीं बचे है जहाँ आदिवासी रहते है। जहाँ आज भी आदिवासी जंगल बचाने के लिए संघर्ष कर रहें है।

पंचम अध्याय

1947 ई. तक छोटानागपुर के भूमि सर्वेक्षण के विभिन्न आयाम

मध्यकालीन भारत में मुसलिम शासन व्यवस्था के अंतर्गत ऐसी कोई विशेष व्यवस्था नहीं थी कि जिससे जमींदार अपनी जमींदारी और रैयत अपनी जमीन तथा काश्त को समझे। मुसलिम शासन व्यवस्था के अंतर्गत जमींदार तथा रैयतों को कुछ ही दिनों के लिए बन्दोबस्ती दी जाती थी और फिर कुछ दिनों के बाद एक से लेकर दूसरे के हाथ भूमि की बन्दोबस्ती कर दी जाती थी, इसलिए जमींदार और रैयत अपनी जमीन की उन्नति के लिए कुछ व्यवस्था नहीं कर पाते थे।

लोदी वंश के शासक *सिकन्दर लोदी* ने इस दिशा में सर्वप्रथम एक प्रयास किया था। सिकन्दर ने खेतों की नाप के लिए एक नया गज भी चलाया जो प्रायः 30 इंच का होता था और जिसे *'सिकन्दरी गज'* कहते थे। यह अकबर के समय तक चलता रहा। कहा जाता है कि इस काल में खेतों की नाप के आधार पर नकद लगान देने का आम प्रचलन था।[337] *टोडरमल* से पूर्व अफगान शासक *शेरशाह सूर* ने 1540- 1545 ई. के मध्य में राजस्व को बढ़ाने के लिए *प्रथम भू - पैमाइश* करायी थी, इसमें लोहे की जंजीरों से परस्पर जुड़े हुए बाँसो का उपयोग किया गया था। एस. सी. मिश्र ने *रेवेन्यू सिस्टम ऑफ शेरशाह* नामक शोध पत्र में बताया है कि दस्तावेजों में प्रयुक्त शब्द *'जरीबे'* और अनुवाद के रूप में आधुनिक लेखकों द्वारा प्रयुक्त *'मेजरमेंट'* या *'मापन'* शब्द आदि यह ध्वनित करता है कि शेरशाह ने पहले सारी कृषि भूमि की *क्षेत्रमिति* (मापन)

---

337. अवध बिहारी पांडेय, मध्ययुगीन भारत, सुरजीत पब्लिकेशनस दिल्ली, 2012 पृ.253

करवाई थी और तब उसके आधार पर उसने भू - राजस्व निर्धारित किया था।[338] शेरशाह ने जमीनों के नक्शे बनवाए, काश्तकारी और मिल्कियत का वर्गीकरण करवाया। *दौलत - ए - शेरशाही*[339] के फरमान संख्या 10 से पता चलता है कि कृषि भूमि और कृषि अयोग्य (पड़त) भूमि के मापन का कार्य *अहमद खाँ* को सौंपा गया था उसने यह कार्य ब्राह्मणों की मदद से पूरा किया इस सर्वेक्षण के आधार पर एक *रजिस्टर* (खसरा - खतौनी) तैयार किया गया। जिसमें मालिक के अधिकारों और सारी खेतिहर जमीनों के माप और उनकी किस्में दर्ज की गई। मापन कार्य के लिए 32 अंक वाला *सिकंदरी गज*[340] और *सन की डंडी* काम में लाए गए।

अकबर ने खेतों के क्षेत्रफल के आधार पर कर लेने का निश्चय किया था। पहले खेतों की नाप एक ऐसी रस्सी की सहायता से की जाती थी जो *'सन'* की होती थी और मौसम के प्रभाव से घट - बढ़ जाती थी। सम्राट ने 1575 ई. में *बाँसो की जरीब* का चलन किया और उसको लोहे की जंजीर और छल्लों से बंधवाया ताकि उसकी लंबाई घटने बढ़ने वाली न रहे। इसके बाद उसने गज में भी परिवर्तन किया। भारतवर्ष में उस समय सबसे अधिक चलन *सिंकदरी गज* का था जो *42 अंगुल* का होता था। परंतु कपड़ा नापने में एक *46 अंगुलवाले गज* का प्रयोग होता था जिसे *अकबरशाही गज* कहते थे। इस विविधता को दूर करने के लिए सम्राट ने सन् 1586-87 से एक ही गज सब कामों के लिए चलाया और उसका परिमाण *41 अंगुल* स्थिर किया गया तथा उसका नाम *'इलाही गज'*[341] रखा। खेतों को बीघे में नापा जाता था। एक बीघे में 3600

---

338. हरिश्चन्द्र वर्मा, मध्यकालीन भारत भाग 2, हिंदी माध्यम कार्यान्वय निदेशालय, दिल्ली विश्वविद्यालय, 2009 पृ.31

339. तारीख ए दौलत शेरशाही की रचना हसन अली खाँ ने फ़ारसी भाषा में की थी इसमें शेरशाह के जीवन एवं प्रशासन के विषय में महत्वपूर्ण जानकारियां प्राप्त होती है।

340. सिकन्दर लोदी ने भूमि के लिए एक प्रमाणिक पैमाना सिकंदरी गज अथवा 'गज-ए-सिकन्दरी' का प्रचलन करवाया, जो 30 इंच का था।

341. आइन ए अकबरी के अनुसार शासन के इक्कतीसवें वर्ष तक अकबर द्वारा भूमि की नाप करने की मानक इकाई 'सिकंदरी गज' थी। जो लोदी काल में प्रचलित कांसे के सिक्के इस इस्कंद्री के 41 इस्कंदरिों के व्यास के बराबर था। हुमायूं के शासन काल में यह माप 42 इस्कंदरी व्यास के बराबर कर दी गयी। अपने शासन के इकत्तीसवें वर्ष में जब अकबर ने देखा कि अलग-अनलग माप होने से प्रजा को बहुत असुविधा हो रही है और उससे बेईमानी को बढ़ावा मिल रहा है तो उसने उसे समाप्त कर दिया। अकबर ने इकतालसी अंकों के मध्यम 'गज' (इलाही गज) का प्रचलन प्रारंभ किया। गज सिकंदरी और गज इलाही में 39: 41 का अंतर था।

वर्ग गज होते थे। एक *बीघे* में बीस *बिस्वा* और एक *बिस्वे* में बीस *बिस्वासी* होती थी।[342]

अकबर ने साम्राज्य की भूमि का वर्गीकरण कराया और उसी के आधार पर कर वसूल करने की प्रथा चलायी। कृषि योग्य भूमि के चार वर्ग किये गये

1. ***पोलज***
2. ***परती***
3. ***चचार और***
4. ***बंजर ।***

पोलज भूमि: - उस भूमि को कहते थे जिसमें प्रतिवर्ष खेती होती थी और इस हेतु जिससे प्रतिवर्ष कर मिलता था।

परती भूमि:- परती भूमि उसे कहते थे जो किसी कारण एकाध वर्ष जोती बोयी नहीं जाती थी। इस भूमि के लिए यह नियम बनाया गया था कि इससे केवल उसी वर्ष का कर माँगा जाय जिस वर्ष उसमें खेती हो, परंतु कर की दर वही हो जो उस क्षेत्र की पोलज भूमि के लिए लागू हो।

चचार भूमि:- चचार भूमि उस भूमि को कहते थे जो 3-4 वर्ष तक एक साथ परती पड़ गयी थी और जिसके खराब हो जाने की आशंका उत्पन्न हो गयी थी। इस भूमि के लिए यह नियम बनाया गया कि उससे सामान्य दर से काफी कम लगान लिया जाए और 5 वर्ष में क्रमशः बढ़ाते हुए पाँचवे वर्ष से पूरा कर लिया जाए।

बंजर भूमि:- यह वह भूमि थी जिसमें पिछले पाँच वर्ष अथवा अधिक से कुछ न बोया गया हो। इस भूमि के लिए भी विशेष दर का विधान था।

मुगल शासन काल 1585-1707 ई. के बीच बादशाह *अकबर* से लेकर *औरंगजेब* तक भूमि व्यवस्था एंव अर्थ - व्यवस्था में सुधार लाने का काफी प्रयास किया गया। इस सुधार प्रयास के क्रम में दिल्ली स्थित मुगल बादशाह *जहाँगीर* ने सन् 1616 ई. में उस समय के छोटानागपुर के राजा *दुर्जनशाल*[343] को कर नहीं दे सकने के आरोप में बन्दी बना लिया था और उन्हें बन्दीगृह में 12 वर्षों तक

342. अवध बिहारी पांडेय, पूर्वोद्धृत, पृ.615

343. छोटानागपुर का नागवंशी राजा दुर्जन साल *जिसका* शासनकाल(1614-1615)(1627-1640) माना जाता है

कारावास की सजा दी थी इस बात की व्याख्या *तुजुक - ए - जहाँगीरी*[344] में भी की गई है। जेल से वापस आने पर *दुर्जन शाल* के व्यवहार में परिवर्तन आ चुका था वह जहाँगीर के राजमहल की शान- -शौकत को देख चुका था। जब वह वापस लौटा तो अपने साथ *कुलीन*, *ब्राह्मण*, *राजपूत* तथा अन्य लोगो को *छोटानागपुर* लेता आया और उनकी सेवा के बदले उन्हें गाँव की *जागीर*[345] सौंप दी। इस व्यवस्था परिवर्तन के फलस्वरूप कर वसूली में अनियमितता एंव मनमानी की जाने लगी और झारखंडी कृषकों में अशांति और आक्रोश जन आंदोलन के रूप में भड़क उठा, लेकिन यह दबा दिया गया।[346]

भारत में ब्रिटिश शासन सन् 1765 से 14 अगस्त 1947 ई. तक रहा। प्रारंभिक काल में दिल्ली में मुगल बादशाहों का दरबार रहने के कारण इगलैंड स्थित *ईस्ट-इंडिया कंपनी* के द्वारा भेजे गये *गर्वनर जेनरल* कलकत्ता में रहकर शासन की बागडोर संभालते थे। *लार्ड कलाईव* के शासन काल में *लगान व्यवस्था* में व्याप्त भ्रष्टाचार था। इस समय दिल्ली में मुगल बादशाह *शाह आलम द्वितीय* का राज था।

सन् 1772 ई. में छोटानागपुर के राजा *द्रिपनाथ शाही* ने *छोटानागपुर राज* को *ईस्ट इंडिया कंपनी* के हाथ सौंप दिया। जागीरदारों ने झारखंडी रैयतों के द्वारा कड़ी मेहनत से बनाये गए खेतों को हड़पना शुरू कर दिया सन् 1772 ई. में ही कृषि संबंधी बुराईयों को दूर करने के लिए *लार्ड वारेन हेस्टिगंस* ने पहले पांच वर्षीय *बन्दोबस्त* और बाद में एक वर्षीय *बन्दोबस्त* को लागू किया। दोनों का परिणाम अच्छा नहीं निकला।[347] इस अव्यवस्था को दूर करने के लिए ईस्ट इंडिया कम्पनी ने *लार्ड कार्नवालिस* को *गर्वनर जेनरल* बनाकर भेजा। इन्होंने जमीन के वास्तविक मालिक *जमींदार* को माना। अव्यवस्था को दूर करने के लिए *दस वर्षीय बन्दोबस्त* लागू किया गया। बाद में *बोर्ड ऑफ कन्ट्रोल एंव बोर्ड ऑफ डाइरेक्टर्स* के आदेशानुसार सन् 1793 ई. में लगान, स्थायी बन्दोबस्त के रूप में स्वीकार किया गया। इसी समय में *ठीकेदारों*, *जमींदारो* तथा *सूबेदारों* के अलावे *साहूकारों* और *महाजनों* का भी प्रार्दुभाव हुआ, जो अलग शोषक दल बन गये थे। कृषकों में इतना असंतोष फैल गया था कि सन् 1802 ई. में जमींदारों, ठीकेदारों, *सूबेदारों*, साहुकारों तथा महाजनों के विरूद्ध जन-आन्दोलन हो गया

344. *तुजुक-ए-जहाँगीरी* भाग 1, पृ 315-16, इलियट एंड डावसन भाग 6, पृ. 345

345. जागीर का अर्थ पुरस्कार स्वरूप राजाओं-महाराजाओं द्वारा दी गई ज़मीन होता है।

346. मिखाएल कुजूर, भू-सर्वेक्षण ज्ञान ज्योति, काथलिक प्रेस, पृ.23

347. रशिम कात्यायन, झारखंड लैंड मैनुअल, क्राउन पब्लिकेशन, 2015, पृ. 264

था। लेकिन *कप्तान जॉन* नामक ब्रिटिश एजेन्ट ने सब विद्रोहियों को दल बल के साथ दबा दिया।[348]

झारखंड क्षेत्र में भू सम्बन्धी परम्परागत कानून बेहद सरल थे। जमीन का मालिक वह होता था, जिसने जंगल काटकर खेती लायक भूमि तैयार की ऐसे जमीन को *उराँव व्यवस्था* में जमीन के मालिक को '*भुईहर*' एंव और उस तरह की जमीन को '*भुईहरी*' जमीन कहते थे। *मुण्डा व्यवस्था* में इस तरह के भूमि के मालिक को '*खूँटकट्टीदार*' एंव उस तरह की जमीन को '*खूँटकट्टी*' भूमि कहते थे। लेकिन कांलातर में गाँवों की व्यवस्था के लिए गाँव के प्रधान को कुछ जमीन गाँववाले देने लगे। वैसी जमीन को '*मझिहस* कहा जाता था। इसके अलावा *परहा राजा* या *खुखरा राजा* की जमीन थी। लेकिन इन बातों को लेकर भूमि को लेकर कोई विवाद न था, परन्तु बाद में *खुखरा*[349] राजाओं ने बाहरी लोगों को अपने क्षेत्र में बसाया। राजा ने गाँवो को जागीर के रूप में देना शुरू किया। ये अनैतिक तरीके से किसानों से मनमाना लगान वसूल करने की माँग करने लगे। अग्रेंजो के आगमन से इन्हें बल मिला क्योंकि अंग्रेज स्वयं चाहते थे कि उन्हें इस क्षेत्र से अधिक लगान मिले। इन सब बातों से इस क्षेत्र में असंतोष बढ़ा, जिसका परिणाम *कोल विद्रोह* के रूप में सामने आया।

1858 ई. में *सोनपुर* और *बसिया* परगनों में *जमींदार* और *रैयतों* के बीच इतनी तना - तनी मची कि उनको शांत करने के लिए राँची से एक दल सिपाही गोविन्दपुर भेजे गए।[350] सोनपुर और बसिया में 1858 ई. में उभरे असंतोषो को दृष्टि में रखकर ब्रिटिश सरकार ने छोटानागपुर की भूमि व्यवस्था को सुव्यवस्थित करने का भरसक प्रयास किया। राँची जिला में सरकार की ओर से *नागवंशी लाल लोकनाथ शाहदेव*[351] 15 अप्रैल 1858 ई. को इस कार्य के लिए *सहायक कमिश्नर* नियुक्त किया गया। 1860 ई. के अप्रैल महीने से उन्होने नाप करना शुरू किया। यह छोटानागपुर में *प्रथम भू - सर्वेक्षण* कार्य था। लाल साहब पूरे मनोयोग से इस कार्य में जुटे थे[352] उन्होनें *लोधमा, खुखरा, उदयपुर,*

---

348. मिखाएल कुजूर, पूर्वोद्धृत, पृ. 2

349. **दुर्जन साल** मध्य काल में खुखरागढ़ के नागवंशी राजा थे। जहाँगीर की कैद में 12 साल रहने के बाद 1627 में रिहा होते है तब दुर्जनशाल अपनी राजधानी खुखरागढ़ से सिसई के दोयसागढ़(नवरत्नगढ़) में स्थान्तरित करते है।

350. बी.पी. केशरी, छोटानागपुर का इतिहास कुछ, कुछ संदर्भ, नागपुरी संस्थान, पिठोरिया, 2009, पृ.68

351. जिस समय लाल लोकनाथ शाहदेव सहायक कमिश्नर के रूप में कार्य कर रहे थे उस समय छोटानागपुर में नागवंशी महाराजा जगन्नाथ शाह देव (1817-1872) शासक थे

352. बी.पी. केसरी, पूर्वोद्धृत, पृ.68

सोनपुर, दोएसा, कोराम्बे और *बसिया* परगना के गाँवो की भुईहरी भूमि को खतियाना शुरू किया। उन्होंने 429 गाँवो की भूमि का निर्धारण किया, जिनमें टांड़ भूमि की *भुईहरी* में गिनती नहीं थी। साथ ही 572 झगड़ो का निपटारा किया गया। साथ ही लोकनाथ शाही के निर्णय को *सामान्य दीवानी अदालत* में चुनौती दी जा सकती थी। लोकनाथ शाही का काम देखकर लोग आश्वस्त थे कि एक दिन उनकी भी भुईहरी भूमि निश्चित हो जाएगी। अतः वे शांत थे लेकिन दुर्भाग्यवश 13 अगस्त 1862 ई. को लाल साहब का देहान्त हो गया, इससे यह कार्य पूरा नहीं हो सका और फिर से आदिवासी एंव जमींदारो के बीच पुनः अस्तिव का संघर्ष छिड़ गया। 1867 ई. में अंग्रेजी सरकार ने राँची जिले के सभी भुइँहरी खेतों को नये सिरे से नाप डालना उचित समझा।

चुटिया - नागपुर काश्तकारी अधिनियम या *बंगाल अधिनियम -2, 1869 ई.* छोटानागपुर के लिए पारित अधिनियमों में सर्वाधिक महत्वपूर्ण था।[353] 1868 ई. तक सरकार के सम्मुख यह लगभग स्पष्ट हो चुका था कि यदि काश्तकारी सबंधित कुछ ठोस कदम नहीं उठाया गया तो छोटानागपुर के निवासियों में असंतोष और अशांति बढ़ती जायेगी।[354] सरकार चाहती थी कि भूमि के स्वामित्व या अन्य प्रशनों को लेकर जनमानस में बनी अनिश्चितता समाप्त होनी चाहिए। परिणामस्वरूप इस अधिनियम को संरचित किया गया। इस अधिनियम के द्वारा चुटिया नागपुर की विभिन्न प्रकार की भूमि की माप की जाएगी तथा इसके स्वामित्व को निश्चित किया जाएगा तथा इस प्रकार एक *रजिस्टर* तैयार किया जाएगा। इस प्रयास से अनेक विवादों को समाप्त करने में सहायता मिलने की संभावना थी यद्‌यपि यह एक अत्यंत कठिन एंव जटिल तथा धैर्य का काम था। यह अधिनियम संपूर्ण लोहरदगा जिला पर प्रभावी किया गया।[355] इस अधिनियम का मुख्य उद्देश्य भुइँहरी भूमि के स्वामित्व का निर्धारण करना था। इस अधिनियम द्‌वारा बंगाल के *लेफ्टिनेंट गर्वनर* को अधिकृत किया गया था कि वे इस काम के लिए एक *विशेष आयुक्त* की नियुक्ति कर सकते है। आयुक्त सभी प्रकार की भूमि की प्रकृति को निर्धारित करेगा तथा उसे सीमाबद्ध कर उसके स्वामित्व को भी निश्चित कर देगा कि

353. अरविंद जी सहाय, एडमिनिस्ट्रेशन ऑफ बिहार ड्यूरिंग दी रूल ऑफ दी ईस्ट इंडिया कंपनी 1765-1859, अप्रकाशित शोध प्रबंध, इतिहास विभाग, राँची विश्वविद्‌यालय राँची, 1995, पृ. 95

354. पुरुषोत्तम कुमार, मयूटिनीज एंड रेवेलियंस इन छोटानागपुर, जानकी प्रकाशन, पटना, 1991, पृ 15

355. होम(ज्यूडिशियल) प्रोसीडिंग्स न.136, दिनाँक 20 फरवरी 1879, राष्ट्रीय अभिलेखागार, नई दिल्ली, भारत

कौन *मझिहस* भूमि है, और कौन *भुईहरी* भूमि है।[356] विशेष आयुक्त से आशा की गई थी कि वे एक सही सही पंजिका तैयार करेगें, जिसमें विस्तार से इनके लगान सहित भूमि का विवरण, स्वामित्व का विवरण आदि लिखा होगा। विशेष आयुक्त को इस अधिनियम से यह अधिकार प्राप्त था, कि वे उस भूमि को, जो गलत तरीके से बेदखल की गई है अधिनियम के पारित होने के 20 वर्षों की अवधि के भीतर पूर्व स्वामी को लौटा दे तथा गाँव की पंजिका में भूस्वामी के रूप में उनका नाम लिख दे।[357]

सुनिश्चित यह भी किया गया कि उनके द्वारा तैयार रजिस्टर के प्रकाशन के दौरान या प्रकाशन के बाद किसी भी गाँव के रिकार्ड ऑफ राइट अन्तिम होगा और इस रजिस्टर में दर्ज *रिकार्ड आफ राइट*[358] के अलावा गाँव की कोई जमीन भुइँहरी या मझिहस नहीं मानी जायेगी। इस अभियान की शुरूआत 1 अप्रैल, 1869 को हुई थी और 31 मार्च, 1880 तक यह चली अर्थात पूरे 11 वर्ष तक यह कार्य चलता रहा, इसी समय में राँची जिले के 2482 गाँवो का सर्वेक्षण काम किया गया।[359] इस अधिनियम के अन्तर्गत, सर्वेक्षण काल में *10,146 मुण्डारी खूंटकट्टीदारी टीनेन्सी* का निर्धारण हुआ, जो मुख्यतः *खूँटी, तमाड़, सोनाहातु, बुंडू* और *तोरपा* क्षेत्रों में थी।[360] इस अभियान में उस वक्त 269887 रूपये खर्च हुए। इस अभियान का नेतृत्व विशेष आयुक्त *बाबू रखाल*

---

356. अनिल कुमार, झारखंड में मुंडा का आर्थिक इतिहास, जानकी प्रकाशन, पटना, मार्च 2002, पृ.120

357. एस. सी रॉय, दी उराँव ऑफ छोटानागपुर, ब्राहमो मिशन प्रेस, कलकत्ता, 1915, पृ.169

358. रिकॉर्ड ऑफ राइट्स एक प्रकार से भूमि एवं भूमि से जुड़े लोगों की जानकारी उपलब्ध कराता है। Carol upadhyay के अनुसार-"*The main sources of land and community rights for cultivators in Chhotanagpur today are still the "khatians", or record of rights, that were created during the initial and revisional survey and settlement operations carried out under the CNTA. The original land records were published in three parts: Part I is the Khewat or "record of rights", which shows the order of rights or interest in each plot of land; Part II is a record of community rights, commonly known as Khatian Part II; and Part III is the Village Note, which provides a general description of the social and economic organisation of each village, the rights and duties of headmen, and community rights in land and resources. The CNTA specifies generally what kinds of community rights are to be recorded in the land records, but the specific customary rights for each village were to be ascertained during the survey and recorded in the Khatian", Community Rights in land in jharkhand, Economic and political weekly, Oct 8 2005, p 4435*

359. विनोद कुमार, आदिवासी संघर्षगाथा, प्रकाशन संस्थान, नई दिल्ली, 2005, पृ.34

360. जे रीड, फाइनल रिपोर्ट ऑफ दी सर्वे एंड सेटलमेंट ऑपरेशन इन दी डिस्ट्रिक्ट ऑफ राँची, कलकत्ता, 1912, पारा 70

दास हालदर ने किया था, इसलिए यह सर्वे देहातों में *राखाल दास सर्वे* के नाम से विख्यात था।

विशेष आयुक्त रखालदास हालदार ने सबसे पहले *लोधमा* परगना का काम हाथ में लिया। जब काम प्रारंभ हुआ तो सोनपुर, बसिया, खुखरा आदि परगनों से लगभग सौ आदिवासी विशेष आयुक्त के शिविर के सम्मुख आ डटे। इन एकत्रित आदिवासियों ने चारों ओर समाचार भेजकर अन्य आदिवासियों को भी जमा कर लिया। उन्होंने सभी मझिहस भूमि पर भुइँहरी भूमि का दावा किया। अतः सभी मझिहस भूमि को अधिनियम के अंतर्गत भुईहरी घोषित किया गया। रखालदास ने टिप्पणी की कि पुराने अनुग्रहों को नकार दिया गया। मझिहस भूमि, पहाड़, जंगल एंव वृक्ष पर भुइँहरी का दावा किया गया।[361]

यह एक सरल प्रक्रिया नहीं थी। जमींदार अधिक से अधिक भुईहर भूमि को मझिहस भूमि में परिवर्तित करना चाहते थे, जैसा वे पहले से करते आ रहे थे। बाबू रखालदास ने शीघ्रता से काम करते हुए 1869-70 ई. में 213 गाँवो की पंजिका तैयार कर ली। *कर्नल ई. टी. डाल्टन* ने उस समय छोटानागपुर के कमिश्नर रखालदास हालदार की प्रशंसा की थी।[362]

किन्तु इसके विपरित्त स्पेशल कमिश्नर की लेफ्टिनेंट गवर्नर से शिकायत भी की गई थी कि अधिकारी जो हिन्दु या मुसलमान होगा, वह कभी भी मूल निवासियों का पक्षधर नहीं होगा। शिकायत में कतिपय मिशनरियों की शिकायतें भी संलग्न कर दी थी। शिकायत राखाल बाबू विशेष आयुक्त की थी, कि वे घूस लेकर जमींदारों के पक्ष में जमीन को पंजीकृत कर देते थे। यह समस्या भुइँहरी बंदोबस्ती से जुड़ी हुई थी। रेव. ओनाश और 15 अन्य लोगों के हस्ताक्षर से बंगाल लेफ्टिनेंट गवर्नर को इस आशय का पत्र भेजा गया कि वे भुइँहरी बन्दोबस्ती संबंधी कानून के विरूध नहीं है, किन्तु इस कानून को क्रियान्वित करने वाले विशेष आयुक्त के पक्ष में नहीं है। आयुक्त या तो हिन्दु होगा या मुस्लिम और ये कभी निष्पक्ष नहीं हो सकते। कोलों की अपेक्षा वे किसी न किसी प्रकार ठीकेदार या जमींदार से जुड़े रहते हैं और इस प्रकार विशेष आयुक्त भुइँहरी भूमि से वंचित कर सकते हैं।

---

361. लैंड रेवेन्यू प्रोसीडिंग्स (न.3, लोहरदगा) अनुच्छेद-2, अगस्त 1817, विशेष आयुक्त बाबू रखालदास का पत्र एच.एल. आलीफतं को, पश्चिम बंगाल राज्य अभिलेखागार, कलकत्ता, अनिल कुमार पूर्वोद्धृत, पृ.170

362. लैंड रेवेन्यू प्रोसीडिंग्स न.51, जुलाई 1871, छोटानागपुर कमिश्नर ई.टी. डाल्टन का पत्र आर.एच. विल्सन को, सी.एन.न. 1408, दिनाँक 14 जून 1871, पश्चिम बंगाल राज्य अभिलेखागार, कलकत्ता, वही, पृ.170

भुइँहरी बन्दोबस्ती का कार्य छोटानागपुर क्षेत्र में शान्ति व्यवस्था बनाए रखने के लिए आवश्यक था और इससे भूमि विवादों में कमी लाना था। *सी. सी. स्टीवेंस* ने पुरूलिया से बंगाल सरकार को लिखे अपने पत्र में इस तथ्य की ओर ध्यान आकर्षित किया था, कि यहाँ के *चर्च* भुइँहरी बन्दोबस्त के क्रियान्वयन में बाधा डाल रहे हैं। उनका उद्देश्य आध्यात्मिक न होकर भौतिक एंव राजनीतिक है।[363] इसी क्रम में 1878 ई. में बंगाल सरकार ने *अधिनियम की संख्या -5 की धारा 23* के अंतर्गत एक संशोधन प्रस्तुत किया। इसमें कहा गया कि विशेष आयुक्त, भुइँहरी बन्दोबस्त जिस क्षेत्र में बन्दोबस्ती हेतु जाएंगे, उसकी सूचना पहले से दे दी जायेगी और इस सूचना के निर्गत होने के 6 सप्ताह के भीतर तक प्राप्त दावे पर ही विचार किया जाएगा। समय सीमित कर देने से ऐसी शक्तियाँ जो जोड़ - तोड़ में लगी हुई थी हतोत्साहित हुई।[364]

यह उपनियम अधिकारियों एंव संलग्न कर्मचारियों के अनुभवों का परिणाम था। भुइँहरी संबंधी अधिनियम की सबंधित उपधारा की संरचना बहुत सोच समझकर की गई थी। इस कार्य में छोटानागपुर के पूर्व आयुक्त *डब्ल्यू. एल. रॉबिन्सन* एंव *टेलर* तथा *श्री हेविट* वर्तमान आयुक्त छोटानागपुर तथा भुइँहरी बन्दोबस्ती के विशेष आयुक्त को सलाह मशविरे के उपरांत तैयार किया गया था। ब्रिटिश सरकार का विश्वास था कि जब पूरी तरह फार्म भरकर जमा करने की निश्चित छः सप्ताह की अवधि निर्धारित हो गई है, तो केस एंव दंड के समय के अभाव से बेईमानी करने की संभावना कम रह जाती है।[365] इस अधिनियम की एक उल्लेखनीय विशिष्ट बात यह थी कि *मुण्डारी खूंटकट्टीदारों* को *'टेन्योर'* के अन्र्तगत नहीं रखा गया। यह छूट की मौलिक विशेषता के कारण था, क्योंकि *मुण्डारी खूंटकट्टीदारी* में स्वामित्व का स्थानान्तरण नहीं होता था। अतः यह टेन्योर के अन्तर्गत नहीं आता था। *'टेन्योर'* धारक का तात्पर्य उस व्यक्ति से होता था, जिसने किसी भूमि का धारक - अधिकार किसी मूल स्वामी से या किसी अन्य भूमि धारक से प्राप्त किया है। यह व्याख्या *छोटानागपुर टेन्योर्स एक्ट 1869* में की गई है किन्तु टेन्योर - धारकों

---

363. रेवेन्यू एंड एग्रेरियन प्रोसीडिंग्स, दिनाँक 24 अक्टूबर 1891, सी.सी. स्टीवेंस (पुरुलिया से) का पत्र चीफ सेक्रेटरी, बंगाल सरकार को, दिनाँक, पुरुलिया 19 न. 1887, न. टी. जे.-1, अनुच्छेद-4, राष्ट्रीय अभिलेखागार भारत, नई दिल्ली, वही, पृ.171

364. प्रोसीडिंग्स ऑफ लैंड रेवेन्यू, गवर्नमेंट ऑफ बंगाल, दिनाँक 8 मई 1878, न.-30, अनुच्छेद न.-02, पश्चिम बंगाल राज्य अभिलेखागार, कलकत्ता, वही, पृ.171

365. वही

में 'मुण्डारी खूंटकट्टीदारी' का नाम समायोजित नहीं है क्योंकि यह "टेन्योर" की परिभाषा में नहीं आता।[366] मुण्डा अपनी खूंट की भूमि न किसी भू - स्वामी से प्राप्त करता है और न ही किसी 'टेन्योर' धारक से। वस्तुतः यह किसी से जमीन प्राप्त नहीं करता है। अपितु मुण्डाओं की खूंटकट्टी की भूमि अपनी है तथा भूमि का स्वामित्व स्वाभाविक एवं परम्परा से है।

भुइँहरी जमीन की व्याख्या राँची जिले में संशोधनात्मक सर्वेक्षण और बन्दोबस्ती कार्य वाही के विषय टेलर के रिपोर्ट में वर्णित है। भूइंहरी काश्तकारी का अर्थ है सर्वेक्षण के तहत रजिस्टर में दर्ज की गई भूमि सामान्यत: भुइँहरी के नाम से जानी जाती है। यह रजिस्टर छोटानागपुर काश्तकारी अधिनियम (अधिनियम २, १८६६) के तहत रखालदास हलदार के द्वारा तैयार की गई। यह सर्वेक्षण 'भुइँहरी सर्वे' के नाम से जानी जाती है। टेलर ने छोटानागपुर काश्तकारी अधिनियम के तहत भुइँहरी जमीन को सात वर्गों में विभाजित किया:

1. भुइँहरी जंगल साफ कर प्रारम्भ में गांव में खेती - बारी के योग्य जमीन।
2. भुइँहरी महतोई - महतो की पदीय खेती - बारी।
3. भुइँहरी मुण्डाई - गाँव - मुण्डा के जोतचास का जमीन।
4. भुइँहरी पहनाई- पाहन के जोतचास का जमीन।
5. भुइँहरी पनभरा - गाँव के पूजा - पाठ में पानी ढोने की सेवकाई के लिए दिया गया जमीन।
6. भुइँहरी डलिकटारी - जमीन जिसकी आमदनी गाँव के धार्मिक उद्देश्यों में लगाई जाती है।
7. भुइँहरी भूतखेता ज़मीन जिसकी आमदनी गाँव मे धार्मिक उद्देश्यों के लिए लगाई जाती है।[367]

अधिनियम 1869 के अन्तर्गत रैयती या खूंटकट्टी भूमि की बन्दोबस्ती से क्रम में देखा गया कि खूंटकट्टी भूमि के लगान एवं रकूतम में तथा रैयती भूमि

366. जे रीड- Tenure holder means a person who has acquired from the proprietor or from another tenure holder, a right to hold land or for purpose of collecting rents or bringing it under cultivation by establishing tenants on it, and includes the successors in interest of persons who have acquired such a right and the holder of tenures entered in any register prepared and confirmed under the chotanagpur Tenures Act, 1869, but does not include a mundari khuntkattidar" दी छोटानागपुर टेनेंसी एक्ट, कलकत्ता, 1910, पृ.8

367. अल्बिनुस मिंज, झारखंड विरासत, पृ.156

धारक के लगान में अन्तर था। हमने देखा कि मुण्डा जो स्वयं खूंटकट्टीदार होता था, "लगान" नहीं अपितु एक स्वैच्छिक चन्दा देता था। इस प्रकार पट्टी प्रमुख मानकी 10-12 गांवों से चंदा एकत्रित कर अपने से ऊपर स्थित राजा या जागीरदार को एकत्रित राशि का एक बड़ा अंश मिल जाता था। सर्वेक्षण के समय पाया गया कि 144 वर्ग मील क्षेत्र में मात्र 156 गांव पूर्ण खूंटी थे। इनसे कुल वार्षिक लगान, रकूमतों एवं बेठ - बेगारी का धनाकलन सहित 19.4 रुपया था। लगान की दर एक आना प्रति एकड़ भूमि थी किन्तु खूँटी थाना क्षेत्र के खूंटकट्टीदारों को 14 आना प्रति एकड़ की दर से लगान देना पड़ता था।[368]

सर्वेक्षण के उपरान्त जब खतिआन तैयार करने का निर्णायक अवसर आया तब सहायक बन्दोबस्ती अधिकारी के खुले शिविर में जमींदार - असामी तथा जमीन का रकबा, सम्बन्धित लगान तथा रकूमत और बेठ - बेगारी का निर्धारण किया गया। इन सभी का रुपये में आकलन किया गया तथा वनों में खूंटकट्टीदारों के पारम्परिक अधिकार का भी निर्धारण किया गया तथा इन सब निर्णयों को खतियान में पंजीकृत किया गया।[369] इस प्रकार की गई बन्दोबस्ती को आम जनता के अध्ययन के लिए खुला रखा गया, 60 दिनों के भीतर बन्दोबस्ती पर आपत्ति दाखिल करने का समय दिया गया। पुनः सुनवाई करने के उपरान्त आवश्यकतानुसार नक्शे एंव खतियान में सुधार किया गया। भुइँहरी नियम की उपयोगिता को सभी अधिकारियों एंव लेखकों ने स्वीकारा है, किन्तु छोटानागपुर की विषम परिस्थितियों के कारण उसका पूरा उपयोग नहीं हो सका एंव विवाद बढ़ते गये। बी. एच. पावेल ने इस अधिनियम की आलोचना करते हुए लिखा था कि यह अधिनियम राजहस एंव सामान्य भूमि की बंदोबस्ती का विचार नहीं करती, जिसमें बहुत से रैयतों की भूमि फँसी हुई थी। रैयत लगान के नियमों के आधार पर अपनी भूमि का दावा पेश कर सकते थे। पावेल अधिनियम की आलोचना करते हुए आगे कहता है कि अधिनियम राजहस भूमि तथा उनमें रैयतों का कोई उल्लेख नहीं करता अपितु निर्देश देता है कि अधिकारों की एक पंजिका तैयार की जायेगी, जिसमें मझियान वर्ग की भूमि का ब्यौरा दिया जाएगा, किन्तु जो भुइँहरी भूमि है, अर्थात जिसे पारंपरिक

368. जे रीड, फाइनल रिपोर्ट ऑफ दी सर्वे एंड सेटलमेंट ऑपरेशन इन दी डिस्ट्रिक्ट ऑफ राँची, कलकत्ता, 1912, पारा 70

369. भी लकड़ा, बिहार ट्राइबल वेलफेयर रिसर्च इंस्टीट्यूट में व्यख्यानमाला, राँची, जनवरी 27-28, 1978, पृ.15

मानकी, महतो[370] से पृथक कर दिया गया है, उसको भी सूचीबद्ध किया जाएगा।[371] अपने आप में एक नई शुरूआत होने के बावजूद खुद अंग्रेज सरकार इस सर्वे कार्य और इस कानून से सन्तुष्ट नहीं थी। इसकी एक वजह तो यह कि इसमें '*भुइँहरी*' शब्द को ठीक से परिभाषित नहीं किया जा सका था। इसके अलावा यह अभियान राँची जिले के आस - पास के इलाके में चलाया गया था और उन गाँवो में खास तौर पर नहीं चलाया गया था जिसे आदिवासी समुदाय *मुण्डा राज*[372] कहकर चिन्हित करते हैं। उसके बाद उस कानून में अनेक संशोधन किये और सुधार किये गये। उसी दौरान जो एक महत्वपूर्ण कानून अस्तिव में आया वह *छोटानागपुर इनकंबर्ट इस्टेट्स एक्ट 6 ऑफ 1876* है। 1876 ई. में बंगाल सरकार ने आदेश दिया कि *छोटानागपुर इस्टेट,* जो कोर्ट ऑफ वार्ड के प्रबंधन के अधीन था, का सर्वे किया जाना चाहिए और उसके सर्वे सेटलमेण्ट का काम सर्वे विभाग के *कैप्टन सैण्डरर्सन* के जिम्मे सौंपा गया। सर्वे का काम नवम्बर 1880 में शुरू हुआ और मार्च 1885 में समाप्त हुआ। सर्वे का काम प्लेन टेबुल सिस्टम द्वारा किया गया जिसमें एक माइल 16 इंच का माना गया। उसी वर्ष 5 जनवरी को डिवीजनल सेटलमेण्ट ऑफिसर के रूप में *मि. स्लेक* ने अपना योगदान दिया था। छोटानागपुर इस्टेट के अधीन सम्पूर्ण राँची जिला और पलामू का टोडी क्षेत्र आता था। लेकिन चूंकि सर्वे सिर्फ उसी खास जमीन की करनी थी जो राजा / महाराजा के अधीन आता था, इसलिए इस क्षेत्र का अधिकतम पाँचवा हिस्सा सर्वे की परिधि में आया। करीबन 742 स्कवायर माइल में *'ए रिकॉर्ड ऑफ राइट'* तैयार किया गया। *भुइँहरी* और मझिहस जमीनों को छोड़कर तमाम खेतिहर जमीन का लगान तय कर दिया गया। इस अधिनियम के बाद छोटानागपुर इस्टेट का रेन्ट 88653 रूपये से बढ़कर 105603 रूपये हो गया।

---

370. मानकी-पट्टी या कुछ गांवों का प्रधान,
महतो- उराँव पड़हा व्यवस्था में गाँव का प्रधान महतो कहलाता था यह पद वंशानुगत एवं ज्येष्ठम सिद्धांत पर आधारित था। महतो को उसके काम के एवज में खेत दिया जाता था। जिसे महतवई खेत कहा जाता है

371. बी.एच्. पावेल, लैंड सिस्टम ऑफ ब्रिटिश इंडिया, वॉल्यूम-1, क्लैरेडन प्रेस, ऑक्सफोर्ड, 1892, पृ.581

372. "गहरी घाटियों से आरक्षित, ऊँचे प्रपातों से अनुगूँजीत, सर्पीली छोटी-छोटी नदियों से सिंचित घने वनों के बीच उगे एवं बिखरे हुए छोटे छोटे गाँवो वाले इस सुरम्य क्षेत्र को 'मुंडा देश' के नाम से अभिज्ञापित किया है", एस.सी.रॉय, दी मुंडाज एंड देयर कंट्री, कलकत्ता, 1912

1885 ई. में *बंगाल काश्तकारी अधिनियम -8*[373] पारित किया गया। भारत सरकार ने इस अधिनियम को छोटानागपुर में भी प्रभावी करने का विचार बनाया।[374] किन्तु यह अधिनियम छोटानागपुर क्षेत्र पर तुरंत प्रभावी नहीं किया गया। लेफ्टिनेंट गर्वनर ने इस अधिनियम को यथावत इस क्षेत्र में प्रभावी करना उचित नहीं समझा, लेकिन तुरंत ही उसने अधिनियम को प्रभावी कर दिया तथा इस क्षेत्र के अनुकूल आवश्यक संशोधन का दायित्व *'सेलेक्ट कमिटि'* पर छोड़ दिया।[375] यह अधिनियम आदिवासियों के आर्थिक सुधार के क्षेत्र में मील का पत्थर साबित हुआ। भुइँहरी भूमि की समस्याओं का निदान होने के उपरांत *राजहस* भूमि की समस्या प्रकट हुई। जमींदारों का कहना था कि आदिवासी गाँव की पूरी भूमि को भुइँहरी कहता है, जबकि कुछ भाग ही भुइँहरी के रूप में स्वीकृत हुआ। आदिवासियों से पीछा छुड़ाने के लिए अब जमींदार राजहस भूमि को मुक्त कराकर कुर्मी या जुलाहा लोगों को खेती के लिए देने लग गए थे। इस प्रकार आदिवासियों को यदि भुईहरी जमीन का लाभ हुआ, तो रैयती भूमि की हानि भी हुई। *छोटानागपुर टेन्योर एक्ट 1869* ई. मुण्डा असंतोषो के निवारण

---

373. बंगाल काश्तकारी अधिनियम सन् 1885 में लागू हुआ। सन 1912 में जब बिहार बंगाल से अलग हुआ तब उसने इस एक्ट को यथावत अंगीकार कर लिया। पुनः आजादी के बाद भी इसे अंगीकार कर लिया गया। इस अधिनियम में तीन अनुसूची और 196 धाराएं है। आवश्यकता के अनुरूप समय-सयम पर संशोधन होते रहे है। इस एक्ट को बनाने का मुख्य उदेश्य जमींदार-काश्तकार के भूमि से सम्बधित प्रथागत अधिकारों(customary rights) को प्रख्यापित करना था । इसे landlord-tenant law भी कहा जाता है। इस अधिनियम के द्वारा पहली बार रैयतों के पक्ष में निम्नांकित अधिकारों को प्रख्यापित किया गया -

१. कोई रैयत बारह साल तक लगातार किसी जमीन पर कायम है, और उसका लगान जमींदार को दे रहा है तो उसे सेटल रैयत का दर्जा प्राप्त हुआ।

२. सेटल रैयत को जमींदार बिना कारण बेदखल नहीं कर सकता था।

3. सेटल रैयत के उतराधिकारी को स्वतः रैयती अधिकार मिलता है। उतराधिकारी को इसकी लिखित सूचना जमींदार को देना पड़ता था।

४. सेटल रैयत अपनी जमीन की बिक्री कर सकता था।

इसके अतिरिक्त कई ऐसे प्रावधान थे जो रैयतों के पक्ष में थे। जमींदार मनमाने तरीके से लगान को नहीं बढा सकता था बल्कि इस एक्ट में निर्धारित प्रक्रिया के अनुरूप ही लगान का पुनः निर्धारण किया जा सकता था। भूखंड के surrender और abandonment का प्रावधान लाया गया। रैयतों के अधिकारों का अभिलेख तैयार करने हेतु सर्वे का प्रावधान लाया गया। जमींदार और रैयतों के बीच, जमींदार और सरकार के बीच विवाद के समाधान के लिए जुडिशल प्रोसेस की शुरूआत हुई। एक्ट के उल्लंघन पर दण्ड का प्रावधान था। जो इस एक्ट को सुदृढ़ता प्रदान करता था। द बंगाल टेनेंसी एक्ट, चक्रवर्ती एवं द्वारिकानाथ, डिजिटल लाईब्रेरी इंडिया जय ज्ञान, 1885

374. प्रोसीडिंग्स, रेवेन्यू एंड एग्रीकल्चरल डिपार्टमेंट, गवर्मेंट ऑफ इंडिया न.28, दिनाँक अगस्त, 1892, सी.ई. बुकलैंड, सचिव, रेवेन्यू डिपार्टमेंट, बंगाल सरकार का पत्र टू भारत सरकार के सचिव को, राष्ट्रीय अभिलेखागार भारत, नई दिल्ली

375. वही

हेतु बनाया गया था, किन्तु इसमें कुछ त्रुटियाँ रह गई थी, जिसका दुष्परिणाम सरदारी लड़ाई और बिरसा विद्रोह में दिखाई पड़ता है। इस प्रकार यह अधिनियम भी आदिवासियों को पूरी तरह संतुष्ट नहीं कर पाया और छोटानागपुर के इतिहास में *'सरदारी लड़ाई'* का एक अध्याय जुड़ गया। यद्यपि सरदारी लड़ाई को दबा दिया गया किन्तु 1899-1900 ई. में बिरसा मुण्डा के नेतृत्व में एक बार पुनः मुण्डाओं ने हथियार उठा लिया। बिरसा आन्दोलन का भी दमन कर दिया गया किन्तु ब्रिटिश अधिकारियों के मन में एक आशंका छोड़ गया कि यदि मुण्डाओं की पैतृक भूमि को सुरक्षा न प्रदान की गई तो मुण्डा विद्रोह का क्रम कभी टूटने वाला नहीं था। अतः मुण्डा भूमि प्रणाली का भीतर से गहन अध्ययन किया गया और इसके अनुरूप नए अधिनियम की आवश्यकता पड़ी। कोल विद्रोह के उपरान्त 1838 में ब्रिटिश अधिकारी इस निष्कर्ष पर पहुँचे थे, कि जब तक लोगों की भूमि की सुरक्षा सुनिश्चित नहीं हो जाती देश की शान्ति के प्रति हम आश्वस्त नहीं हो सकते।[376] अतः धारा एक, 1879 तथा अधिनियम 1897 (5) को सुधार कर *बंगाल अधिनियम, 1903 (5)* के रूप में प्रस्तुत किया गया।[377] इस सुधारे गए नियम का उद्देश्य था, कि *मुण्डारी खूंटकट्टीदारी टीनेन्सी* का पूरी तरह *खतियान* तैयार कर लेना था। ब्रिटिश अधिकारी अब चाहते थे कि भूमि के स्वामित्व का अधिकार अब अन्तिम रूप से निर्णीत कर दिया जाए।

बिरसा आन्दोलन के बाद ब्रिटिश सरकार ने जो सबसे पहला काम हाथ में लिया। वह था *सर्वे सेटलमेण्ट* का काम। उन्हें लगान वसूल करना था, इसलिए यह तय करना जरूरी था कि जमीन का मालिक कौन है। इसके अलावा भूमि विवाद की वजह से इस क्षेत्र में लगातार अशान्ति बनी रहती थी। सरकार यह भी चाहती थी कि आदिवासियों के परम्परागत अधिकारों की सुरक्षा कर उनके असन्तोष को कम किया जाए। ईसाई मिशनरियाँ आदिवासियों के साथ खड़ी थी, क्योंकि वे उनमें अपने धर्म के प्रचार की सम्भावना देख रहे थे। इसलिए *सर्वे सेटलमेण्ट* का काम जरूरी समझा गया और 3 मार्च, 1902 ई. को राँची जिला के *तमाड़, खूँटी* और *बानो* थाना में सर्वे करने की अधिसूचना जारी की। क्रमिक रूप से अन्य थानों की जमीन का सर्वे करने की अधिसूचना जारी की गयी।

---

376. हॉफमैन, एनसाइक्लोपीडिया मुण्डारिका, पटना, 1935, पृ.2385

377. एस. सी. रॉय, मुंडा एंड देयर कंट्री, पूर्वोद्धृत पृ.LX

1903 के अधिनियम के आधार पर पुनः *सर्वेक्षण* किया गया, जिसमें *मि. लिस्टर*[378] की महत्वपूर्ण भूमिका थी। इनकी सहानुभूति मुण्डाओं के साथ थी। उन्होंने हॉफमैन के साथ मिलकर कार्य किया। इस सर्वेक्षण एंव बन्दोबस्ती द्वारा मुण्डाओं के भूमि के पारम्परिक स्वामित्व को निश्चित कर दिया गया। मुण्डा एंव जमींदार दोनों ने इस सर्वेक्षण को तथा इसके द्वारा निर्धारित भू - स्वामित्व को स्वीकार किया।[379]

उल्लेखनीय है कि उस वक्त रिकॉर्ड ऑफ राइट के लिए स्थानीय टिनेंसी कानून में प्रावधान नहीं था, इसलिए ब्रिटिश सरकार ने *बंगाल टिनेंसी एक्ट* के अध्याय दस के प्रावधानों को कुछ संशोधनों के साथ छोटानागपुर क्षेत्र में लागू कर दिया, हालाँकि मानभूम क्षेत्र में उन प्रावधानों को लागू नहीं किया गया। इसके लिए सरकार ने 9 फरवरी 1903 को सरकारी अधिसूचना संख्या 721 जारी की और उसके तहत *रिकॉर्ड ऑफ राइट* दर्ज किए जाने लगे। *11 नवम्बर 1908* को *छोटानागपुर टिनेंसी एक्ट* एक कानून की शक्ल में लागू हो गया और उसके बाद सरकारी अधिसूचना का एक संशोधित फार्म जारी किया गया। उस फार्म के अनुसार छोटानागपुर टिनेंसी एक्ट की धारा 81 के तहत निम्नलिखित बातों की जानकारी दर्ज करनी थी -

1. *प्रत्येक टिनेट या दखलदार का नाम।*
2. *किस श्रेणी में टिनेट आता है, यानी क्या वह टेन्योर होल्डर है, मुण्डारी खूंटकट्टीदार है, बसाया गया रैयत है, आदि।*
3. *टिनेट या दखलदार के जमीन की भौतिक स्थिति उस जमीन का अकार और परिणाम क्या है, उसके जमीन की बाउण्डरी क्या है।*
4. *टिनेंट के जमींदार का नाम*

---

378. '2 फरवरी 1902 को भारत सरकार ने सर्वेक्षण और भूमि व्यवस्था कार्य का अनुमोदन किया, जो मुंडा देश से शुरू होकर अंत में समूचे जिले में फैल गया। यह कार्य मि. एडवर्ड लिस्टर, भूमि व्यवस्था अफसर, को सौंपा गया। सर्वेक्षण कार्य खूंटी और तमाड़ के थाने में आरंभ हुआ। जब यह सम्पन्न किया जा रहा था, फादर हॉफमैन सर्वदा में थे। वे इस महत्वपूर्ण कार्य में मि. लिस्टर के साथ घनिष्ठ रूप से सम्मिलित थे, जिसके फलस्वरूप छोटानागपुर की जनजातियों से संबद्ध विधान के अनेक प्रावधान स्वयं हॉफमैन द्वारा रचे गए थे। मिस्टर लिस्टर के साथ उन्होंने मुंडा देश की भूमि प्रणाली पर एक विशेष वक्तव्य लिखा और इस भांति सरकार को 1908 का छोटानागपुर टेनेंसी एक्ट नामक कानून बनाने को राजी किया, जिसने मुंडाओं के चिरकालीन अधिकारों को स्वीकृति दी, तात्कालिक कानूनों को संशोधित किया, उन्हें जनजातीय प्रथाओं और प्रयोग के अनुसार सहिंताबद्ध किया, और ज़मीन की नाप की। हॉफमैन का वक्तव्य अधिनियम में परिशिष्ट स्वरूप जोड़ दिया गया'। पीटर टेटे, छोटानागपुर के सप्रेम सेवार्थ, काथलिक प्रेस, 1991 पृ.70

379. असुंता तिग्गा, मुंडाओं के संरक्षक फादर हॉफमैन, के.के. पब्लिकेशनस, 2015, पृ.142

5. *जिस समय रिकार्ड ऑफ राइट तैयार हो रहा था, उस समय उस जमीन का लगान क्या था।*
6. *जमीन का लगान कैसे तय हुआ था। किसी समझौते के तहत या कोर्ट के आदेश से या किसी अन्य तरीके से।*
7. *उस टिनेंसी के साथ जुड़ी कोई खास घटना, यदि हो, कोई विशेष परिस्थिति यदि उस टिनेंसी की हो।*
8. *यदि लगान में क्रमिक वृद्धि का प्रावधान हो तो वह वृद्धि कब होती है और किस तरह होती है।*
9. *जमीन का कोई आकलन*
10. *यदि जमीन के सम्बन्ध में दावा किया जा रहा है कि वह रेंट फ्री है तो, वास्तव में रेंट का भुगतान हो रहा है या नहीं, यदि रेंट का भुगतान नहीं हो रहा है तो इस बात की जानकारी कि दखलदार लगान देने का हकदार है या नहीं और यदि नहीं तो किस अधिकार से।*
11. *किसी व्यक्ति विशेष चाहे वह जमींदार हो या दखलकार या इन दोनों में से कुछ भी नहीं, यह अधिकार है कि वह परती जमीन या वन क्षेत्र से वनोत्पादित वस्तुओं को ले सके और जिस जमीन पर रिकॉर्ड ऑफ राइट लागू होता हो, गाँव की वैसी किसी जमीन पर पशु चरा सके।*
12. *गाँव के किसी निवासी का यह अधिकार कि वह वन भूमि पर दावा कर सकता है और वन भूमि को खेत में बदल सकता है।*[380]

छोटानागपुर में सेटलमेंट कार्य के लिए इसी फार्म को मानक माना गया। अंग्रेज अधिकारियों की समझ थी कि जब तक सम्पूर्ण झारखण्ड में जमीन का सर्वे नहीं होगा और उसके आधार पर *रिकॉर्ड ऑफ राइटस* को तैयार नहीं किया जायेगा, तब तक इस क्षेत्र में शान्ति बहाल करना मुश्किल है। बिरसा विद्रोह का दमन करने के बाद उपायुक्त *मि. स्ट्रीटफिल्ड* एंव न्यायिक आयुक्त *मि. टेलर* ने सरकार को भेजे अपने संयुक्त रिर्पोट में इस बात की जरूरत को बताते हुए लिखा- 'जब तक कम से कम *मुण्डा कन्ट्री* में *सर्वे* और *रिकार्ड ऑफ राइटस* का काम नहीं होता तब तक इस क्षेत्र में असन्तोष और तनाव बना रहेगा।[381] बंगाल सरकार ने इस रिपोर्ट के आधार पर मुण्डा कन्ट्री सहित अन्य जिलों में भारत सरकार से यही अनुरोध किया और भारत सरकार ने अपने पत्रांक 319-

380. विनोद कुमार, पूर्वोद्धृत, पृ.51
381. वही, पृ.52

264-4 दिनांक 2 फरवरी, 1902 द्वारा मुण्डा कन्ट्री के रूप में चिहिन्त 1846 स्क्वायर माइल में इस काम को शुरू करने की अनुमति दे दी। इस काम पर होने वाले खर्च के बारे में तय किया गया कि कुल खर्च का एक चौथाई खर्च सरकार वहन करेगी और यह तीन चौथाई खर्च जमींदारों और रैयतों से जुटाने का फैसला किया गया। *मि. लिस्टर* 8 मार्च, 1902 को *सेटेलमेण्ट अधिकारी* के रूप में नियुक्त किए गए, इनकी सहानुभूति मुण्डाओं के साथ थी।[382] कठिनाई यह थी कि *मुण्डा देश* को कहाँ तक चिन्हित किया जाए, क्योंकि इसको लेकर अलग - अलग अधिकारियों की अलग - अलग राय थी। सन् 1900 में राँची के उपायुक्त रहे *मि. स्ट्रीटफिल्ड* ने सम्पूर्ण तमाड़, खूंटी और बानो थाना को, बिरू और कर्रा के एक तिहाई को, कोलेबिरा के एक चौथाई को और राँची जिला के एक हिस्से को, जो 1846 स्कवायर माइल में फैला हुआ था, *मुण्डा राज* के रूप में परिभाषित किया था। इसी सीमांकन को सरकार ने स्वीकृत भी किया था। लेकिन एक अन्य उपायुक्त *मि. मयूड* का प्रस्ताव था कि मुण्डा राज 2225 स्कवायर माइल में फैला हुआ है, जबकि *मि. स्लेक* का मानना था कि इस काम को 3490 स्कवायर माइल तक में किया जाना चाहिए, अर्थात *मुण्डा राज* की सीमा को लेकर अंग्रेज अधिकारियों की अलग अलग राय थी। लेकिन भारत सरकार ने सबसे छोटी सीमा वाले *मुण्डा राज* को स्वीकृति दी। 1902 से 1908 के बीच हुए पहले सर्वे सेटलमेन्ट के काम में कुल 16,34,951 रूपये खर्च हुए। जबकि इस अभियान पर होने वाला आनुमानिक खर्च 20,65,737 रूपये आँका गया था। यानी कुल खर्च में अनुमान से लगभग चार लाख रूपये कम खर्च हुए इस हिसाब से प्रति एकड़ पर हुआ खर्च महज पाँच आना नौ पैसे पड़ा।[383]

सर्वे सेटलमेण्ट के दौरान जो जानकारियाँ इकट्ठा हुई, उनसे पता चलता है कि रैयतों को टैक्स के अलावा और भी अनेक किस्म के नजराने, नेग आदि देने पड़ते थे और जमीदारों के यहाँ बेगारी करनी पड़ती थी। विनोद कुमार ने अपनी पुस्तक 'आदिवासी संघर्षगाथा' में इनका वर्णन किया है, उनमें से कुछ इस प्रकार के थे -

दसई - दशहरा पर्व के समय रैयत को अपने जमींदार को भेंट देनी पड़ती थी जो कभी - कभी पाठा और काड़ा के शक्ल में भी होता, लेकिन उसके साथ कैश के रूप में भी कुछ राशि देनी पड़ती थी।

---

382. असुंता तिग्गा, पूर्वोद्धृत, पृ.142

383. विनोद कुमार, पूर्वोद्धृत, पृ.57

बट्टा - उस वक्त प्रचलित सिक्के को कम्पनी के रूपये में बदलने के लिए एक फीसदी बट्टा देना पड़ता था।

भट्टा - रेंट वसूली के लिए जब भी जमींदार और उसके सेवक गाँव में आते तो गाँववालों को एक राशि उनके आने - जाने, ठहरने, खाने - पीने के खर्च के लिए देना पड़ता था जिसे भट्टा कहते थे।

रशीद लिखाई - लगान की रशीद लिखाई खर्च के रूप में प्रति टिनेंसी एक आना से दो आना वसूला जाता था। जिसे रशीद लिखाई कहते थे।

डाक मुसहरा - जमींदार सरकार से जो खतो - खिताब करता था, उसके एवज में डाक मुसहरा नाम से ग्रामीणों से कर वसूला जाता था।

नेग - नेग यानी दस्तूरी जो विशेष अवसरों पर रैयतों से लिया जाता था। मसलन जब जमींदार के घर में विवाह आदि हो तो वह नेग लेता था।

नावाकौनी - ठण्ड के दिनों के बाद जब पहली बार धान कटता और नया चावल तैयार होता तो जमींदार को नये चावल की भेंट देनी होती। इस भेंट को सरई चावल भी कहते थे।

निमको धान - नमक उस जमाने में बाहर से आयात किया जाता था और जमींदार एक सेर नमक के बदले एक बोरा धान गाँववालों से वसूलता था। बाद में कस्टम डयुटी बहुत कम हो गयी और नमक की कीमत बहुत कम हो गयी। फिर भी जमींदार उसी दर पर नमक ग्रामीण को देता था। उस वक्त नमक एक आना सेर था जबकि एक बोरा धान की कीमत कम से कम एक रूपया तो होती ही थी।

भण्डारी धान - जमींदार के स्थानीय एजेण्ट को भण्डारी कहा जाता था और उसके खर्च के लिए रैयतों से धान वसूला जाता था। ओगरा धान - यह धान सरकारी वन रक्षाकर्मियों को दिया जाता था।

महुआ तेल -महुआ पेड़ों के फल और फूलों के उपयोग के बदले लगने वाला टैक्स के रूप में महुआ तेल ग्रामीणों को देना पड़ता था।

राखी बेहरी - राखी पर्व के अवसर पर ग्रामीणों से वसूला जाने वाला टैक्स।

कथर बेहरी - जामुन के पेड़ो के फल के उपयोग के बदले लगने वाला टैक्स।

ब्राह्मण निकसरई - विभिन्न पर्वों में ब्राह्मण के भाग लेने पर उन्हें दिया जाने वाला उपहार।

शिकार खस्सी - जमींदार जब भी शिकार पर जाता तो अपने रैयत से टैक्स लेता जिसे शिकार खस्सी कहा जाता था।

पानरिआई, दिवानी, हाकिमी - पानरिआई का भुगतान जागीरदार महाराजा के रिकॉर्ड कीपर को करता था, जबकि दिवानी का भुगतान महाराज के दिवान को और हाकिमी की वसूली महाराज मुगलों को करने के लिए करता था। इन सब दस्तूरियों का बोझ अन्त में रैयत को ही उठाना पड़ता था।

थाना खर्चा - थानों का खर्च महाराजा और उसके आदमी उठाते थे, लेकिन वे लोग उसे रैयत से ही वसूलते थे। बाद में सरकार थानों का खर्च उठाने लगी, लेकिन जमींदारों द्वारा रैयतों से इसकी वसूली होती रही।

लौरदन घी- दशहरा पर्व के समय एक लोटा घी रैयत जमींदार को देता था। इस तरह के कई और नेग और दस्तूरी प्रचलन में थी कुछ मुगलों के ही जमाने से जो अंग्रेजो के आने के बाद बदस्तूर जारी रही।[384]

मुण्डारी खुंट्टकट्टीदार की श्रेणी की ही एक जमात और थी जिसे *भुइँहर* कहते थे और उनकी जमीन को *भुइँहरी*[385] जमीन कहा जाता था। मुण्डा *खूंटकट्टी व्यवस्था* के तथा उराँव *भुइँहरी व्यवस्था* के अभ्यस्त थे।[386] पहले सर्वे सेटलमेण्ट के फाइनल रिपोर्ट के अनुसार इस तरह की *भुइँहरी* जमीन राँची जिला के कुल

384. विनोद कुमार, पूर्वोद्धृत, पृ.60

385. छोटानागपुर भुधृति अधिनियम, 1869 के प्रस्तावना के अनुसार - चूँकि छोटानागपुर में पहले से ही एक ऐसी भुधृति विद्यमान है, जो भुइँहरी के नाम से प्रचलित है, जिसे ऐसे लोग धारण करते हैं जो कि अपने को उन गाँवों को स्थापित करने वाले उन मूलवासिओं के वंशज मानते हैं, जहाँ इस तरह की जमीन अवस्थित है, या उनके समनुदेशितों; इसके अलावा कुछेक भूधृत्तियाँ जिन्हें 'भूतखेत'; 'डलीकटारी' एवं पहनई नामों से जाना जाता है, और जिनमें 'पाहन' या पुजारी के लिए ऐसी जमीन अलग से रखी जाती हो, ताकि वह अपने कर्त्तव्यों का पालन एवं अनुरक्षण कर सके, साथ ही कुछेक मिलते - जुलते धृतियाँ जिन्हें 'महतोई' के नाम से जाना जाता है और जो कि गाँव के 'महतो' या लगान जमाकर्ता, के नाम आबंटित हैं; और चूँकि, जहाँ ऐसी धृत्तियाँ पाये जाते हैं, वहाँ 'मंझिहस' नाम से चिन्हित जमीनें भी अवस्थित हैं, और जो उन गाँवों के अपने - अपने स्वत्वधारीओं के उपयोग के लिए आरक्षित एवं उनके पूर्ण व्ययन में हैं, और ऐसी भी जमीनें हैं जिन्हें 'बेठखेत' नाम से जाना जाता है, जो कि साधारणतः, स्वत्वधारी या उसके समनुदेशिती के लिए, 'मंझिहस' जमीनों पर काम करने वाले उन गाँव वालों के पारिश्रमिक के लिए नियत किया हुआ रहता है........., रशिम कात्यायन, झारखंड लैंड मैनुअल

386. अनिल कुमार, पूर्वोद्धृत, पृ.96

215 स्कवायर माइल में फैली हुई थी। भुइँहरी डिमार्केशन के वक्त एक बड़े हिस्से को भुइँहरी जमीन के रूप में मान्यता भी मिली, लेकिन एक अच्छा खासा हिस्सा जमींदारों के कब्जे में पहुँच गया और उसी रूप में दर्ज हुआ। जो भुइँहरी जमीन बची, उसके अधीन भी तरह - तरह के मालिकाने हक वाली जमीन आती थी।

भूतखेता - वह जमीन जो गाँव के भूतों का था ओर दुष्टात्माओं को शान्त करने के लिए समर्पित कर दिया गया था। इस पर हक उन पुजारियों का था जो दुष्टात्माओं को शान्त रखने के लिए पुजा - पाठ किया करते थे।

पाहनी और दलीकटरी जमीन- इस जमीन को गाँव के पुजारी को दिया जाता था ताकि वह कुछ खास तरह की अर्चना पूजा के लिए खर्च जुटा सके साथ ही अपना एवं अपने परिवार का भरण पोषण कर सके।

पनबहारा -इस जमीन का मालिक पाहन का सहायक होता था जो खास अवसरों पर आयोजित समारोहों के लिए पानी लाता और भोजन आदि बनाता था।

महतोई, मुण्डई - इस श्रेणी की जमीन पर गाँव के महतो, मुण्डा का अधिकार होता था जो उसकी सेवाओं के बदले गाँववाले उसे देते थे।

ब्रीट पुजई **-** भुइँहरी गाँव के बाहर गाँव के मान्यताप्राप्त पाहन, जो बाह्मण और गोसाई होता था, को कुछ जमीन दी जाती थी ताकि वे पूजा आदि कर सके।[387]

छोटानागपुर में 1947 ई. तक हुए विभिन्न भूमि सर्वेक्षणो के आधार पर सर्वेक्षण क्या है एंव उसके कार्य क्या है इसे जान लेना भी आवश्यक होगा। वास्तव में भूमि सबंधी सभी हकों के लिए तैयार किये जानेवाले सभी कागजातों का आधार नक्शा है। वर्तमान में किसी गाँव की जमीन का सही - सही रूप निकालना या खेतों का आकार - प्रकार, विस्तार एंव क्षेत्रफल का सही रेखाँकन कर उन टुकड़ों का सही कब्जा, स्वरूप का पता लगाकर अभिलेख तैयार करना ही सर्वे का उद्देश्य है। छोटानागपुर के भूमि के सबंध में इस सर्वे का सबसे बड़ा लाभ यह हुआ कि सरकार और रैयतों का कागजी बोझ हल्का हो गया।

---

387. विनोद कुमार, पूर्वोद्धृत, पृ.61

भूमि सबंधी सभी अभिलेखों को तैयार कर एक अभिलेख *खतियान* के रूप में बनाए गए।

सर्वे निम्नांकित चार प्रकार के होते हैं-

1. ***थाकवस्त सर्वे*** -1840 से 1850 के बीच सरकार ने एक आदेश के द्वारा सभी - संपदाओं का एक प्रारंभिक जाँच मोटे तौर पर कराया जो 'थाकवस्त सर्वे' के नाम से जाना जाता है। यह पूरे छोटानागपुर क्षेत्र में हुआ एंव 4" बराबर 1 मील के आधार पर नक्शा बनाया गया। एक महाल के लिए या महालों के समूहों के लिए बनाया गया।[388] इस सर्वे के समय किसी पैमाने पर पैमाइश नहीं की गयी थी। सिर्फ बस्ती के सीमाने और खेतों के आकार के अनुसार फर्जी नक्शा बनाया गया। इसी के अनुसार एक खसरा बनाकर अधिकारी (काबिजदार) का नाम और रकबा लिखा गया।[389]
2. ***रेवेन्यू सर्वे***- यह सर्वे 1861 से 1869 ई. के बीच सम्पन्न हुआ।[390] इस सर्वे में बस्ती के मुख्य स्थानों और बस्ती के सीमाने का नक्शा 4" = 1 मील मान कर बनाया गया। मंदिर, मस्जिद, गिरजाघर, नदी, तालाब, प्रमुख सरकारी मकान आदि को मुख्य स्थान माना गया। प्रत्येक बस्ती को नम्बर दिया गया, जो आज भी थाना नम्बर कहलाता है।[391]
3. ***कैडेस्ट्रल सर्वे***[392] -इस सर्वे में जमीन्दार और रैयतों के अधिकार में जिस प्रकार की जमीन थी सभी का नक्शा 16" = 1 मील के पैमाने पर पैमाइश कर बनाया गया। इसके अतिरिक्त हर तरह के जमीन की पैमाइश अर्थात एक इंच भी जमीन बिना सर्वे की नहीं रह गई। जिस बस्ती की आबादी घनी थी। उसका नक्शा 32" या 64" आदि के पैमाने पर बनाया गया। प्रत्येक प्लॉट में खेसरा नम्बर से खानापूरी कर जमीन के अकार - प्रकार के अनुसार खेसरा और खतियान तैयार

388. रशिम कात्यायन, पूर्वोद्धृत, पृ.267
389. मिखाएल कुजूर, पूर्वोद्धृत, पृ.5
390. रशिम कात्यायन, पूर्वोद्धृत, पृ.267
391. मिखाएल कुजूर, पूर्वोद्धृत, पृ.5
392. कैडस्ट्रल सर्वे में निम्नलिखित यंत्रों का उपयोग होता है (क) थियोडोलाइट ट्रावर्स (ख) प्रिजमेटिक कंपास ट्रावर्स (ग) प्लेन टेबुल ट्रावर्स (घ) जरीब से कैंची द्वारा। रशिम कात्यायन, पूर्वोद्धृत, पृ. 267

किया गया। मालिकों का अधिकार साफ - साफ प्रकट करने के लिए खेवट तैयार किया गया। अतः इसी सर्वे के होने से जमीन के अनुसार हर प्रकार की कठिनाइयाँ दूर की गयीं।[393]

4. ***रिविजनल सर्वे*** - हर समय बंटवारा, खरीद - बिक्री, नयी जोत आदि के कारण खेत का स्वरूप एंव स्वत्व बदलता रहता है। अतः समय - समय पर मानचित्र के आधार पर बदलाव के अनुरूप दूसरा सर्वे किया जाता है, उसे ही रिविजनल सर्वे कहा जाता है।[394]

भुइँहरी तथा अन्य टेन्योर, जैसे कि *भूतखेता, डालीकटारी,* इन सभी जमीनों का सबसे पहले सर्वेक्षण *छोटानागपुर टेन्योर्स एक्ट, 1869* के अन्तर्गत कराया गया था और राँची जिला के कुछ हिस्सों में ऐसे टेन्योर का रजिस्टर 1880 तक में तैयार किया गया था। यह रजिस्टर ऐसे टेन्योर के अधिकारों एंव जमीन सम्बधी अन्य शर्तो का अंतिम एंव पक्का अभिलेख है। इस रजिस्टर में दर्ज जमीन को छोड़कर अन्य किसी जमीन पर भुइँहरी का नया अधिकार कायम नहीं हो सकता पर भुइँहर परिवार का कोई सदस्य भुइँहरी टेन्योर के अपने अंश का अधिकार उसी प्रकार ब्रिकी, दान, बदलैन या अन्य प्रकार से हस्तान्तरित कर सकता है, जिस प्रकार आदिवासी रैयत छोटानागपुर काश्तकारी अधिनियम की धारा 46 के अनुसार आवश्यक अनुमति प्राप्त कर सकते हैं।[395]

---

393. मिखाएल कुजूर, पूर्वोद्धृत, पृ.5

394. वही

395. रशिम कात्यायन, पूर्वोद्धृत, पृ.30

उत्तरी छोटानागपुर, दक्षिणी छोटानागपुर, पलामू एंव कोल्हान प्रमण्डलों में *छोटानागपुर काश्तकारी अधिनियम, 1908,* की *धारा 80*[396] के अन्तर्गत अधिसूचना जारी कर सर्वेक्षण आरम्भ किया जाता है। *संथाल परगना सेटलमेंट रेगूलेशन 1872* की धारा 9 के अन्तर्गत अधिसूचना जारी कर संथाल परगना प्रमण्डल में सर्वेक्षण का कार्य जारी किया जाता है। *सर्वेक्षण कार्य को निम्नलिखित चार चरणों में पूरा किया जाता है-*

1	*किस्तवार और खानापूरी रिसेस (मध्यावकाश) का कार्य*
	रिसेस (मध्यावकाश) का कार्य
2	*तसदीक और बुझारत*

396. धारा 80 -इस दफा में किसी क्षेत्र के लिए अधिकार - अभिलेख तैयार करने के बावत सरकारी आदेश निकालने (जारी करने), इस प्रयोजन के लिए अधिसूचना गजट में प्रकाशित करने के बाबत कानूनी प्रावधान बनाये गए हैं। कानूनी प्रावधान इस प्रकार हैं भू - माप करने एवं अधिकार अभिलेख तैयार करने के आदेश देने की शक्ति (1) किसी क्षेत्र, इस्टेट, टेन्योर या उसके किसी भाग के भू - माप करने एवं अधिकार अभिलेख तैयार करने का निर्देश देते हुए राज्य सरकार आदेश दे सकती है, (2) सरकारी गजट में उपरोक्त आशय का आदेश निकालना ही इस बात का पर्याप्त प्रमाण होगा कि यथोचित आदेश निकाला जा चुका है, (3) विहित (निर्धारित) तरीके से ही भू - माप एवम् अधिकार अभिलेख तैयार करने के कार्य किए जाएंगे। नोट- इस अध्याय में व्यवहार होने वाले शब्द "भू - माप" को ही प्रचलित शब्द में सर्वे कहा जाता है। उसी भी प्रकार 'सेटलमेन्ट' शब्द से प्रयोजन है- लगान - निर्धारण, और अधिकार अभिलेख से प्रयोजन है- खेवट, खतियान, कि गाँव का नक्शा इत्यादि।

धारा 81- दफा 81 में स्पष्ट किया गया है कि जिन विवरणों को भू - माप एवम् अधिकार - अभिलेख तैयार करने के निमित दर्ज करना है उन विवरणों को दफा 80 के तहत निकाले जाने वाली सरकारी आदेश में स्पष्ट रूप से अंकित करना होगा ताकि आम जनता को जानकारी हो जाए कि उनके हित की कौन सी बातों को अभिलेखों में दर्ज किया जानेवाला है। कानूनी प्रावधान निम्न प्रकार है विवरण जिन्हें दर्ज करना है- दफा 80 के तहत निकाले जाने वाले आदेश में स्पष्ट रूप से अंकित करना होगा कि निम्नांकित विवरणों से कौन से विवरण भू - माप के दरमियान दर्ज किए जाएंगे जिनमें से निम्नांकित सभी या इनमें से कुछ शामिल रहेंगे (a) भूधारी या दखलकार का नाम (b) किस वर्ग का भूधारी है जैसे टेन्योर होल्डर, मुंडारी खूंटकट्टीदार, सेट्ल्ड रैयत, काएमी रैयत, गैरकाएमी रैयत, खूंटकट्टी हक प्राप्त रैयत या दर रैयत में से वह कि श्रेणी का भूधारी है, (c) रैयत या दखलकार की जमीन की अवस्थिति, चौहदी, रकबा (d) जमीन्दार का नाम (e) प्रोपराइटर का नाम, (f) अधिकार अभिलेख बनाये जाते समय के देय लगान की रकम (g) लगान का निर्धारण किस प्रकार किया गया था - एकरारनामा द्वारा या कोर्ट के आदेश द्वारा या अन्य प्रकार से, (h) यदि लगान धीरे - धीरे (क्रमिक ढंग से) बढ़ाया जा सकता है तो उसकी प्रक्रिया क्या है, (i) प्रत्येक भूधारी या जमीन्दार का अधिकार एवं दायित्व निम्नांकित विदुओं पर क्या है - (a) सिंचाई के लिए पानी, नदी से, तालाब से, झील से या कुएँ से किस प्रकार लिया जाता है। (j) सिंचाई के उपकरणों का संधारण, मरम्मत आदि किस प्रकार एवं कहाँ से होता है, टेनेन्सी की कोई विशेषता हो तो वह अंकित किया जाए, (k) जमीन पर किसी प्रकार के ईजमेन्ट का हक है अथवा नहीं, (l) जमीन पर लगान है अथवा नही, दखालकार को इस बिना लगान के धारित करने का हक है या नही, किस के अधिकार से उसे वर्तमान हेके प्राप्त है, (m) जंगल से या अन्य बंजर भूमि से जंगल उपज लेने या किसी ज़मीन पर मवेशी चराने का हक, मछली मारने का हक या इसी प्रकार के अन्य हक किसको प्राप्त है, (n) बाशिन्दों को जंगल भूमि(बंजर भूमि) आबाद करने तथा कोड़ कर हक प्राप्त है अथवा नहीं। अल्बिनुस मिंज, झारखंड विरासत, पृ.293

3	*प्रारूप प्रकाशन* *गैर अन्तिम खतियान*
4	*अंतिम-प्रकाशन* *खतियान*

राँची जिले में हुए दूसरे सर्वे सेटलमेण्ट की अन्तिम रिपोर्ट के अनुसार 1927 से 1935 के बीच हुए सर्वे सेटलमेण्ट की अन्तिम रिपोर्ट के अनुसार 1927 से 1935 के बीच हुए सर्वे सेटलमेण्ट के बाद जो इस्टेट उभर कर आये, उनमें से प्रमुख निम्नलिखित है-

छोटानागपुर राज- यह राँची जिले का सबसे महत्वपूर्ण राज था। इसका अस्तिव 1902 से 1908 के बीच हुए पहले सेटलमेण्ट के समय था और दूसरे सेटलमेण्ट के समय तक इसका और विस्तार हुआ था, क्योंकि उसके अधीन के ही एक अन्य इस्टेट - *बड़वे इस्टेट* का विलय उसमें हो चुका था। इसके अधीन *घाघरा* थाना के 24 गाँव, *कुरू* थाना के 7 गाँव, *लोहरदगा* थाना के 49 गाँव, *ओरमांझी* थाना के 24 गाँव, *अनगड़ा* के 9 गाँव, *बुरमू* के 9 गाव, *मांडर* के 22 गाँव, *बेड़ो* के 24 गाँव, *राँची* के 54 गाँव, *सोनाहातू* के 24 गाँव, *खूँटी* के 2 गाँव, *तोरपा* के 2 गाँव, *कर्रा* के 12 गाँव, *बसिया* के 18 गाँव, *बानो* के 10 गाँव, *पालकोट* के 8 गाँव, *गुमला* के 13 गाँव, *राईडीह* के 2 गाँव, *कोलेबिरा* के 1 गाँव, *बिसुनपुर* के 37 गाँव, *लापुंग* के 14 गाँव, *सिसई* के 31 गाँव और *चैनपुर* के 165 गाँव आते थे।[397]

कैरो लॉट- कैरो लॉट इस्टेट का थाना *लोहरदगा*, *कुरू*, *मांडर* और *बेड़ो* क्षेत्र के 49 और एक अन्य गाँव के आंशिक हिस्से पर अधिकार था। उसके अधीन जीयुजी लॉट का भी 24 गाँवो पर अधिकार था जिसके राजा ठाकुर मदनमोहन नाथ शाहदेव थे। लेकिन यह पहले सेटलमेण्ट के वक्त की स्थिति थी। कालान्तर में रेन्ट नहीं चुकाने की वजह से इस इस्टेट को कोर्ट के आदेश में नीलाम कर दिया गया और उसे कलकत्ता के *बलदेव दास बिड़ला* और उनके 4 बेटों ने 1919 में 3 लाख 15 हजार रूपये बोली लगाकर खरीदा।

[397] विनोद कुमार, पूर्वोद्धृत,68

झरिया इस्टेट - यह पहले सेटलमेण्ट के समय एनकंबर्ड इस्टेट के रूप में सरकारी प्रबन्धन में था। यह 1922 में रिलीज हुआ। इसके मालिक *ठाकुर महेन्द्र नाथ शाहदेव* था। इसके अधीन खूँटी सब डिवीजन के 600 गाँव थे।[398]

बसिया इस्टेट- *बसिया, बानो, कोलेबिरा* और *तोरपा* थाना के 171 गाँव इसके अधीन थे। इसके मालिक *बरईक पदम सिंह* ने छोटानागपुर के राजा से डेढ़ लाख रूपये कर्ज के रूप में लिये और उसे चुका नहीं सके। छोटानागपुर के राजा ने कोर्ट में केस कर दिया और डिग्री हासिल कर ली। दूसरे सेटलमेण्ट के समय तक यह छोटानागपुर इस्टेट का हिस्सा बन गया था।[399]

इसके अलावा भी करीब 15 छोटे बड़े इस्टेट रेन्ट चुका नहीं पाने की वजह से सरकारी प्रबन्धन के अधीन थे। उनमें से कुछ बाद के वर्षों में छूटे।

विगत सर्वे की खाता की कुछ किस्मों का उल्लेख करना भी आवश्यक है ये किस्में निम्नलिखित है-

1. ***वकास्त*** - ऐसी जमीन जो जमीन्दार या मालिक के जोत में थी और *जिरात, कामत* और *निज* जोत करके दर्ज नहीं थी।[400]
2. ***जिरात*** - यह वह जमीन थी जो जमीन्दार के विशेषाधिकार युक्त भूमि थी। अगर कोई रैयत बिना रजिस्ट्री लीज के दखलकार रहता था, तो उस पर कायमी हक प्राप्त हो जाता था।[401]
3. ***मझिहास पत्थलगड़ी*** - यह वह जमीन थी जो जमीन्दार की खास जमीन थी, जिसपर उसका पूर्ण अधिकार था। उस पर रैयत का कोई अधिकार नहीं था। उपुर्यक्त भूमि पर *बिहार भूमि सुधार अधिनियम 1950*[402] के द्वारा स्वत्त्वधारियों, भू - धृतिधारियों और मध्यवर्तियों की सम्पदाएँ या भू - धृतियाँ राज्य में निहित हो गयी हैं। इस

---

398. वही, पृ.69

399. वही

400. मिखाएल कुजूर, पूर्वोद्धृत, पृ.41

401. वही

402. 'जमींदार की विशेषाधिकार जमीन: - (क) मंझिहस, बेठखेत (ख) जिरात, मान। इन जमीनों पर जमींदारों का विशेषाधिकार हुआ करता था। उस पर रैयतों का कोई हक नहीं था। 1950 के दशक में जमींदारी उन्मूलन के बाद अब कोई जमीन मंझिहस और जिरात नहीं रहीं। बिहार भूमि सुधार अधिनियम 1950 के धारा 5, 6, 7 के अन्तर्गत भूतपूर्व जमीन्दार की मंझिहस, जिरात एवं अन्य जमीनों पर लगान निर्धारित किया जा चुका है। अब उनकी सारी जमीन रैयती हो चुकी है। पूर्व जमींदारों (लगान पाने वालों) का विशेषाधिकार प्राप्त जमीनों का विशेषाधिकार 1950 के बाद समाप्त हो चुका है'। रशिम कात्यायन, पूर्वोद्धृत, पृ.302

अधिनियम की धारा 4, 5, 6 के अन्तर्गत भूतपूर्व जमीन्दारों की उपर्युक्त जमीनों पर लगान निर्धारण किया जा चुका है, और सबों को काश्तकारों या स्थायी रैयतों का रूप दिया गया है।

4. ***गैरमजरूआ मालिक या खास जमीन-*** यह वह जमीन है जो विगत सर्वे के समय किसी रैयत के नाम बन्दोबस्त नहीं हुई थी, लेकिन बन्दोबस्त के योग्य थी। ऐसी जमीन को भूतपूर्व जमीन्दारों द्वारा बन्दोबस्त किया गया है, जिसको मान्यता देनी होगी। ऐसी जमीन के अतिक्रमण करने की स्थिति में यदि अवैध दखल की अवधि 12 वर्ष जमीन्दारी उन्मूलन के पहले ही पूरी हो गयी है, तो खाता उस व्यक्ति के नाम से खोला जाएगा। जहाँ अवैध दखल की अवधि जोत - आबाद या अन्य कारण से जमीन्दारी उन्मूलन के पूर्व 12 वर्षों की पूरी न भी हो, परन्तु वर्तमान भू - सर्वेक्षण की अवधि तक 30 साल की अवधि पूरी हो गयी है वहाँ खाता अवैध दखलकार के नाम अंकित होगा। जहाँ अवैध दखल की अवधि अभी 30 वर्ष से कम है तथा जमीन्दारी उन्मूलन की तिथि से पहले 12 वर्ष से कम है, तो खाता अवैध दखलकार के नाम अंकित नहीं होगी, परन्तु अभ्युक्ति स्तंभ में अवैध दखल कर्ता का नाम एंव पूर्ण विवरण अवैध दखल की अवधि के साथ दर्ज होगा।

5. ***गैरमजरूआ आम-*** यह जमीन आम उपयोग की जमीन है, जैसे *रास्ता, सड़क, श्मशान, कब्रगाह, मेला* या *बाजार टांड, मन्दिर, मस्जिद, गिरजा घर* आदि। जमीन्दारी उन्मूलन के पूर्व ऐसी जमीन भूतपूर्व मालिक और भूतपूर्व मध्यवर्ती की जमीन थी तथा उनके द्वारा गैरमजरूआ आम जमीन की बन्दोबस्ती पर कोई रोक नहीं था। जमीन्दारी उन्मूलन की तिथि के बाद से सरकार ने गैरमजरूआ आम जमीन को बन्दोबस्त करने के अधिकार को अपने पास सुरक्षित रखा है।[403]

403. मिखाएल कुजूर, पूर्वोद्धृत, पृ.42

6. ***खतियान***[404]- जिस कागजात में प्लॉट तथा *मौजे* का पूरा -पूरा वर्णन के साथ लिखा जाता है, उसे *खतियान* कहते है। इसमें *मौजे का नाम, थाना नंबर, परगना, जिला, तौजी नंबर पट्टी, सरकार का नाम, आसामी का नाम, पूरा पता तथा अधिकार, किस्म जमीन, चौहद्दी, प्रत्येक प्लॉट क्षेत्रफल का लगान* आदि लिखा जाता है।[405]

निम्नलिखित सारणी झारखंड में सर्वेक्षण एवं बंदोबस्ती के कार्य को दर्शाती है एवं विभिन्न जिलों में यह किस प्रकार किस क्रियारूप में आया। इसे दर्शाती है।

क्रम. स.	जिला	प्री. कैडेस्ट्रल और भुइँहरी सर्वे	कैडेस्ट्रल (C.S)	प्रथम संशोधनात्मक (R.S)	द्वितीय संशोधनात्मक (R.R.S)	वे कानून जिसके तहत ये सर्वे किये गए
1	2	3	4	5	6	7
1	राँची	1869-1880	1902-1910	1927-1935	1975-	बंगाल टेनेंसी एक्ट का अध्याय X, 10 नवम्बर 1908 तक, उसके बाद, छोटानागपुर टेनेंसी एक्ट 1908 का अध्याय XII से XV(1908 का अधिनियम VI)
2	खूँटी	1869-1880	1902-1910	1927-1935	1975-	
3	सिमडेगा	1869-1880	1902-1910	1927-1935	1975-	
4	गुमला	1869-1880	1902-1910	1927-1935	1975-	
5	लोहरदगा	1869-1880	1902-1910	1927-1935	1975-1994	

404. झारखंड में जो पहला लैंड रिकॉर्ड दर्ज किया गया था। उसे तीन भागों में प्रकाशित किया गया- 1.'खेवट'-जिसमें भूमि के हर हिस्से के मालिकाना हक का जिक्र रहता है। 2. 'खतियान'- जिसमें भूमि के मालिकाना हक के साथ-साथ सामुदायिक अधिकारों का रिकॉर्ड दर्ज होता है इसे 'खतियान' 'पार्ट-2' के नाम से भी जानते है 3. 'विलेज नोट'- इसमें हर गांव के सामाजिक आर्थिक संरचनाओं का विश्लेषण किया गया था। इन तीनों हिस्सों में सबसे अधिक महत्वपूर्ण माना जाता है 'खतियान'। झारखंड में 'खतियान' ना सिर्फ जमीन के मालिकान हक का दस्तावेज है बल्कि सामाजिक, सांस्कृतिक और आर्थिक इतिहास का दस्तावेज भी है।

405. मिखाएल कुजूर, पूर्वोद्धृत, पृ.42

क्रम. स.	जिला	प्री. कैडेस्ट्रल और भुइँहरी सर्वे	कैडेस्ट्रल (C.S)	प्रथम संशोधनात्मक (R.S)	द्वितीय संशोधनात्मक (R.R.S)	वे कानून जिसके तहत ये सर्वे किये गए
1	2	3	4	5	6	7
6	हजारीबाग		1908-1915	1995-		1908 का अधिनियम VI
7	चतरा		1908-1915	1995-		1908 का अधिनियम VI
8	कोडरमा		1908-1915	1995-		1908 का अधिनियम VI
9	गिरिडीह		1908-1915	1995-		1908 का अधिनियम VI
10	रामगढ़		1908-1915	1995-		1908 का अधिनियम VI
11	पूर्वी सिंहभूम (ढालभूम)		1906-1911	1934-1938	1958-1995	बंगाल टेनेंसी एक्ट 10 नवंबर 1908 तक उसके बाद 1908 का अधिनियम VI के तहत
12	पश्चिमी सिंहभूम (कोल्हान)	1833	1897	1913-1919	1958-1995	छोटानागपुर लैंडलॉर्ड एंड टीनेट प्रोसिडयूर एक्ट 1879, 1879 का अधिनियम VIII और उसके बाद 1908 का अधिनियम VI
	(पोरहाट)		1900-1907	1928-1932	1958-1995	

क्रम. स.	जिला	प्री. कैडेस्ट्रल और भुइँहरी सर्वे	कैडेस्ट्रल (C.S)	प्रथम संशोधनात्मक (R.S)	द्वितीय संशोधनात्मक (R.R.S)	वे कानून जिसके तहत ये सर्वे किये गए
1	2	3	4	5	6	7
13	सरायकेला खरसावां		1925-1928	1958-1995		छोटानागपुर लैंडलॉर्ड एंड टीनेट प्रोसिडयूर एक्ट, 1879, रिविजनल सेटलमेंट 1908 का अधिनियम VI
	(बड़ाभूम)		1907-1912	1958-1995		1908 का अधिनियम VI
	(पाटकुम)		1907-1912	1958-1995		1908 का अधिनियम VI
14	धनबाद		1918-1925	1981-		1908 का अधिनियम VI
15	बोकारो		1918-1925	1981-		1908 का अधिनियम VI
16	पलामू	1896-1898	1913-1920	1977		1908 का अधिनियम VI
17	गढ़वा	1896-1898	1913-1920	1977		1908 का अधिनियम VI
18	लातेहार	1896-1898	1913-1920	1976		1908 का अधिनियम VI

(स्रोत: रेवेन्यू एंड लैंड रिफॉर्म्स डिपार्टमेंट, गवर्मेंट ऑफ झारखंड, नोट- यह हिंदी अनुवाद झारखंड सरकार द्वारा अधिकृत अनुवाद नहीं है।)

छोटानागपुर क्षेत्र में सर्वे का इतिहास आज से लगभग 150 वर्ष पुराना है। 1947 ई. से पूर्व एवं इसके बाद तक कई सर्वे इस क्षेत्र में हुए जिसके आंकड़े इस पिछली सूची में दिए गए है। सन् 1908 में छोटानागपुर टेनेन्सी एक्ट सरकार द्वारा लागू किया गया और भूमि पर अधिकारों को सुरक्षित रखा गया। इसी अधिनियम की धारा 80 के अनुसार प्रान्त के किसी जिले में सरकार अधिसूचना देकर सर्वे करने तथा अधिकार अभिलेख तैयार करने का अधिकार देती है। जब भूमि सर्वेक्षण शुरू हुआ तब भूमि सर्वेक्षण करने वालों ने मुण्डाओं के विशेष किली का पता उनके *ससान - दिरि*[406] से ही लगाया था। बंदोबस्ती अधिकारी ने खूंटकट्टीदारी के दावे की पहचान के लिए ससान-दिरि में अस्थियों को दफनाया जाना, एक आधार माना है।[407] *ससान - दिरि* वह स्थान है। जहाँ एक किली या वंश के मृतको की अस्थियां दफनाई जाती हैं।[408] इस तरह से भूमि सर्वेक्षण के समय अनेक तथ्यों का ध्यान रखना पड़ा था।

अधिकार अभिलेख बनाने का प्रथम उद्देश्य उन व्यक्तियों को एंव सरकार को, जिनका भूमि से सबंध है, उनके लिए एक अधिकारिक या विधिक अभिलेख का निर्माण करना। जिससे कि आपसी भूमि संबंधों में अनिश्चितता को खत्म किया जा सके, रैयतों का बचाव हो, स्थानीय ज्ञान को बढ़ाया जाए एंव

406. मुंडा परंपरा में ससान - दिरि का विशेष महत्व है असुंता तिग्गा अपनी किताब 'मुंडाओं के संरक्षक फादर हॉफमैन' में बताती है कि यह वह स्थान है जहाँ एक किली या वंश के मृतकों की अस्थियां दफनाई जाती हैं। भूमि सर्वेक्षण करने वाले ने मुण्डाओं के विशेष किली का पता उनके ससान - दिरि से ही लगाया था। गांव की सीमा पर "ससान" होता है। इसमें अनेक पाषाण खण्ड गाड़े हुए होते हैं। इन पाषाण खण्डों के नीचे मृतक की अस्थियां परिवार के अनुसार रखी जाती हैं। यह गांव पूर्वजों का है तथा शताब्दियों से पूर्वज अपने मृतकों की अस्थियां ससान में गाड़ते आये हैं। यदि किसी परिवार के किसी व्यक्ति का विदेश में निधन हो जाता है तो वहां दाह - संस्कार करने के उपरान्त उसकी अस्थियां गांव में लाई जाती हैं तथापरिवार को ससान - दिरि अर्थात् पाषाण खण्ड के नीचे दफना दी जाती हैं। पारिवारिक सम्पत्ति में अधिकार प्रमाणित करने के लिए ससान - दिरि में अस्थि का दफनाया जाना, एक मान्य साक्ष्य है। क्योंकि सरकार जानती है कि एक खूंट या भुइंहर के लोगों के अतिरिक्त किसी अन्य की अस्थियां ससान में नहीं दफनाई जा सकती।

407. फादर हॉफमैन- "The Settlement officer, owing to the burial custom of the Mundaris, can easily ascertain whether the claim to hold certain lands as khuntkatti is true or not. No Mundari can be rightly buried, save in the burial ground of the village of which his ancestor on the paternal side, obtained the jungle track he dished" ए.मु., पूर्वोद्धृत, पृ.2385

408. एस. सी. रॉय, मुंडा, पूर्वोद्धृत, पृ.243

सरकारी अधिकारियों को सांख्यिक रूप से नियम एंव आंकड़े दिये जाए जिससे प्रभावशाली रूप से शासन व्यवस्था चल सके। वर्तमान अध्याय छोटानागपुर में औपनिवेशिक काल में हुए शुरू हुए विभिन्न भूमि सर्वेक्षण पर प्रकाश डालता है। इस अध्ययन का उद्देश्य भूमि एवं उससे जुड़े विभिन्न कृत्यों को समझने का प्रयास करना है एवं भविष्य के लिए बेहतर एवं सर्वेक्षण से पूर्व छोटानागपुर के आदिवासियों एवं प्रचलित परंपराओं का समुचित ज्ञान इकट्ठा कर महत्वपूर्ण जानकारी उपलब्ध कराना इसका मुख्य उद्देश्य है।

उपसंहार

छोटानागपुर की भूमि व्यवस्था का क्रमवार अध्ययन इस क्षेत्र के आदिवासी एवं मूलवासियों के परंपरागत भू संबंध एवं उसमें निहित विभिन्न आयामों को व्याख्यानचित करता है। 1865 के इलाहाबाद संधि से अंग्रेजी कंपनी ने बंगाल, बिहार एवं उड़ीसा के दीवानी अधिकार प्राप्त कर लिए थे। कंपनी ने आरम्भ से ही अधिक भू राजस्व वसूल करने का प्रयास किया परंतु भारत के अन्य भागों की तरह छोटानागपुर की धरती के पारंपरिक भू ज्ञान एवं यहाँ सदियों से निवास करने वाले आदिम जातियों के भूमि एवं इसके साथ उनके पारस्परिक संबंधों से वे अनभिज्ञ रहे। 1831 से पूर्व यह समस्या विकराल हो चली थी। अंग्रेजी भू राजस्व व्यवस्था के रंगमंच पर ज़मींदारों, महाजनों, साहूकारों एवं ठेकेदारों का उदय हो चुका था और वे इस रंगमंच पर अंग्रेजों के दिये आवरण में अधिक से अधिक वसूली एवं आम रैयत का शोषण कर अपनी महती भूमिका निभा रहे थे एवं अंग्रेजी कंपनी के साथ कदम ताल मिला रहे थे। नागवंशी राजा दुर्जनशाल के समय से ही गैर आदिवासियों (दिकू) का आगमन छोटानागपुर में हो चुका था और उसी समय से कई आदिवासी गांव इनकी चपेट में आ चुके थे, शोषण तो वहीं से प्रारंभ हो चुका था पर अंग्रेजी कंपनी ने इसे अब वैधानिक आवरण बनाकर आदिवासी मूलवासी के ऊपर थोप दिया था। कोल विद्रोह ने इसकी भयावहता को दिखला दिया था कि वाकई आदिवासी संकट में थे, और बाहरी लोगों ने उनका जीवन दुर्भर कर दिया था। समस्या और भी जटिल होती जा रही थी। यह स्पष्ट था कि सदियों से चले आ रहे आदिवासियों के परम्परागत अधिकारों पर सीधा प्रहार कर उनके सामाजिक, आर्थिक एवं सांस्कृतिक जीवन पर दिनप्रतिदिन हस्तक्षेप किया जा रहा था। भूमि पर से

उनके परम्परागत अधिकारों को समाप्त कर उनकी भूमि पर गैर आदिवासी जमींदारों, साहुकारों एवं महाजनों का स्वामित्व स्थापित किया जाने लगा था। ये लोग अपने स्वामित्व वाली भूमि से अधिक से अधिक राजस्व प्राप्त कर लेना चाहते थे। वस्तुतः कंपनी शासन के समय तक प्रशासन आदिवासियों के भूमि पर के परम्परागत अधिकारों से अवगत नहीं थी।

ईस्ट इंडिया कंपनी नए कानून लाकर लगान की अधिक से अधिक वसूली करना चाहती थी। किन्तु अपने प्रयासों के पूर्व कंपनी को बिहार, बंगाल तथा छोटानागपुर की भूमि सम्बन्धी परिस्थितियों के अंतर को समझ लेना चाहिए था। परंतु प्रश्न उठता है कंपनी को छोटानागपुर के परंपरागत भू व्यवस्था के विषय में जानकारी देता कौन? कंपनी बाहर से आयी थी, एकांतप्रिय आदिवासियों की स्थिति ऐसी नहीं थी कि वे जंगलों से निकलकर अपने परंपरागत अधिकारों के विषय में कंपनी को जानकारी देते। अब बचे राजा एवं दिकू लोग इनसे आशा करनी व्यर्थ थी, नागवंशी राजाओं के काल से इन दिकू लोगों ने शोषण करना शुरू कर दिया था। नागवंशी राजा, कंपनी की अधीनता स्वीकार कर चुका था और उनका हित कंपनी के साथ बने रहने में था, ऐसा कोई संकेत प्राप्त नहीं होता है जिसमें नागवंशी राजाओं ने कंपनी को यहाँ की परंपरागत व्यवस्था एवं यहां सदियों से निवास करने वाले समुदाय के अधिकारों से उन्हें परिचित कराया होगा। काउंसिल ऑफ डायरेक्टर्स के एक प्रभावशाली सदस्य सर जॉन शोर ने कंपनी को नागपुर में इस प्रकार के नए प्रयोग को करने के दुष्परिणामों को चेतावनी दी थी।

महाजन या साहूकार आदिवासियों के अज्ञानता का लाभ उठाकर ब्याज की ऊँची दर पर ऋण देता था। उसका उद्देश्य बन्धकी की भूमि पर इतना कर्ज लाद देना था कि ऋणी ऋण से मुक्त न हो सके और यदि किसी प्रकार वह मुक्त होने का प्रयास करे तो इसका अवसर न दिया जाए। आदिवासी परिवार अदालत जाने की सामर्थ्य नहीं जुटा पाता था और यदि साहस भी करता था, तो पाता था कि अदालत में साहूकार या महाजन के आदमी पहले से बैठे रहते थे। इस प्रकार अगर एक बार आदिवासी परिवार ऋण में उलझ जाता था, तो उसे अपनी भूमि से हमेशा के लिए हाथ धोना पड़ता था। इस प्रकार कंपनी की न्याय व्यवस्था तत्कालीन शोषकों एवं धोखाधड़ी करने वाले गिरोहों से साधारण भोले आदिवासियों की भूमि की रक्षा नहीं कर सकी। न्यायालय और मुकदमें का आतंक आदिवासियों पर छाया हुआ था। सम्मन के प्यादे को देखते ही वे जंगल में भाग जाते थे, या मुकदमें के भय से वादी के आरोपों को गलत रहने

पर भी स्वीकर कर लेते थे। इस प्रकार तत्कालीन कंपनी कालीन न्यायालय मूल निवासियों की पहुँच से दूर थे तथा आदिवासियों की भूमि बेदखली एवं आर्थिक स्थिति को गिराने में सहायक थे। पर कंपनी सरकार का एजेंसी काल आदिवासियों की एक तरह से राहत का काल था। कैप्टन विलकिंसन न्याय को द्वार तक ले जाना चाहता था तथा इसमें जनता की भागीदारी का पक्षधर था।

कंपनी काल की अपेक्षा आदिवासियों की आर्थिक स्थिति में ब्रिटिश शासन काल में अधिक सुधार का प्रयास हुआ था। आदिवासियों की आर्थिक स्थिति में सुधार का एकमात्र उपाय उनकी भूमि में उनके स्वामित्व को निश्चित कर देना था। सर जॉन उडर्बन इस निष्कर्ष पर पहुँचे थे कि प्रस्तुत भूमि की सही मापी तथा स्वामित्व के निर्धारण की आवश्यकता है। 1901 ई. में यह निश्चित हुआ कि मुंडा क्षेत्र में भूमि सर्वेक्षण तथा भू-बंदी का काम शीघ्रता से किया जाए। 18 फरवरी 1902 ई. को 1946 वर्गमील क्षेत्र में सर्वेक्षण का काम प्रारंभ हुआ, इस कार्य के उपरांत 1879 ई. का छोटानागपुर टीनेंट प्रोसेडियोर एक्ट तथा 1897 ई. के कम्प्यूटेशन एक्ट को सुधार कर वर्तमान आवश्यकताओं के अनुसार बंगाल अधिनियम 5, 1903 ई. संरक्षित किया गया। छोटानागपुर काश्तकारी अधिनियम 1908, विगत सभी काश्तकारी अधिनियमों तथा बंगाल काश्तकारी अधिनियम और साथ ही आदिवासियों की परम्पराओं का ध्यान रखते हुए संरचित किया गया था। यह एक विशाल एवं तकनिकी दृष्टि से जटिल अधिनियम था। इसकी कई धाराओं में संशोधन कर इसे अब संकुचित कर दिया गया है।

1914 का टाना भगत आन्दोलन, आदिवासियों के परम्परागत अधिकार एवं राजस्व की समस्या से जुड़ा था। जतरा भगत से शुरू हुआ यह आन्दोलन धार्मिक, सामाजिक एवं आर्थिक पहलुओं को छूता हुआ बाद में इसका स्वरूप राजनीतिक हो गया और ये टाना भगत भारतीय स्वतंत्रता आंदोलन से जुड़ गए, इन्हें आशा थी, कि 1947 में स्वतंत्रता प्राप्ति के बाद उनकी छिनी हुई भूमि वापस कर दी जायगी और उन्हें किसी प्रकार का राजस्व चुकाना नहीं पड़ेगा पर ऐसा नहीं हुआ। टाना भगतों की भूमि वापसी के लिए '1948 में टाना भगत रैयत एग्रिकल्चरल लैंड रेस्टोरेशन एक्ट' लाया गया, पर आज भी टाना भगतों की समस्याओं का पूर्ण निदान नहीं हो सका है।

कहा जाता है, जंगल वहीं बचे है जहाँ आदिवासी बसे हैं। 1927 ई. का वन अधिनियम आदिवासियों के परम्परागत जीवन पर हस्तक्षेप था, वैसे तो इस अधिनियम से पूर्व ही कई अंग्रेजी वन कानूनों ने जंगल पर आदिवासियों के

परंपरागत वन अधिकारों को सीमित कर दिया था। परन्तु इस अधिनियम ने हमेशा के लिए आदिवासियों को जंगल से दूर कर दिया। आदिवासियों की जीवन शैली का एक प्रमुख भाग जंगल से जुड़ा है यह केवल उनके जीवकोपार्जन मात्र का साधन ही केवल नहीं है, परंतु यह तो उनके संस्कृति एवं रुढिगत परंपरा का अभिन्न अंग भी है, आदिवासियों को जंगल से दूर करना एक माँ को अपने बच्चे से दूर करने के समान है, आदिवासियों ने जंगल को जिया है यह उनके जीवन का अभिन्न अंग है, जंगल के बिना आदिवासी अस्तित्व विहीन है।

छोटानागपुर में भूमि सर्वेक्षण के विभिन्न आयामों ने भूमि की प्रकृति और इसके मालिकाना हक को चिन्हित कर दिया है, साथ ही इसके माध्यम से यह भी ज्ञात हुआ है कि छोटानागपुर में भूमि के कई प्रकार थे एवं जिसकी प्रकृति विशिष्ट रही है। इन भूमि सर्वेक्षणों से खतियान का जन्म हुआ एवं उसमें दर्ज मालिकाना हक ने आदिवासियों के भूमि को स्थायित्व प्रदान किया। छोटानागपुर में हुए इन भूमि सर्वेक्षण ने आदिवासियों एवं मूलवासियों के स्वामित्व एवं भूमि की प्रकृति को सुनिश्चित कर दिया था।

झारखंड अपने नाम के अनुरूप एक हरा भरा प्रदेश है। अपने प्रचलित नाम छोटानागपुर ने इसे विशिष्ट पहचान दिलाई है। इस पुस्तक के माध्यम से झारखंड एवं यहाँ रहने वाले आदिवासी समुदाय के लिए भूमि एवं इसके उनके जीवन में महत्व को रेखांकित करने का प्रयास किया गया है। अन्य के लिए भूमि मात्र ज़मीन का एक टुकड़ा हो सकता है, पर झारखंड के आदिवासियों के लिए यह उनके जीवन का अभिन्न अंग है जिसके बिना उनका अस्तित्व, इतिहास एवं परंपरा शून्य है।

सन्दर्भ सूची

पाण्डुलिपि अभिलेख

(क) राष्ट्रीय अभिलेखागार, नई दिल्ली

1. ऑरिजिनल कॉन्सल्टेसोन, बंगाल होम (पब्लिक) 1781, 1812, 1832, 1857।
2. ओरिजिनल कॉन्सल्टेसोन, बंगाल फौरेन (पॉलिटिकल), 1804, 1814, 1815, 1816, 1818, 1829, 1833, 1857, 1895-1900 ।
3. ओरिजिनल कॉन्सल्टेसोन, बंगाल मिलिट्री (प्रोपर ब्रांच), 1801, 1857, 1895-1900।
4. ओरिजिनल कॉन्सल्टेसोन, बंगाल मिलिट्री (प्रोपर ब्रांच), 1801, 1897, 1825-1900।
5. बंगाल फौरेन (सीक्रेट) प्रोसिडिंग्स, 1768-1781।
6. बंगाल फौरेन (पॉलिटिकल) प्रोसिडिंग्स, 1800-1827।
7. बंगाल फौरेन (सीक्रेट) सेलेक्ट कमेटी - प्रोसिडिंग्स, 1761-1827।
8. बंगाल होम (पब्लिक) प्रोसिडिंग्स, 1771 - 1830, 1861 - 1889, 1890।
9. कॉन्फिडेंशियल रिपोर्ट्स फ्रॉम दि डिप्टी कमिश्नर, रांची एन्ड सिंहभूम (पेपर बिलोंग टू 1899-1900)।
10. रेवेन्यू एंड एग्रीकल्चर प्रोसिडिंग्स, 1901, 1910, 1913।
11. सीक्रेट फाइल्स ऑफ मिस्टर फॉरवेल, कमिश्नर छोटानागपुर कंटेनिंग डे टू डे इन्फॉर्मेशन विथ नोट्स एन्ड कमेंट्स बाई दि कमिश्नर (पेपर बिलोंग्स टू 1899-1900)।

(ख) बिहार केन्द्रीय अभिलेख कार्यालय पटना

1. बोर्ड ऑफ रेवेन्यू लेटर्स टू साउथ - वेस्ट फ्रंटियर पॉलिटिकल एजेंट, 1834-1854।
2. बंगाल पुलिस ऐब्सट्रैक्ट ऑफ इंटेलिजेंस, कलकत्ता, फ्रॉम 1894-1900।
3. पॉलिटिकल (स्पेशल) पेपर्स, 1921, 1925।
4. रामगढ़ कलक्टर्स डिस्पैच रजिस्टरर्स, 1799, 1803, 1811-14, 1814-16, 1816-18, 1822-1824, 1830-31 (जिल्द 1, 5, 7 और 11)।
5. सर्टिफाइड कॉपीज ऑफ सनद्स, वस्ता न. 8, केवल 1-4।
6. सीरीज ऑफ लेटर्स फ्रॉम डिप्टी कमिश्नर, राँची, टू दि कमिश्नर ऑफ छोटानागपुर, फ्रॉम 1895-1901।
7. सीरीज ऑफ लेटर्स फ्रॉम लाल मृत्युंजय नाथ सहदेव, सब इंस्पेक्टर ऑफ पुलिस, खूंटी टू दि डिप्टी कमिश्नर लोहरदगा, रांची।
8. सीरीज ऑफ लेटर्स फ्रॉम कमिश्नर ऑफ छोटानागपुर डिवीजन टू दि चीफ सेक्रेटरी टू दि गवर्मेंट ऑफ बंगाल, न0 41-42, अगस्त, नवम्बर 1895।
9. साउथ वेस्ट फ्रंटियर पॉलिटिकल एजेंट मिलिट्री डिस्पैच रजिस्टर्स 1795-1800, 1811-1818 (जिल्द 49, 50 और 53) स्पेयर कॉपीज ऑफ परीहाट पेपर्स, 1857-1862।

(ग) पश्चिम बंगाल राज्य अभिलेखागार

1. बंगाल रेवेन्यू प्रोसिडिंग्स 1775-1826, 1860-1904।
2. बंगाल पुलिस एब्सट्रैक्ट, 1895, 1917, 1919, 1930, 1942।
3. बंगाल एनुअल एडमिनिस्ट्रेटिव रिपोर्ट्स, 1852, 1855, 1856।
4. बंगाल ज्यूडिशियल (क्रिमिनल ब्रांच) प्रोसिडिंग्स, 1800-1832, 1857, 1863, 1881, 1895-1900।
5. बंगाल लेटर्स (रेवेन्यू) टू द कोर्ट ऑफ डायरेक्टर्स, 10 मार्च 1792-7 अक्टूबर 1815।
6. बंगाल लेटर्स (टोरिटोरियल रेवेन्यू) टू द कोर्ट ऑफ डायरेक्टर्स, 29 अक्टूबर, 1817-10 फरवरी 1832।
7. बंगाल लेटर्स (ज्यूडिशियल ब्रांच) टू द कोर्ट ऑफ डायरेक्टर्स, 22 जुलाई 1816-1 फरवरी 1820।

8. बंगाल लेटर्स (रेवेन्यू ब्रांच) फ्रॉम द कोर्ट ऑफ डायरेक्टर्स, 1726-1811, 1757।
9. बंगाल लेटर्स (टोरिटोरियल रेवेन्य) फ्रॉम द कोर्ट ऑफ डायरेक्टर्स, 1817-1834।
10. बंगाल (रेवेन्यू ब्रांच) लेटर्स फ्रॉम द कोर्ट ऑफ डायरेक्टर्स, 13 जनवरी 1835-3 नवम्बर 1857।
11. मुद्रा लिपि, प्रोसिडिंग्स ऑफ द प्रोविंशियल कौंसिल ऑफ रेवेन्यू एट पटना, 1 जनवरी 1771-28 दिसम्बर 1773।
12. मुद्रा लिपि, प्रोसिडिंग्स ऑफ द कॉम्पट्रोलिंग काउंसिल ऑफ रेवेन्यू एट पटना, 1 जनवरी 1771-23 दिसम्बर 1773।
13. मुद्रा लिपि, प्रोसिडिंग्स ऑफ द सेलेक्ट कमिटी, 1758, 1766, 1770।
14. मुद्रा लिपि, कॉपी बुक ऑफ लेटर्स रिसिब्ड बाई द कॉम्पट्रोलिंग काउंसिल ऑफ रेवेन्यू एट पटना, 13 नवम्बर 1770-28 मई 1731।
15. मुद्रा लिपि, कॉपी बुक ऑफ लेटर्स रिसिब्ड बाई द कॉम्पट्रोलिंग काउंसिल ऑफ रेवेन्यू एट पटना, 1 जनवरी 1771-29 दिसम्बर 1771।
16. पार्लियामेंटी पेपर्स, जिल्द 44, भाग - 2।
17. प्रोसिडिंग्स ऑफ द रेवेन्यू बोर्ड ऑफ द होल काउंसिल एट फोर्ट विलीयम, 1772-1774।

(घ) छोटानागपुर कमिश्नर का अभिलेखागार, राँची

1. ओल्ड इंग्लिश कॉरेस्पोंडेंस, वॉल्यूम न. 14, 95, 202, 218।
2. पुलिस एब्सर्टक्ट, 1930 मिसलेनियस डिस्पैच वर्क्स।
3. लैंड रेवेन्यू पेपर्स, 1899-1910।

(ड़) राष्ट्रीय पुस्तकालय कलकत्ता

1. लिस्ट ऑफ द आनरेबल द यूनाइटेड ईस्ट इंडिया कुपनीज सर्वेटस बिलोंगिंग टू द बंगाल सिविल इसटेब्लिसमेंट, पाण्डुलिपि फोलियो न. 826 ।
2. रजिस्टर ऑफ द आनरेबल द ईस्ट इंडिया कंपनीज कावेनेन्टेड सिविल सर्वेट्स इन द बंगाल इसटेब्लिसमेंट, अप टू मई 1, 1821, पाण्डुलिपि फोलियो न. 827।

मुद्रित राजकीय स्रोत

1. ऑफिसयल रिपोर्ट्स ओन बिहार लेजिस्लेटिव असेम्बली डिवेट्स 1937-1939।
2. क्रैमन टी, फाइनल रिपोर्ट ऑन द सेटेलमेंट ऑफ कोल्हान गवर्मेंट इस्टेट, कलकत्ता, 1898, कैलेडर ऑफ पर्शियन कॉरेस्पोंडेंस, जिल्द -1।
3. जियालाजिकल सर्वे ऑफ इंडिया रिपोर्टस, गुप्ता, पी. सी. (स.) फॉर्ट विलियम - इंडिया हाउस कॉरेस्पोंडस।
4. तारापारवाल, वाई. जे. (स), फॉर्ट विलियम - इंडिया हाउस कॉरेस्पोंडेंस (फौरेन पॉलिटिकल एन्ड सेक्रेट), जिल्द xvii, दिल्ली, 1955।
5. रीड जे.: फाइनल रिपोर्ट ऑन दि सर्वे एन्ड सेटलमेंट ऑपरेशनस इन दि डिस्ट्रिक्ट ऑफ राँची (1902-1910), बंगाल सेक्रेटेरिएट बुक डिपो, कलकत्ता 1912।
6. सिन्हा एन. के. (स) फोर्ट विलियम - इंडिया हाउस कॉरेस्पोंडेंस, पब्लिक सीरीज, जिल्द 5, दिल्ली 1949।
7. रिकेट्स, सर हेनरीः रिपोर्ट्स ऑन छोटानागपुर, 1854।
8. संडर, डी.एच. ई. - फाइनल रिपोर्ट ऑन द सेटलमेंट ऑफ द पलामू 1894-1897, कलकत्ता, 1898।
9. स्लैक, एफ.ए. -ः फाइनल रिपोर्ट ऑन द सेटलमेंट ऑफ द इस्टेट ऑफ द महाराजा ऑफ छोटानागपुर, कलकत्ता 1888।
10. राय चौधरी पी. सी. (स) सिंहभूम ओल्ड रेकर्ड्स पटना 1958।
11. ब्रीज. टी. डबल्यू, फाइनल रिपार्ट ऑफ द सर्वे एन्ड सेटलमेंट ऑपरेशन इन दि डिस्ट्रिकट ऑफ पलामू 1918 - 20 गवर्मेंट रिपोर्ट ऑन छोटानागपुर एन्ड लोहरदगा डिस्ट्रिक्ट, कलकत्ता, 1868।
12. बेंगलर जे. डी. -द रिपोर्ट ऑफ द टूर थ्रू द बंगाल प्रोसिंग, बंगाल डिस्ट्रिकट रेकर्ड्स, मिदनापुर, भाग - 2, कलकत्ता, 1914-15।
13. दत्ता के. के. (स) फॉर्ट विलियम - इंडिया हाउस कॉरेस्पोंडेंस (पब्लिक सीरीज) भाग 1 (1748-1756), दिल्ली, 1958।
14. रिपोर्ट्स ऑफ द रिजिनल रेकर्ड्स सर्वे कमिटी, बिहार, 1947-48, 1954-55, पटना, 1949 और 1956।
15. पेपर्स रिलेटिंग टू छोटानागपुर एग्रेरियन डिस्प्यूटस, जिल्द - 1, 1890, फरमिंगर, भी0 डबल्यू. के. (स) द फीफ्थ रिपोर्ट फ्रॉम द सेलेक्ट कमिटी

ऑफ द हाउस ऑफ कॉमन्स ऑन द अफेयर ऑफ द ईस्ट इंडिया कंपनी, आर. कैम्बे एन्ड कंपनी, लॉ एन्ड एन्टीक्यूरियन बुक सेलर एन्ड पब्लिशर, कलकत्ता 1917।

16. हजारीबाग ओल्ड रेकर्ड्स, 1761-1878, पटना 1957।
17. कोनोली, सी. डबल्यू. ई. फाइनल रिपार्ट ऑन द सर्वे सेटलमेंट ऑपरेशनस इन द सरायकेला एन्ड खरसंवा स्टेटस, 1904-1907।
18. एडमंड, ई, द बंगाल सिविल सर्विस ग्रडेसन लिस्ट, कलकत्ता, 1845, एडमिनिस्ट्रेटिव रिर्पोट ऑफ बंगाल, 1865-1893।
19. एच. एन. (स.) सेलेक्शनस फ्रॉम द नागपुर रेजीडेन्सी रेकर्ड्स, भाग - 4, 1954।

अनुपूरक - ग्रन्थ

हिंदी

1. अहमद, जे. - बिहार के आदिवासी, मोतीलाल बनारसीदास, दिल्ली, 1957।
2. केसरी, बी.पी. - छोटानागपुर का इतिहास, कुछ सूत्र कुछ सन्दर्भ, राँची, 1979।
3. कुमार, अनिल - झारखण्ड में मुंडा का आर्थिक इतिहास, जानकी प्रकाशन, पटना, 2002
4. कुजूर, मिखाएल - भू - सर्वेक्षण ज्ञान ज्योति, काथलिक प्रेस।
5. कुमार, विनोद - आदिवासी संघर्ष गाथा, प्रकाशन संस्थान नई दिल्ली, 2005।
6. कुमार, श्याम - झारखण्डः एक विस्तृत अध्ययन, सफल प्रकाशन, राँची।
7. कात्यायन, रशिम, झारखंड लैंड मैनुअल, क्राउन पब्लिकेशन्स, 2008।
8. गुप्ता, जयप्रकाश - छोटानागपुर में भू - विधियाँ एवं भूमि की स्थिति, झारखण्ड इनसाईक्लोपीडिया, स्वेत श्याम तस्वीर खण्ड 3।
9. चौधरी, देवकृष्ण - छोटानागपुर की भूमि व्यवस्था के बदलते स्वरूप तथा भूमि सुधार के विभिन्न चरण (1775 ई. - 1857 ई0 तक), अप्रकाशित, पी. एच. डी. उपाधि के निमित प्रस्तुत शोध प्रबंध (इतिहास विभाग, राँची विश्वविद्यालय, राँची) 2006।
10. तिग्गा, असुंता - मुंडाओं के संरक्षक फादर हॉपमैन, के. के. पब्लिकेशन्स, 2015।

11. तिवारी, राम कुमार - झारखण्ड की रूपरेखा, शिवांगन पब्लिकेशन्स, राँची ।
12. देवी महाश्वेता, जंगल के दावेदार, राधाकृष्ण पेपरबैक्स, 1998।
13. पाण्डेय, अवध बिहारी - मध्य युगीन भारत, सुरजीत पब्लिकेशन्स, दिल्ली 2012।
14. पाण्डेय, विजययाणी - जतरा भगत एवं टाना भगत आन्दोलन, झारखण्ड इनसाईक्लोपीडिया, हुलगुलानों की प्रतिध्वनियाँ, वाणी प्रकाशन, नई दिल्ली ।
15. प्रद्युमन, लाल - नागवंश भाग - 2 लखनऊ, संवत 2008।
16. मिंज, दिवाकर - (i) झारखण्ड के शहीद, ओरिएंट पब्लिकेशन्स, नई दिल्ली 2006।

 (ii) मुडा एवं उरांव का धार्मिक इतिहास, ओरिएंट पब्लिकेशन्स, नई दिल्ली 1996।
17. मिंज, अलबिनुस - झारखण्ड विरासत, जोशी प्रिंट्स, 1994।
18. मलिक, संजय बसु - (i) वन अधिकार अधिनियम 2006 एवं संशोधन नियम 2012, बिन्दराई इंस्टिट्यूट फॉर रिसर्च एन्ड एक्शन आई. डी, पब्लिशिंग, राँची झारखण्ड।

 (ii) जंगल की जंग, वही।
19. वर्मा, उमेश कुमार - बिहार का जनजातीय जीवन, सुबोध ग्रंथ माला, 2009।
20. वर्मा, हरिश्चंद्र - मध्यकालीन भारत भाग - 2, हिन्दी माध्यम कार्यान्यवय निदेशालय, दिल्ली विश्विद्यालय।
21. विरोत्तम, बाल मुकुंद - झारखण्डः इतिहास एवं संस्कृति, बिहार हिंदी ग्रन्थ अकादमी, पटना 2003।
22. सिंह, कुमार सुरेश - बिरसा मुंडा और उनका आन्दोलन, क्लासिकल पब्लिकेशन्स, नई दिल्ली, 1979।
23. सिंह, सुनील कुमार - झारखण्ड, 2003, रीडर्स कार्नर, पटना मई 2003।
24. सिन्हा, विपिन चन्द्र - आधुनिक भारत, अनामिका पब्लिशर्स (स.) नई दिल्ली 2000।
25. हसनैन, नदीम - जनजातीय भारत, जवाहर पब्लिशर्स एन्ड डिस्ट्रीबुटर्स नई दिल्ली, 2006।
26. हल्दर, हवलधारी राम गुप्त - पलामू का ऐतिहासिक अध्ययन, हल्दर प्रेस, डाल्टनगंज 1972।

अंग्रेजी

1. बुकानन - ईस्टर्न इंडिया, खंड 1, मोंटोगोमरी मार्टिन, लंदन, 1838।
2. बर्ट, एफ. बी. ब्रैडले, छोटानागपुर - ऐ लिट्स नोन प्रोविंस ऑफ दि एंपायर, स्मिथ एल्डर एण्ड कम्पनी, लंदन, 1903।
3. बालहाटचेट, के. ए. - सोशल पोलिसी एण्ड सोशल चेंज, वेस्टर्न-इंडिया 1817-1830, लंदन, 1957।
4. बनर्जी, मानगोविंद - एन हिस्टोरिकल आउटलाइन ऑफ प्री - ब्रिटिश छोटानागपुर, राँची, 1993।
5. दत्ता, के. के. - दि कंप्रेहेसिव हिस्ट्री ऑफ बिहार, काशी प्रसाद जायसवाल, रिसर्च इंस्टिट्यूट, पटना 1976।
6. दत्ता, के. के. - अनरेस्ट अंगेस्ट ब्रिटिश रूल इन बिहार (1831-59) सेक्रेट्रारिएट प्रेस, बिहार सरकार, पटना, 1957।
7. दास, प्रमोदानन्द - दि टाना भगत मूवमेंट इन बिहार (अप्रकाशित) पी. एच. डी. थीसिस, इतिहास विभाग, पटना विश्वविद्यालय, पटना, 1989।
8. धान, रेखा ओ. - द प्राब्लेम्स ऑफ द टाना भगत्स ऑफ राँची डिस्ट्रिक्ट, बुलेटिन ऑफ दि बिहार ट्राइबल रिसर्च इन्स्टीच्यूट, 1960।
9. दत्ता, के. के. - हिस्ट्री ऑफ फ्रीडम मूवमेंट इन बिहार, पटना, 1957।
10. डाल्टन, इ. टी. - कॉल्स ऑफ छोटानागपुर, जर्नल ऑफ दि इथोनोलोजिकल सोसाइटी ऑफ लन्दन, वॉल्यूम ग्ग्ट, खंड2, लन्दन, 1867।
11. एक्का, फिलिप - “द टाना भगत” थीसिस सबमिटेड फॉर दि डिग्री ऑफ फिलोसोफी इन दि यूनिवर्सिटी ऑफ ऑक्सफोर्ड, 1966 ।
12. एक्जम, ए.वान. - दी रिलिजियस सिस्टम ऑफ दी मुण्डा ट्राइव, सन्त अगस्तीन-1, 1982।
13. एक्का, फिलिप - ट्राइबल मूवमेंट-ए स्टडी इन सोशल चेंज, टी. आ. डी. सी. जशपुर, 2003।
14. फूलर, जे. बी. - लैंड रेवेन्यू पालिसी ऑफ इंडियन गवर्मेट, डिपार्टमेंट ऑफ रेवेन्यू एन्ड एग्रीकल्चर, कलकत्ता, 1959।
15. गुहा, आर - ए रूल ऑफ प्रोपर्टी फोर बंगाल, मार्टिन एण्ड कम्पनी ओसलो, 1963।
16. गुहा, रामचन्द्र - द यूनिक वूडस, इकोलोजिकल चेंज एण्ड पेसेंट रसिसटेंस इन द हिमालय, दिल्ली, ऑक्सफॉड यूनिवर्सिटी प्रेस।

17. गाडगिल गुहा, रामचंद्रा एण्ड माधव:- यूज एंड एब्यूज ऑफ नेचर, ऑक्सफोर्ड, नयी दिल्ली।
18. हॉफमैन, फादर जे. बी. - एन्साइक्लोपिडिया मुण्डारिका, गवर्मेंट प्रेस, पटना 1950।
19. हंटर, डब्ल्यू. डब्ल्यू., बंगाल एम. एस. रेकार्डस, भाग - 1 (1782-1793). डब्ल्यू एच0 एलिन एण्ड कम्पनी, लंदन, 1894, दिनांक 17 अगस्त, 1793।
20. झा, जे. सी. - "दी ट्राइबल रिभोल्ट ऑफ छोटानागपुर (1831-1832)" के. पी. जायसवाल रिसर्च इन्सटीट्यूट, पटना।
21. जूविट, सराह - यूरोपस अदर्स?, फारेस्ट्री पॉलिसी एंड प्राक्टिसेस इन कॉलोनियल एंड पोस्ट कॉलोनियल इंडिया-कोरब्रिज, स्टुआर्ट एट आल (2004)।
22. जेविट, कोरब्रिज स्टुअर्ट और सारह - झारखण्ड: इनभाइरमेंट डेवलेपमेंट, एथनीसिटि, ऑक्सफॉर्ड यूनिवर्सिटी प्रेस, न्यू दिल्ली 2004।
23. कोहन, बी. - लैंड कंट्रोल एन्ड सोशल स्ट्रक्चर इन इंडिया, आर. आई. फ्राईकेन बर्ग (स.) मैडिसीन, 1969।
24. कुमार, पुरूषोत्तम - म्यूटिनीज एण्ड रेवेलियंस इन छोटानागपुर, जानकी प्रकाशन, पटना, 1991।
25. लकड़ा, भी. - बिहार ट्राइबल वेलफेयर रिसर्च इंस्टिट्यूट में व्याख्यानमाला, राँची जनवरी 27-28, 1978।
26. महतो सरजू - हंड्रेड इयर्स ऑफ क्रिस्चियन मिशन इन छोटानागपुर, 1845, दि क्रिस्चियन लिटरेचर, पब्लिशिंग हाउस, मेन रोड राँची, 1971।
27. मोरलैण्ड, डब्ल्यू.एच. - "दि डेवलपमेंट ऑफ दि लैण्ड रेवेन्यू सिस्टम ऑफ दि मुगल एम्पेरर" जनरल ऑफ रॉयल एशियाटिक सोसाइटी ऑफ बंगाल, कलकत्ता, जनवरी 1922।
28. मैकपरसन, टी.एस. -फाइनल रिर्पोट ऑन द ऑपरेशनस ऑफ ए रिकार्ड ऑफ राइटस इन परगना पोरहेट डिस्ट्रीट, सिंहभूम (1905-07), बंगाल सेक्रेटिएट कलकत्ता (1908)।
29. प्रसाद, एन. - लैंड एन्ड पीपुल ऑफ ऑफ ट्राइबल बिहार, बिहार ट्राइबल रिसर्च इंस्टीट्यूट राँची, 1961।
30. पावेल, बी. एच. - लैंड सिस्टम ऑफ ब्रिटिश इंडिया भाग -1, क्लैरेडन प्रेस, ऑक्सफोर्ड 1892।

31. प्रसाद, आर. - महात्मा गाँधी एण्ड बिहार, बॉबे, 1949।
32. प्रभु, पी. - 'सोशल फोरस्टरी' एन आदिवासी भियूपाइंट इन डब्ल्यू फर्नानडीस एण्ड एस कुलकर्णी (मके) टूवर्डस एक न्यू फारेस्ट पॉलिसी, पीपल राइटस एण्ड इनभायरमेंटल नीडस, न्यू दिल्ली, इंडियन सोषल इन्सटीटयूट 133-44 (1983)।
33. पॉवेल, बी. एच. - लैण्ड सिस्टम ऑफ ब्रिटिश इंडिया, वॉल्यूम - 1, क्लैरेडन प्रेस, आक्सफॉर्ड, 1892।
34. रॉय, एस. सी. - (i) दि ओराँव ऑफ छोटानागपुर, ब्राह्मो मिशन प्रेस, कलकत्ता, 1915।
(ii) ओरॉव रिलिजन एण्ड कस्टम, 1928।
(iii) दि मुण्डाज एण्ड देयर कंट्री, द सिटी बुक हाउस, कलकत्ता, 1912।
35. रीड, जे. - (i) फाइल रिपार्ट ऑफ दी सर्वे एण्ड सेटलमेंट ऑपरेशन इन दी डिस्ट्रिक्ट ऑफ राँची, कलकत्ता, 1912।
(ii) फाईनल रिर्पोट ऑफ द सर्वे एण्ड सेट्लमेंट ऑपरेशन इन द डिस्ट्रीक्ट ऑफ राँची, छोटानागपुर टेनेन्सी एक्ट, 1908, कलकत्ता, दि कैथोलिक ओरफन प्रेस, कलकत्ता 1910।
(iii) दि छोटानागपुर टीनेंसी एक्ट, 1908, कलकत्ता, 1910।
36. सहाय, अरविन्द जी - "एडमिनिस्ट्रेशन ऑफ बिहार ड्यूरिंग दि रूल ऑफ दी ईस्ट इंडिया कंपनी 1765-1859" अप्रकाशित शोध प्रबन्ध, इतिहास विभाग, राँची विश्वविद्यालय राँची, 1995।
37. सिन्हा, एस.पी. - दि प्रोब्लेम ऑफ लैण्ड एलिएशन ऑफ ट्राइबल एण्ड एराउण्ड राँची (1955-56), बिहार ट्राइबल्स रिसर्च इंस्टीट्यूट, राँची, 1968 (रोल न0 - ix) विलकिन्सन रूल्स, (फार्मा-पापर्स)।
38. सिन्हा, सतीश कुमार - छोटानागपुर टेनेन्सी एक्ट 1908, मलहोत्रा ब्रदर्स, 2008।
39. सेभरीन, ओ. - द भगत मूवमेंट इन छोटानागपुर, इंण्डियन एकेडमी कुरसिआंग, 1917।
40. शिवा, वी. - स्टेयिंग अलाइभ वूमेन, इकोलॉजी एण्ड सरभाइभल इन इंडिया, न्यू दिल्ली।
41. शिवरामकृष्णन, के. - मॉडर्न फारेस्ट्स 1999, ऑक्सफोर्ड, नयी दिल्ली।
42. सिंह, के.एस - द डस्ट स्टार्म एंड द हैगिंग मिस्ट, कलकत्ता 1966।
43. स्टेबिंग, इ.पी. - द फारेस्ट ऑफ इंडिया, वोल्यूम-1, लंडन जे लेन (1922)।

44. वर्मा, अरविन्द प्रसाद - डेवलेपमेंट ऑफ लैण्ड रेवेन्यू एडमिनिस्ट्रेशन, जिंदराम पब्लिकेशन्स, दिल्ली, 1980।
45. टेटे, पी.- ए मिशनरी सोशल वर्कर इन इंडिया: फादर जे. बी. हॉफमैन, राँची, 1986।
46. कुमार, पुरूषोत्तम - हिस्ट्री एण्ड एडमिनिस्ट्रेशन ऑफ ट्राइब छोटानागपुर, आत्माराम एण्ड संस, नई दिल्ली 1994।
47. सिंह, कुमार सुरेश - (i) दी मुंडा लैंड सिस्टम, उद्धत, - पी0 पोनेट, दी मुंडा वर्ल्ड।
(ii) ट्राइबल लैंड आर्गेनाईजेशन इन छोटानागपुर एन्ड इट्स डेवलपमेंट, एस. के. चौधरी (स.) ट्रेंड्स इन सोसिओं इकोनॉमिक चेंज इन इंडिया, वॉल्यूम - vii, शिमला, 1969।
48. सच्चिदानंद - कल्चरल चेंज इन ट्राइबल बिहार, बुकलैंड, कलकत्ता, 1964।
49. सिन्हा, एस. पी. - दि प्रॉब्लम ऑफ लैंड एलिएशन ऑफ ट्राइबल इन एन्ड अराउंड राँची (1955-56), बिहार ट्राइबल रिसर्च इंस्टिट्यूट, राँची, 1968।
50. सिन्हा, एन्ड चट्टोपाध्याय - छोटानागपुर टीनेंसी एक्ट 1908, राजपाल एन्ड संस कंपनी, नई दिल्ली, 1983
51. सिकदार, एस - इकनॉमिक डेवलपमेंट ऑफ ट्राइबल इंडिया, नई दिल्ली, 1990
52. व्यास - महाभारत, गीता प्रेस, गोरखपुर।
53. विरोत्तम, बी. -दि नागवंशीज एण्ड द चेरोज, मुंशीराम मनोहर लाल, नई दिल्ली 1972।

गजेटियर

1. ओ, मेले, एल. एस.एस. - (I) डिस्ट्रिक्ट गजेटियर्स संथाल परगना, गवर्मेंट ऑफ बिहार, पटना, 1938
2. एन. कुमार - बिहार डिस्ट्रीक्ट गजेटियर राँची, गजेटियर ब्रांच रेवेन्यू डिपार्टमेंट, गवर्मेंट ऑफ बिहार पटना, 1970
3. डिस्ट्रिक्ट गजेटियर स्टेटिकस हजारीबाग, राँची, मानभूम, सिंहभूम एन्ड पलामू-द बंगाल सेक्रेटेरिएट बुक डिपोट, 1905।
4. हैल्लेट, एम. जी. - बिहार एन्ड ओड़िसा डिस्ट्रिक्ट गजेटियर्स, राँची, बाई सुपरिटेंडेंट गवर्मेंट प्रिंटिंग प्रेस, 1917।

पत्रिका एवं जर्नल

1. दीनबंधु।
2. निष्कंलका।
3. छेछाड़ी घाटी की संक्षिप्त झांकी।
4. जर्नल ऑफ द एसियाटिक सोसाइटी, लन्दन।
5. जर्नल ऑफ हिस्टोरिकल रिसर्च, राँची यूनिवर्सिटी।
6. बंगालः पास्ट एंड प्रेजेंट।
7. जर्नल ऑफ बिहार एंड उड़ीसा रिसर्च सोसाइटी।
8. जर्नल ऑफ सोशल रिसर्च, राँची यूनिवर्सिटी जर्नल ऑफ मैन इन इंडिया ऑफिस, राँची।

परिशिष्ट-I

परिशिष्ट-II

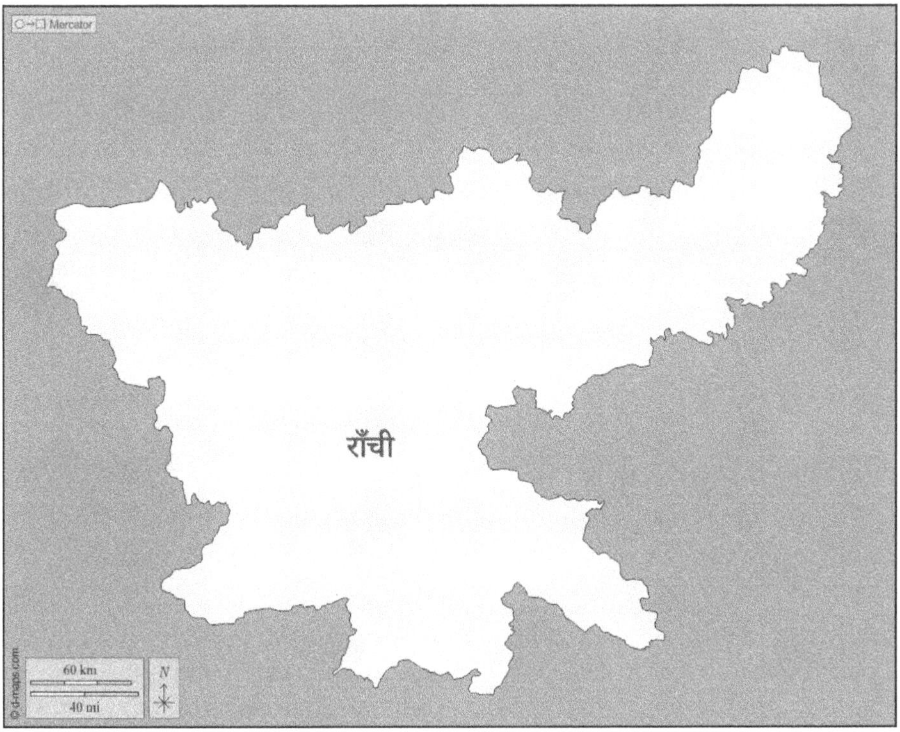

झारखंड का मानचित्र

परिशिष्ट-III

अनुसूची

फॉर्म 1

रांची जिला टाना भगत रैयत कृषि भूमि बहाली अधिनियम, 1947 की धारा 4 (1) के तहत आवेदन

सेवा में,
रांची के उपायुक्त,

1. ताना भगत रैयत का नाम, पिता का नाम, जाति, पेशा और निवास जिनकी संपत्ति बेच दी गई है।
2. यदि आवेदक कॉलम 1 में उल्लिखित व्यक्ति या उसके अधिकृत एजेंट का कानूनी प्रतिनिधि होने का दावा करता है, तो उसका नाम, पिता का नाम, जाति, पेशा और निवास मृतक ताना भगत रैयत के साथ उसके संबंधों के संक्षिप्त विवरण के साथ।
3. उस ग्राम का नाम जिसमें जोत स्थित है, थाना क्रमांक, महल का नाम, तौजी क्रमांक एवं खाता क्रमांक उन भूखण्डों का, जिनके जीर्णोद्धार हेतु आवेदन किया जा रहा है।
4. स्थानीय उपकर के साथ मूल किराया, यदि कोई हो।
5. मकान मालिक का नाम, पिता का नाम, जाति, पेशा और निवास।
6. डिक्री की राशि, लागत आदि सहित, जिसके लिए जोत बेची गई थी।
7. बिक्री की अनुमानित तिथि, माह और वर्ष।

8. नीलामी - खरीदार का नाम, पिता का नाम, जाति, पेशा और निवास।
9. जोत के वास्तविक कब्जे वाले व्यक्ति का नाम, पिता का नाम, जाति, पेशा और निवास एक संक्षिप्त विवरण के साथ कि उसने इसे कैसे अर्जित किया।
10. मांगी गई राहत........

आवेदक के नाम के साथ हस्ताक्षर या बाएं अंगूठे का निशान।

CPSIA information can be obtained
at www.ICGtesting.com
Printed in the USA
BVHW070955041021
618092BV00001B/111

9 781685 382322